高等职业教育养老服务类示范专业系列教材
老年服务与管理专业改革创新教材

老年服务与管理概论

主　编　李　莉
副主编　雷　雨
参　编　孙亚楠　龙杜娟　刘　芳
　　　　张莉莉
主　审　喻秀丽

"老年服务与管理概论"是老年服务与管理专业的基础课和必修课。本教材分为三个学习单元、八个项目，首先介绍了老年服务与管理专业的兴起与概述；其次从老年健康服务与管理、老年生活服务与管理、老龄化社会服务与管理、老龄产业经营与管理方面介绍了相关服务与管理的内容；最后介绍了国内外老年服务与管理的现状与发展。

本教材既可作为职业院校老年服务与管理专业教材，也可作为社会养老服务人员培训和学习的资料使用。

图书在版编目（CIP）数据

老年服务与管理概论/李莉主编．—北京：机械工业出版社，2018.2（2023.8重印）
高等职业教育养老服务类示范专业系列教材．老年服务与管理专业改革创新教材
　ISBN 978-7-111-59952-4

Ⅰ．①老…　Ⅱ．①李…　Ⅲ．①老年人—社会服务—高等职业教育—教材　Ⅳ．①C913.6

中国版本图书馆CIP数据核字（2018）第099009号

机械工业出版社（北京市百万庄大街22号　邮政编码100037）
策划编辑：聂志磊　　　　　　责任编辑：陈　洁　聂志磊
责任校对：王　欣　刘秀芝　　封面设计：马精明
责任印制：邓　博
天津翔远印刷有限公司印刷
2023年8月第1版第8次印刷
184mm×260mm・12印张・301千字
标准书号：ISBN 978-7-111-59952-4
定价：39.80元

电话服务　　　　　　　　　　网络服务
客服电话：010-88361066　　机　工　官　网：www.cmpbook.com
　　　　　010-88379833　　机　工　官　博：weibo.com/cmp1952
　　　　　010-68326294　　金　书　网：www.golden-book.com
封底无防伪标均为盗版　　机工教育服务网：www.cmpedu.com

高等职业教育养老服务类示范专业系列教材
老年服务与管理专业改革创新教材
编审委员会

主任：

邹文开　北京社会管理职业学院党委书记、院长、教授，民政部培训中心主任，民政部职业技能鉴定指导中心主任，全国民政职业教育教学指导委员会副主任委员，中国养老产业和教育联盟理事长

副主任：

吴玉韶　全国老龄工作委员会办公室副主任、教授，中国老龄科研中心主任

阎青春　中国老龄事业发展基金会副理事长，全国老龄工作委员会办公室原副主任

罗　志　湖南广播电视大学正校级督导、教授，中国养老产业和教育联盟顾问

赵红岗　北京社会管理职业学院副院长、教授，民政部培训中心副主任，全国民政职业教育教学指导委员会秘书长，中国养老产业和教育联盟副理事长

杨根来　北京社会管理职业学院老年福祉学院院长、教授，全国民政职业教育教学指导委员会老年专指委秘书长，中国养老产业和教育联盟副理事长兼秘书长

委员（排名不分先后）：

刘文清　广东开放大学、广东理工职业学院校长

钟　俊　武汉民政职业学院副院长

任　波　重庆城市管理职业学院党委书记

黄岩松　长沙民政职业技术学院医学院院长

沙聪颖　大连职业技术学院社会事业学院院长

张　俊　重庆城市管理职业学院健康与老年服务学院副院长

潘美意	广东开放大学、广东理工职业学院健康产业学院院长
王友顺	钟山职业技术学院现代服务与管理学院副院长
刘德禄	山东商业职业技术学院人文学院院长
李朝鹏	邢台医学高等专科学校副校长
孙书勤	滨州医学院老年医学院院长
胡月琴	皖北卫生职业技术学院副院长
方士英	皖西卫生职业学院副院长
艾旭光	许昌学院医学院院长
余运英	北京社会管理职业学院老年福祉学院教授
刘利君	北京社会管理职业学院老年福祉学院副教授
袁光亮	北京青年政治学院社会工作系主任
臧少敏	北京劳动保障职业学院老年服务与管理教研室主任
阮　利	天津城市职业学院社会事业系副教授
孙剑宏	中山市博睿社会工作服务中心理事长
杨　敏	湖北省中医院康复科副主任
林咸明	浙江中医药大学第三临床医学院副院长，浙江省中山医院副院长
封　敏	湖南医药学院针灸教研室主任
刘利丹	大连医科大学医学博士

序

进入21世纪以来，随着我国人口老龄化形势的日益严峻，老年人的服务需求越来越多样化，养老服务成为关乎老年人晚年生活质量及每个家庭福祉的民生事业。以习近平同志为核心的党中央，高度关注人口老龄化问题，并对加快发展养老服务业做出了系统安排和全面部署。自2013年《中华人民共和国老年人权益保障法》《国务院关于加快发展养老服务业的若干意见》颁布实施以来，国务院各部门密集出台了近40项政策规定和标准规范。有效应对我国人口老龄化，事关国家发展全局，事关亿万百姓福祉。要立足当前、着眼长远，加强顶层设计，完善生育、就业、养老等重大政策和制度，做到及时应对、科学应对、综合应对。仅在2016年间，习近平总书记对养老问题就有四次重要批示和讲话，其中两次提出"人才队伍建设"。习近平总书记的讲话不仅体现了大国领袖对老年人的关爱，更是对今后养老服务发展和为老服务人才工作政策的顶层设计。

"十三五"期间，我国处于经济体制深刻变革、社会结构深刻变动、利益格局深刻调整、思想观念深刻变化的阶段，老龄化进程与家庭小型化、空巢化相伴随，与经济社会转型期的矛盾相交织，社会养老保障和养老服务的需求将急剧增加，这给应对人口老龄化增加了难度。为应对这些新的变化趋势，我国提出推进养老服务社会化的政策。

社会化养老服务一方面带来全社会共同参与养老服务的良好局面，另一方面也面临着人才队伍严重短缺的困境。目前，我国养老服务人才队伍的问题突出表现在人才严重短缺、队伍不稳定、文化程度偏低、服务技能和专业知识差、年龄老化等方面。这些困难严重制约着我国养老服务水平的提高，严重影响老年人多样化的养老服务需求的实现。人口老龄化社会迫切需要大量专业化的养老服务与管理专业人才。

"行业发展、教育先行"，人才队伍建设离不开教育，大力推进老年服务与管理相关专业的发展是未来一个历史时期民政部和教育部的重点工作之一。在这样的社会背景下，由全国民政行指委（即全国民政职业教育教学指导委员会）老年专指委、中国养老产业和教育联盟、机械工业出版社组织全国多所大专院校联合开发了"高等职业教育养老服务类示范专业系列教材老年服务与管理专业改革创新教材"，旨在以教材推进课程建设和专业建设，进而提高老年服务与管理人才的培养质量。

在编写思想上，本系列教材充分体现"工学结合"的教学改革思路，突出"做中学、做中教、教学做合一，理论实践一体化"的特点；体现专业教学要求和养老护理员、养老事务员职业标准；注重职业精神、素养（尊老敬老、爱岗敬业、爱心奉献等）和能力的培养，以及健康心理、完善人格、良好卫生与生活习惯的养成。

在编写形式上，本系列教材应用创新的编写体例：采用情境导入、案例分析、项目式编写模式，紧密联系生产生活实际；设计新颖、活泼的学习栏目，图文并茂，可读性强，利于激发学生的学习兴趣。

在编写内容上，本系列教材立足老年服务与管理岗位需求，内容涵盖老年服务与管理岗位人才需要掌握的多项技能，包括老年服务沟通技巧、老年服务伦理、老年服务礼仪、老年人生活照护、老年常见病的预防与照护、老年康复护理、老年心理护理、老年运动与保健、老年人活动策划与组织、老年膳食与营养配餐等多个方面。

在配套资源上，本系列教材力求为用书教师配备演示文稿等资源，并依托养老专业教学资源库，在重点知识处嵌入二维码，以呈现教学资源库成果，以利于教师教学和学生学习。

"十年树木，百年树人"，人才队伍建设非一朝一夕可实现。在此，我要感谢参与编写本系列教材的所有编写人员和出版社，是你们的全心投入和努力，让我看到这样一系列优秀教材的出版。我要感谢各院校及扎根于一线老年服务与管理人才培养战线的广大教师，是你们的默默奉献，为养老服务行业输送了大量的高素质人才。当然，我还要感谢有志于投身养老服务事业的青年学子们，是你们让我对养老服务事业的发展充满信心。

我相信，在教育机构和行业机构的共同努力下，在校企共育的合作机制下，我国的养老服务人才必定不断涌现，推动养老服务行业走上规范、健康、持续发展的道路。

2017年春节于北京

前　言

目前，我国60岁及以上老年人口已超过2.3亿人，是世界老年人口总量的1/5，是亚洲老年人口总量的1/2。预测到2035年，我国老年人口将增加到4亿人，占全国人口的29%。党的二十大报告提出"实施积极应对人口老龄化国家战略，发展养老事业和养老产业，优化孤寡老人服务，推动实现全体老年人享有基本养老服务"的要求，为我国老龄事业和产业发展描绘了一幅宏伟蓝图。服务老年人就是要关心、关注他们的需求。老年人在衰老的过程中，既有保持身心健康的需求，又有丰富生活、适应社会等需求，因此老年服务与管理的范畴是广阔的，任务是艰巨的。

本教材编写的指导思想是坚持"贴近学生、贴近社会、贴近岗位"的基本原则，体现教材的科学性、思想性、实用性、可读性和创新性。本教材的编写遵循循序渐进的学习规律，从初识老年服务与管理开始，了解老年服务与管理的兴起与概述；然后通过四个项目，即老年健康服务与管理、老年生活服务与管理、老龄化社会服务与管理、老龄产业经营与管理，深度介绍了老年服务与管理的内容；最后通过介绍老年服务与管理的国内外现状与发展，对老年服务与管理的未来进行展望。

根据职业教育学生的学习基础和将来工作岗位的需要，本教材尽量做到内容深入浅出、通俗易懂、简明实用，为之后的专业课程学习奠定基础。穿插于正文中的既有拓展学生知识、开阔学生视野的"拓展阅读""案例思考"等，又有加深学习印象、便于学生理解的图片和表格等。

本教材由重庆城市管理职业学院李莉任主编，重庆城市管理职业学院雷雨任副主编，参与编写的还有滨州医学院孙亚楠和重庆城市管理职业学院龙杜娟、刘芳、张莉莉。具体编写分工如下：学习单元一的项目一由张莉莉编写；学习单元一的项目二和学习单元二的项目一由李莉编写；学习单元二的项目二、项目三、项目四，分别由龙杜娟、刘芳、雷雨编写；学习单元三由孙亚楠编写。在编写的过程中，我们参考与引用了众多同行专家、学者的研究成果与观点，参考并引用了相关书籍和文献中的内容，得到各位编者所在单位的大力支持，在此一并表示诚挚的感谢。

由于编者学识有限，本教材难免存在不妥之处，衷心希望同行专家和读者批评指正。

编　者

目录

序
前言

学习单元一　初识老年服务与管理 1

 项目一　老年服务与管理专业的兴起 1
  模块一　全球人口老龄化 1
  模块二　老年人需求发展 4
  模块三　老年服务与管理专业兴起的必然性 7

 项目二　老年服务与管理概述 8
  模块一　老年服务与管理的对象及内容 8
  模块二　老年服务与管理的领域 15
  模块三　老年服务与管理的目标与伦理 18

学习单元二　走进老年服务与管理 25

 项目一　老年健康服务与管理 25
  模块一　老年健康评估 25
  模块二　老年健康教育与指导 35
  模块三　老年营养与膳食 39
  模块四　老年运动与保健 42
  模块五　老年心理健康指导 46
  模块六　老年疾病预防与管理 49
  模块七　老年护理 55

模块八　老年康复 64
项目二　老年生活服务与管理 69
　　模块一　老年人生活质量评估 69
　　模块二　老年婚姻与家庭 72
　　模块三　老年文化娱乐 79
　　模块四　老年活动策划与组织 84
　　模块五　老年旅游 89
项目三　老龄化社会服务与管理 96
　　模块一　老年社会保障 96
　　模块二　老年人与法律 102
　　模块三　老龄政策 105
　　模块四　老年社会工作 110
　　模块五　老年社区服务与管理 116
项目四　老龄产业经营与管理 121
　　模块一　老龄金融业 121
　　模块二　老龄用品业 126
　　模块三　老龄服务业 138
　　模块四　老年房地产业 144

学习单元三　展望老年服务与管理 154

项目一　国外老年服务与管理的现状与发展 154
　　模块一　联合国老龄行动历程 154
　　模块二　美国老年服务与管理现状 158
　　模块三　日本老年服务与管理现状 162
　　模块四　澳大利亚老年服务与管理现状 165
　　模块五　国外老龄服务与管理的发展趋势 168
项目二　国内老年服务与管理的现状与发展 169
　　模块一　我国老年服务与管理的现状 169
　　模块二　我国老年服务与管理的发展 176

参考文献 180

学习单元一 初识老年服务与管理

项目一 老年服务与管理专业的兴起

学习目标

1. 了解全球人口老龄化发展趋势及我国人口老龄化发展趋势和特点。
2. 掌握老年人的需求。

模块一 全球人口老龄化

相关知识

一、人口老龄化

我国称 60 岁为花甲之年,大多数的发展中国家根据历史因素和当地的实际情况,也规定 60 岁以上(包括 60 岁)为老年人。我国现阶段将 60 岁以上的老年人具体分为四个年龄层次:60～79 岁为老年期,称为老年人;80～89 岁为高龄期,称为高龄老人;90～99 岁为长寿期,称为长寿老人;100 岁及以上为长寿期,称为百岁老人。由于全世界人口的年龄呈普遍增高趋势,根据现代人生理、心理结构上的变化,世界卫生组织对老年人的界定提出新的划分标准,60～74 岁为年轻老年人,75～89 岁为老年人,90 岁及以上为长寿老年人。

人口老龄化是现代社会出现的人口现象,是随着死亡率和生育率不断下降而必然出现的人口年龄结构的变动趋势,少儿人口比例的下降和老年人口比例的增长都会导致人口结构的老龄化。根据 1956 年联合国发布的《人口老龄化及其社会经济后果》中确定的划分标准,当一个国家或地区 65 岁及以上老年人口数量占总人口比例 7% 以上时,则意味着这个国家或地区进入老龄化社会。1982 年维也纳老龄问题世界大会确定 60 岁及以上老年人口数量占总人口比例 10% 以上时,意味着这个国家或地区进入严重老龄化社会。

二、全球人口老龄化发展趋势

人口问题是全球最主要的社会问题之一,是当代许多社会问题的核心,而其中老龄化问题又是全世界都面临的人口问题的重要部分。据联合国统计,到 2050 年,世界人口将达到 90～100 亿人,其中 60 岁以上人口将达到 20 亿人,65 岁以上人口将达到 15 亿人,并将很快超过 5 岁以下儿童的人数。就法国来说,其在 1850 年率先进入老龄化社会,到 1950 年,全世界有 15 个国家进入老龄化社会,1988 年达到 67 个国家和地区(占全世界国家和地区总数的 1/3),老龄化程度最高的国家为意大利、希腊、瑞典等，60岁以上的老年人达20%以上。据联合国预测，到2025年，全世界多数的发达国家和发展中国家都将成为老龄化社会。

2000年，世界上60岁以上人口有6亿人，已达总人口的10%，即从全球范围讲，世界已进入老龄化社会。但发展中国家的人口增长率明显高于发达国家，发达国家的人口老龄化严重。据1996年统计，发展中国家65岁以上（包括65岁）老年人占总人口的比例只有5%，而发达国家平均为14%。预计21世纪前半叶为老年人口绝对数目的快速增长期。目前，全世界每年新增老年人口900万人，新增加的老年人口中77%来自发展中国家。到2050年，预计5个人中有1个人是老年人。在老年人中增长最快的是高龄老人，目前80岁以上的高龄老人占全体老年人的10%，到2050年这个比例可能上升到25%。

三、我国人口老龄化发展趋势和特点

1. 我国人口老龄化发展趋势

新中国成立60多年来，我国经历了三个人口高增长阶段。第一个人口高增长阶段为1949—1957年。1949年全国人口出生率为36‰，死亡率为20‰，自然增长率为16‰，1949年年底全国总人口为5.42亿人。到1957年，死亡率下降到了10.8‰，自然增长率上升为23.2‰，总人口达到6.47亿人。第二个人口高增长阶段为1962—1970年，1970年总人口达到8.3亿人。第三个人口高增长阶段为1981—1990年，人口出生率由1980年的18.2‰、1981年的20.9‰，达到1987年23.3‰的峰值。1981—1990年净增1.43亿人，平均年增长1584万人，1990年总人口达到11.43亿人。由于高出生率使人口快速增长，我国在20世纪70年代初开始采取一系列控制人口出生的措施。人口出生率得到控制的同时，随着社会经济的发展，医疗水平的提高，人们对健康的重视，平均预期寿命的延长，最终导致老年人口的增长速度明显快于总人口的增长速度，其年龄结构发生了快速的转变。根据人口年龄结构的变化状况，1970—2000年我国人口老龄化的进程可以分为两个主要阶段：第一个阶段是老龄化的提高阶段（1970—1990年）。在这个阶段中，我国人口老龄化开始出现持续加剧的态势。第二个阶段是快速步入老年型人口阶段（1990—2000年）。在这个阶段中，我国人口老龄化速度加快，2000年年底，60岁以上人口达1.3亿人，占总人口的10.2%，65岁以上老年人口已达8811万人，占总人口的6.96%，按国际标准衡量，我国已进入了人口老龄化社会。

2. 我国人口老龄化的特点

（1）我国正"大踏步式"地迈入老龄化社会且人口基数大　据统计，2015年我国60岁及以上人口达到2.22亿人，占总人口的16.15%。预计到2020年，老年人口将达到2.48亿人（见图1-1-1），老龄化水平达到17.17%，其中80岁以上老年人口将达到3067万人；2025年，60岁以上人口将达到3亿人，成为老年型国家。我国进入老龄化社会的时间比发达国家晚，但老龄化发展速度远远快于世界平均水平。1980—1999年，在短短20年的时间里，我国人口年龄构成基本从成年型过渡到老年型，而瑞典老年人口比重从7%升至14%用了85年，法国用了115年，老年人口发展速度最快的日本用了26年。中国人口老龄化速度与日本不相上下，老年人口比重从7%升至14%预计只需要27年。中国人口老龄化将呈现快速发展态势，即将成为全球人口老龄化程度最高的国家，也是世界上唯一老年人口超过1亿人的国家。

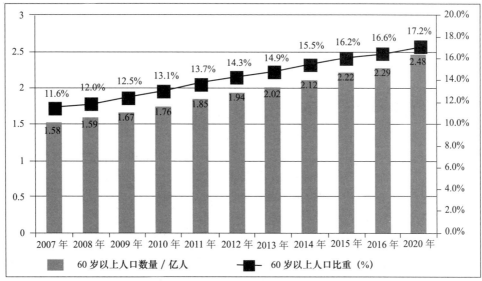

图 1-1-1　2007—2020 年中国 60 岁以上人口数量及比重

（2）高龄化、空巢化、失能化严重　中国老龄科学研究中心发布的《中国老年宜居环境发展报告（2015）》中指出，到 2030 年，老年人口预计将达到 3.71 亿人，占总人口的 25.3%。在经济快速发展的时代，人们工作压力大，没时间照顾家中老人或被迫与老人分离。2010 年，城乡空巢家庭接近 50%，部分大中城市达到 70%；农村留守老人约 4000 万人，占农村老年人口的 37%。据全国老龄工作委员会办公室（以下简称全国老龄办）发布的《第四次全国城乡老年人生活状况抽样调查结果》显示，2016 年末全国城乡部分失能和完全失能老年人约 4063 万人，占总体老年人口的 18.3%。此外，民政部下属研究机构中民社会救助研究院发布的《中国老年人走失状况调查报告》显示，每年全国走失的老人约有 50 万人，平均每天走失约 1370 人。失智和缺乏照料成为老人走失的主因。

（3）人口老龄化超前于社会经济发展　一般情况下，经济发展、出生率下降和人口老龄化三者大致是同步的。我国人口老龄化是在经济发展水平不高、综合国力不强、人民生活水平还比较低的情况下到来的，人口老龄化超前于社会经济的发展。发达国家在进入老龄化社会时已具备较强的经济实力，在经济上人均国民生产总值至少达 1 万美元，到目前达 2 万美元左右；所经历的时间是几十年甚至是上百年，在时间上有一个缓冲的机会，从而能相应地做好各种工作。即便是一些发展中国家，在进入老龄化社会时，人均国民生产总值也大大超过我国，如乌拉圭在进入老龄化社会时人均国民生产总值达 2000 美元左右，而我国在进入老龄化社会时人均国民生产总值仅 1000 美元，老龄化远远超前于经济发展，未富先老，超出了社会经济的承受能力，增加了解决老年问题的难度。到 21 世纪中叶，我国的老龄化水平接近发达国家水平时，我们的经济实力也仅相当于中等发达国家水平。因此，经济发展滞后于老龄化将是困扰我国社会主义建设的主要问题之一。

（4）老龄化存在地区差异　据"十五"计划，将全国划分为东部、中部、西部三大区域。上海在 1979 年最早进入老龄化行列，据《上海市老年人口和老龄事业监测统计调查制度》，截至 2014 年 12 月 31 日，上海全市户籍人口 1438.69 万人，其中 60 岁及以上老年人口 413.98 万人，约占上海全市户籍人口的 28.8%；65 岁及以上老年人口 270.06 万人，约占 18.8%；70 岁及以上老年人口

177.03万人，约占12.3%；80岁及以上高龄老年人口75.32万人，约占5.2%。各方面数据显示，上海早已进入深度老龄化阶段。上海与2012年进入老龄化的宁夏相比，进入老龄化行列的时间跨度长达33年。据全国老龄工作委员会统计，2013年宁夏60岁以上老年人口已达80.7万人，占全区总人口的12.2%。

四、我国人口老龄化对社会的影响

1. 老龄人口的增长对社会劳动力的影响

人口老龄化通过影响劳动年龄人口比重的变化，造成我国劳动力供给数量减少；同时，中青年劳动年龄人口的劳动参与率下降，导致劳动力数量进一步减少。人口老龄化不仅对劳动力供给数量产生影响，还通过对社会劳动生产率的负面作用影响我国劳动力的供给质量。

2. 人口老龄化对市场消费带来的影响

老年人是一个特殊的群体，与青年人相比，他们注重物品的质量而不是数量。其需求有所不同，老年人抵抗力弱，患病率高，医疗消费的比例加大，同时对医疗护理提出了更高的要求。因为现代人的工作压力大，对老人的陪伴相应减少，老人的精神需求得不到满足，所以对与老人相关的服务业提出了新的挑战。其客观上要求调整产业结构，以满足老年人口的物质和精神文化需求。

3. 人口老龄化加重国民经济的负担

随着人口老龄化发展，社会保险、社会救济和医疗卫生等社会福利的支出将不断增加，这些都会给政府带来比较沉重的财政负担。而且，国民生产总值中用于老年人的费用份额大幅度增加，势必限制社会扩大再生产，影响生产部门的资本投资和经济效益的提高，加重国民经济的负担。

4. 人口老龄化将带来养老产业的发展

21世纪，人口老龄化是世界许多国家面临的一项巨大挑战，而对于企业来说是一个藏金蕴银的大市场，也被称为"银发市场"。老年人口的增长拉动老年人群服务需求的增加，如对医疗卫生、休闲保健、托管托养、家政服务、文化娱乐、信息咨询等服务的需求。当前，我国老年消费市场的开发仍处于初级阶段，养老服务产品的供给不足、比重偏低、质量不高，这些都不能满足老年人日益增长的服务需求。因此，养老服务产业有着非常巨大的发展潜力，人口老龄化下的老年产业将为我国的经济发展提供一个广阔的空间，为经济发展增添一抹亮色。

模块二 老年人需求发展

▶▶ 相关知识

一、马斯洛需求层次理论

马斯洛（A.H.Maslow，1908—1970），美国社会心理学家，人本主义心理学代表人物。需求层次理论在1943年《人的动机理论》中首次提出，他认为每个人都有自己的需求和愿望，并把人的需求由低到高分为五个层次：生理需求、安全需求、爱与归属需求（社会需求）、尊重需求、自我实现需求（见图1-1-2）。在五个层次中马斯洛又划分为两大类：一类是基本需求或缺失性需求，包括生理需求、安全需求、爱与归属需求。它们是人生存过程中不可缺少的、普遍的生理和社会需求，属于低层次的需求。另一类是高级需求，包括尊重需求和自我实现需求。人都有这五个不同层次的需求，但在不同时期对各种需求的迫切程度是不同的。在最高层次需求充分出现之前，低层次的需求必须得到一定程度的满足。低层次的需求基本得到满足之后，它的激励作用就会下降，不再保持其优势地位，高层次的需求便会取而代之。

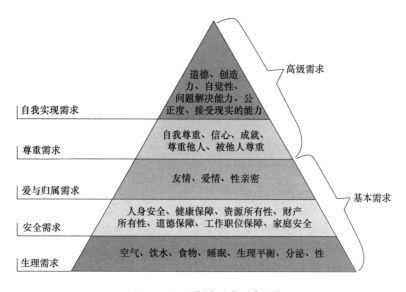

图1-1-2　马斯洛需求层次理论

二、老年人的需求层次

马斯洛认为人都有上述五种需求，但由于个体的生理、心理、社会经济特征及所处时代的不同，各种需求的表现形式及满足状况不可避免地打上了个人及社会烙印。中国所面临的老龄化问题不得不让我们深思老年人有哪些需求，以及其需求的满足情况又是怎么样的。

1. 生理需求

生理需求就是对生存的需求，是人的各种需求中最基本、最原始、最强烈的一种需求，是推动人们行动的最强大的动力，也是人与动物共同具有的需求，包括食物、空气、饮水、睡眠和性等方面的内容。对于老年人，经济收入是满足生理需求的基础，生理需求的质量取决于经济收入的高低。我国老年人的经济收入主要来源于退休金、自给自足劳动所得、子女供养等方面，虽然收入途径较多，但最终收入水平低于其他年龄人群的收入水平。据有关数据统计，2014年我国农村老年人年人均收入7621元，平均月收入635.08元，而农民工平均月收入达2864元。由此可见，老年人的经济收入较低，从而影响其生理需求。

2. 安全需求

生理的需求得到满足之后，紧随而来的是安全需求。在马斯洛看来，安全需求的含义是广泛的，既有个人安全的成分，如人们对安全、稳定、保护、依赖及免受恐吓、焦虑和折磨的机体追求，又有社会安全的内容，如人们对秩序、体制、法律、和平、安定、有所依靠等方面的需求倾向。

如果安全需求得不到满足，就会产生威胁感和恐惧感。我国已迈入老龄化社会，人口平均预期寿命的延长，使绝大多数人能活到老年期，但这不能保证其身体的健康。老年人随着年龄的增长，机体的抵抗力随之下降，患病率大大提高，对医疗资源的需求也比其他年龄组迫切。好在我国的医疗水平在不断提高，许多疾病通过药物和手术能得到很好的治疗与控制，这使老年人的生理安全需求得到满足。老年人的心理安全需求主要表现在消费有保障和生病有钱治。我国实施的医疗保险统筹制度只能解决离休人员和部分退休人员的医疗费用，还有很多城市老年人没有参加医保，至于农村老年人，其医疗状况更是问题重重。近年来推行的新型农村合作医疗制度在一定程度上缓解了农村老年人的看病问题，但是由于筹资水平低、保障能力有限及报销比例低、门诊费用未纳入保险范围等弊端，决定了难以从根本上解决农村老年人的医疗保障问题。一方面是退休后的收入减少，另一方面是看病难、看病贵的问题，致使老年人产生消极的不良情绪，这些都不利于老年人心理安全需求的满足。

3. 爱与归属需求

爱与归属需求是指个人对感情、爱、友谊和对群体或团体组织归属的需求，如人们需要朋友、爱人、孩子，以及在群体中所处的恰当位置，渴望得到社会与团体的认可和接受，希望与其他人建立良好的人际关系。20世纪80年代出生的这批独生子女大多已成家立业，处在上有老下有小的年龄，为了生活的重担不得不离家，致使"空巢老人"出现。"空巢老人"普遍有种"空巢感"，"空巢感"也就是孤独感，但这种孤独感里又增添了思念、自怜和无助等复杂的情感体验。有"空巢感"的老人大都心情抑郁、惆怅孤寂，并且行为退缩。"出门一把锁，进门一盏灯"是眼下许多"空巢老人"生活的真实写照。所以，不管是家庭成员还是社会，对老年群体应给与更多的照顾与关爱。

4. 尊重需求

所有人都有一种对于自己稳定的、牢固不变的、通常是较高评价的需要或欲望，即对于自尊、自重和希望得到别人尊重的欲望。老年人的身体逐渐衰老，机能逐渐退化，这难免会戳伤他们的自尊心，使其产生无价值感、无存在感。老年人由于缺少可交换的资源，所以受到尊重的程度相对较低。相比年轻人，他们对尊重的需求更强烈。另外，受到年龄歧视等主观因素的影响，在社会中虐待老人的事件时有发生，发人深省。

5. 自我实现需求

自我实现需求是人最高级的需求，是指实现个人理想、抱负、追求，充分发挥自己潜能的欲望。正如马斯洛所说："一位作曲家必须作曲，一位画家必须绘画，一位诗人必须写诗，否则他始终无法宁静。一个人能够成为什么，他就必须成为什么，他必须忠实于他自己的本性。这一需求我们就可以称为自我实现需求。"老年人操劳了一辈子，年轻时为家庭、为子女奉献，到退休时为自己的职业画上句号。很多老年人退休后感到困惑："一退下来感觉不适应，找不到价值感，老得特别快。"这在一定程度上是由于忽视了老年人的自我实现需求所导致的。老年人应从事力所能及的文化生活活动。文化生活主要是指智力和体力两个方面。智力方面的文化生活，如读书、看报、写作、上老年大学等。特别是那些离退休的高级专业人才，还可以继续为社会做出自己的贡献，发挥自身的优势。体力方面的文化生活包括进行各种体育锻炼，以及必要的家务劳动等。从事文化生活活动可达到丰富老年生活的目的，使老年生活更有意义。

模块三　老年服务与管理专业兴起的必然性

相关知识

一、老龄化社会发展的需要

老年人口数量增加和老年人口比重上升，意味着社会用于老年人的支出增加和对老年人的赡养系数上升。要处理好代际经济交换中因人口老化程度加重所造成的矛盾，需要加强对老年人口的组织管理工作，如养老金的筹措、管理与使用。退休制度的推行和生活社会化的发展，要求社会对老年人的经济需要和医疗护理提供保障和服务。而这些需要通过对老年人口组织管理和社区服务来实现。

二、老年人需求的多层次化

我们现在倡导步入老年期的人们的生活态度不应是消极的，而应是"健康老化"和"积极老化"，即挖掘生命潜能、实现人生价值，晚年不是尾声，而是可以创造价值的人生另一个周期。1991年12月16日通过的《联合国老年人纲领》提出老年人五原则：独立、照顾、参与、自我充实、尊严。健康、乐活和长寿是老年期的三大主题。老年不仅仅有衰老的一面，也有发展的一面，挑战的一面，以及享受的一面。正因如此，老年人的需求日益增多，生活护理、精神慰藉、休闲娱乐、终身学习、福利政策等诸多方面只有通过组织管理来予以满足。

三、传统养老方式的功能局限

由于我国人口老龄化发展迅速，随之出现的数量庞大的老年人口特别是高龄老人、失能和半失能老人，最终导致了我国传统养老模式的结束。我国传统的养老模式主要有两种，一种是传统的家庭养老，另一种是单一的机构养老。在20世纪70年代至80年代开始实施的计划生育政策，出现大规模的一个家庭一个子女的小家庭模式，结束我国延续了几千年的养儿防老的传统家庭养老模式。在我国传统社会中，儿孙满堂的生育观念和传宗接代的生育文化，导致子女多，三代同堂、四代同堂的大家庭普遍存在。老年人在照顾子代、孙代的同时，子代也完成了在家庭中赡养老人的责任和使命。但计划生育政策的实施，大幅缩小了家庭规模，独生子女家庭成为主流。随着社会的不断发展，人们的生活水平不断提高，生活压力越来越大，独生子女对老年人无论是从经济方面、生活照料方面、精神慰藉方面都有所欠缺，出现家庭养老能力弱的现象。而这些需要通过对老年人口组织管理和社区服务来实现。

四、养老服务人员素质待提高

加快发展养老服务业，是解决当前老年人生活中的实际问题、保持家庭关系和睦稳定、促进老年群体和谐相处及构建社会主义和谐社会的重要举措。然而，目前我国养老服务业的从业人员大多是40～50岁的临时聘用人员，由于他们的文化程度普遍不高，而且未接受专业的系统的学习与训练，导致他们的专业知识与技能严重缺乏，综合素质不高，管理水平低，从而导致养老服务的质量

不高。因此,必须培养专业化的老年服务与管理人才,这样才能满足养老服务业发展的需要。

正是由于以上因素,老年服务与管理专业才应运而生,该专业致力于老年服务事业和老年相关产业的建设与发展。其服务对象为老年人,包括老年个体和老年群体。其服务内容包括:为老年个体提供日常生活照料、康复保健、医疗护理、心理咨询等服务性工作;针对老年群体开展老年权益保障、养老机构管理、老年活动策划、老年人力资源开发等相关工作;立足于老龄社会所需要的老年社会保障、老年产业发展等。其服务领域包括老年人家庭、养老机构、相关企事业单位、老年社区乃至整个社会。

项目二 老年服务与管理概述

▶ 学习目标

1. 了解老年服务与管理的对象、内容及领域。
2. 了解老年服务与管理的目标与伦理。

模块一 老年服务与管理的对象及内容

▶ 相关知识

一、老年个体

随着年龄的增加,老年人的组织器官机能逐渐衰退,感知能力不断下降,活动能力逐步降低。同时,老年人大多患有各种急性和慢性疾病,疾病加速了生理性衰老,使老年人的机体和器官功能日益退化。老年人对居住环境和社会服务有了更高的期待。老年人希望能在安全、便利、舒适的人居环境中生活,能够在熟悉的社区中满足日常生活照料、医疗保健、精神慰藉等不同层次的需求,幸福地安度晚年。老年人不仅重视物质需求的满足,而且更加关注精神生活与满足。因此,针对老年人个体的服务包括日常生活照料、医疗保健、心理疏导与治疗等多个方面。

(一)日常生活照料

所谓老年日常生活照料是指老年人受身心健康状况或年老体衰的影响,在日常生活中活动能力逐渐减弱,需要他人照料。老年人随着年龄的增长,其日常生活能力会下降,所以对于日常生活照料和病后照料的需求更为强烈。文化和经济因素会导致城乡老人照料需求的不同,而多数的城区老人在需要照料时会首选社区服务,而且老年人对照料的需求也与项目的服务内容和条件及地区有关,所以对老年人的全方位评估十分重要,这可以决定老年人生活照料服务策略的制定。从国际经验来看,针对老年人的日常生活照料服务主要有以下几个方面:

1. 人身照料

人身照料是指对起床、穿衣、洗漱和洗澡等个人事务的协助。人身照料是指对起床、穿衣、洗漱和洗澡等个人事务的协助。有以下四种主要类型：①协助实现身体的基本功能，如进食、洗澡和如厕；②协助那些不完全是身体基本功能，但与实现这些基本功能有关的行为，包括身体的密切接触，如帮助老人从浴缸里出来，以及帮助老人穿衣服等；③不直接提供物理性的身体照料，而是建议、鼓励和监督老人自己来进行这些行为，如促使老人自己完成洗浴并监督整个过程；④情感和心理支持，包括促进社会功能、进行行为管理和提供认知功能协助。可以看出，人身照料基本上是对老人本身直接施行的帮助和照料。

2. 家务和园艺协助

家务和园艺协助是指帮助老年人处理家务方面的日常事务，服务大多数由社区志愿者提供，帮助社区中的老年人实现正常的日常生活。

3. 送餐服务

在英国，地方政府必须为那些有需要的人提供送餐服务，或者由社会服务部门直接提供，或者通过志愿部门或营利机构来提供。送餐可以是热的，也可以是冷冻的，并配合提供加热设备和指导使用。在我国，此类服务往往由社区机构组织，由机构工作人员或志愿者来完成送餐工作。

（二）医疗保健

随着社会的发展和经济的日益繁荣，人类平均寿命延长，人口结构逐步呈现老龄化趋势，老年医疗保健已成为新的重大社会问题。从我国现有保障体系来看，要有效解决人口老龄化给医疗保健工作带来的问题，还需要进一步完善健康保障制度，同时，需要卫生部门转变医学模式，改革城市医疗卫生服务体系，积极发展社区医疗卫生服务，形成以社区医疗服务为基础的、社区与上级医疗机构合理分工的新型医疗卫生服务体系，形成社区医疗卫生服务与社区服务、社区建设协调发展的格局，这将是我国解决老年医疗保健问题的基本途径。

我国的老年人社区医疗服务始于20世纪90年代末期，根据我国的国情并结合国外社区医疗服务的经验，我国老年人社区医疗服务经过十几年的发展已初具雏形。一些大城市初步建立了以社区人群健康为中心、社区为范围、家庭为单位，融预防、医疗、保健、康复和健康教育为一体的综合性的社区医疗卫生服务模式，具体有以下几种模式：

1. 提供老年人健康管理服务项目

2009年，我国社区卫生服务机构启动基本公共卫生服务，明确将老年人健康管理纳入九项基本公共卫生服务内容，要求社区卫生服务机构对65岁及以上老年人开展健康管理服务。以社区卫生服务中心为基础，以入户建档形式为所辖社区内的老年人建立健康档案，筛选老年病人，并根据所患病种分类排序，掌握第一手资料。社区护士对老年人进行分片管理，每年对社区内65岁以上老人提供生活方式和健康状况评估、体格检查及辅助检查、健康指导等服务项目。

2. 开设家庭病床

家庭病床是老年人社区医疗服务的主要形式。老年人由于行动不便、固执、恐惧等原因而不愿意去大的医疗机构诊治，更愿意在社区及家庭中接受帮助。20世纪50年代后期，最初是在上海以家庭病床的形式展开。20世纪80年代末有了大规模的家庭病床，为慢性病和不需要住院的病人提供服务。20世纪90年代社区医疗服务迅速开展，全国大约有500万户家庭开设了家庭病床，仅在上海就有4万余张。但家庭病床在开展的过程中由于适合病种较少，并且收费较高，以及专业人才缺乏等原因，目前在推广的过程中还存在着较大困难。

3. 建立老年医疗服务院

上海是我国最早创办老年医疗服务院的城市,在1988年就建立了中国第一家老年医疗服务院,为老年人提供全日制医疗、医疗服务、康复保健、善终全方位服务。目前,国内常见的老年医疗服务机构有:①独立老年病院,主要服务对象是医院所处地域的社区人群,并对本院出院后的老年人进行家庭访视等;②独立的老年人社区保健诊所,不依附医院,受社区综合管理,为所在社区的所有老年人建立档案,为老年人提供多种健康服务,如上门打针、换药、定期体检、临终关怀等;③老人院、老人公寓医疗服务中心,在社区内建有为老人提供日常生活照料、医疗护理的公寓式小型照顾机构,可为老年人提供有偿或低偿的医疗保健服务;④老年日托医疗服务中心,可以将老年人送到该中心由专门的社区医疗服务人员进行照顾。

(三) 心理疏导与治疗

老年人在身体机能衰退的同时,心理机能也面临衰退。社会角色的转化、亲友的离世、时代的变化、与晚辈的代沟、疾病缠身等,都会引起老年人的感怀神伤,严重的还会演变为困扰老年人晚年生活的心理疾病。为了预防老年人心理问题、促进老年人心理健康、提高老年人生活质量,需要在社区层面大力开展老年人心理咨询服务与干预。

1. 环境护理

告诉老人的家人,要为老人提供安静、舒适的生活环境,因为良好的环境和气氛对心理疾病的康复非常有利,更有助于老年人身心健康和精神愉快。

2. 陪伴护理

老年人最需要陪伴。心理咨询与服务人员作为知心好友的陪伴,能增加老年人对生活的信心和安全感,交谈还能使老年人压抑在心头的情绪得到宣泄,心情逐渐舒畅,进而摆脱不良情绪的困扰。

3. 倾听护理

耐心倾听老年人"吐苦水"。不少人都有"一吐为快"的感觉,把心中不高兴的事都讲出来之后就会感觉心情舒畅多了。这种倾听和理解对老年人尤为重要。

4. 疏导护理

有些患有心理疾病的老年人固执己见、不通人情、情绪偏激,影响了他们的认知能力,造成"一叶障目"而"全盘皆黑"的错觉。疏导护理能帮助当事人走出认知的误区,客观而全面地看问题,清除心理障碍。

5. 防范护理

个别患有心理疾病的老年患者在心理危机时期,可能做出极端的事,如自杀、伤人或自伤等。在心理护理中,要善于发现一些危险信号,防患于未然,及时开导与排遣,化解患者心头的冰霜,驱散其烦恼与暴躁。

二、老年群体

(一) 老年人权益保障

保护老年人的合法权益是我国司法实践的一项重要原则,我国的宪法、民法、婚姻法、刑法、诉讼法及各种地方性法规等无不贯彻和体现着保障老年人权益这条重要原则。1996年8月29日第八届全国人民代表大会常务委员会第二十一次会议通过并公布《中华人民共和国老年人权益保障法》(以下简称《老年人权益保障法》),于1996年10月1日起施行。该部法律的颁布实施,表明了我国对老年人权益的高度重视，对于我国老年人合法权益的保障发挥了重要作用。

1. 老年人的合法权益

根据我国《老年人权益保障法》的有关规定，我国老年人享有以下的权益：

（1）受赡养权　老年人应享受家庭赡养与扶养，应该老有所养。根据《中华人民共和国婚姻法》《老年人权益保障法》及最高人民法院的司法解释，有四类亲属对老年人负有赡养、扶养义务：一是老年人的配偶；二是老年人的成年子女；三是老年人的弟弟、妹妹；四是老年人的成年孙子女、外孙子女。对老年人的赡养包括对老年人进行经济上的供养、生活上的照料和精神上的慰藉三大方面。

（2）扶助权　扶助权是指老年夫妇间有相互抚养的义务。

（3）再婚自由权　再婚自由权是指丧偶老人享有找寻配偶、再次结婚的权利。法律强调老年人有再婚自由权，主要针对部分老人的子女因为面子、财产继承等问题反对老人再婚，阻止老人寻找幸福。

（4）自由处分遗产权　自由处分遗产权是指老人对其生前积累的财产，有根据自己心愿、子女和配偶对自己的关心与照顾情况，决定由一人或数人继承自己的遗产，或者决定把自己生前积累的财产无偿地赠送给他人。

（5）继承权　继承权是指老人作为子女、配偶的法律规定的第一顺序继承人，在子女、配偶死亡时享受依法继承财产的权利。

（6）老年人应享受的社会保障　《老年人权益保障法》规定：老年人有从国家和社会获得物质帮助的权利，国家和社会应健全对老年人的社会保障制度，实现老有所养、老有所医、老有所为、老有所学、老有所乐。对老年人的社会保障项目主要包括：养老保险、医疗保险、社会救济、社会福利、社区服务、住房保障、老年教育、法律援助等内容。

2. 老年人权益保障存在的不足

虽然上述法律表明我国老年人权益保障取得了长足的进展，但是由于受诸多因素的影响，在老年人权益保障问题上仍存有许多不足之处。相关法律法规都是我国政治、经济、社会、文化特定历史发展阶段的产物，是在人口老龄化现象不够严重、物质条件并不充分的情况下先后出台的。随着我国社会主义市场经济体制的逐步建立，政治、经济和社会生活领域都发生了很多重大变化，出现了许多新情况、新问题，使得这些法律法规在保障老年人合法权益方面日渐显露较大的局限性。

1）《老年人权益保障法》及其他涉及保障老年人权益的各项法律法规，都没有把老年人口与经济、社会、资源、环境的协调发展作为立法指导思想，没有很好地实现倾斜保护原则。正是由于立法指导思想和基本原则的偏差，导致这些法律法规的内容设置不尽科学，许多条款无法执行，立法目标难以实现。

2）没有进一步明确《老年人权益保障法》在保障老年人权益的法律体系中的核心地位。在《老年人权益保障法》及其他涉及保障老年人权益的各项法律法规中，指导性条款过多，强制性条款和指导性条款划分不够明确，内容不够具体全面，使得这些法律法规的可操作性较低，司法机关在维护老年人合法权益时难以做到有法可依。

3）《老年人权益保障法》及其他涉及保障老年人权益的各项法律法规对于老年人的生活保障（包括精神赡养）、医疗保障、社会福利等诸多方面缺乏有效的强制性规定；对于歧视、侮辱、虐待、遗弃老年人，干涉老年人婚姻自由，侵占老年人财产等行为，还缺乏强有力的惩治条款；特别是对不履行生活照料和精神慰藉的行为，相关法律法规缺乏明确的界定方式与惩戒措施。

（二）养老机构管理

养老机构是为老年人提供住养、照护等综合性服务，满足老年人基本生活需要的场所，是养老服务体系的重要组成部分。随着人口的高龄化趋势和家庭小型化，越来越多的老年人需要到养老机构接受服务。养老机构在社会生活中将发挥越来越重要的作用。

1. 我国养老机构的模式

（1）公办民营模式　公办民营模式是指由政府出资兴办养老机构，由社会团体或个人经营，政府只起到监督作用。养老机构可采用"以房养房"的办法，利用入住者手中的房产与入住者达成协议，由养老机构方一次性买断入住者住房或帮助入住者经营住房，使老年人有经济能力来承担自己的开销，又使养老机构的经营者能够获取一部分利润，对养老机构进行再投入。

（2）互助养老模式　互助养老模式是指政府支持、多方参与、民间操作，在老年人家中和社区两个层面建立互助养老点和互助养老中心，形成以老年人家庭为基础的家庭式互助养老和以社区养老设施为依托的社区式互助养老。在该模式中，由政府负责为互助养老点购买娱乐设施、补贴水电费等，并加强引导、扶持和组织开展活动，条件宽裕的老年人家庭提供活动场所，社区内企事业单位提供闲置场所或提供赞助，有效地整合了政府、社会和家庭资源。

（3）机构式专业养老模式　机构式专业养老模式是通过对老年生活社区的整体开发而较全面地解决养老问题，是居家养老和机构养老完美结合的一种新型养老模式。在该模式中，老年人以户为单位入住生活社区，完全是居家的概念；同时，老年人置身于社区内，又可获得专业化的照料服务，并参与人际互动，有效地解决了老人的孤独感与衰老感。

（4）异地养老模式　异地养老模式是指各地养老机构通过有效的机制建立起一个统一的网络，将老年人的市场需求资源和养老机构闲置资源整合起来，进行交换性服务，相互交换客户资源，让老人在没有增加很多费用的情况下，可以享受来自不同养老机构的多样化服务。

（5）社区老年公寓　社区老年公寓就是在社区医院附近建立老年公寓，将社区医院和老年公寓有机地结合起来，这种结合能够将社区医院和老年公寓的优势互补，而且还具有以家庭为中心的老年护理模式的优势。

（6）新型老年公寓　在经营管理上，老年公寓有两种模式：一是与政府脱离，实行自主经营、自负盈亏的企业化经营；二是国家控股，吸纳社会资金组建有限责任公司。新型老年公寓分为养老区（健康老人）、康复区（患病老人）、特护区（临终老人）、托老所（短期托管）、休闲养老区（异地养老）等不同区位，满足不同状况的养老需要。公寓内娱乐、健身、阅读、配餐等设施一律对外开放，组建面向社会的老年休闲俱乐部，广泛吸纳会员。

（7）护理学院经营老年公寓　护理学院经营老年公寓的优势主要表现在医院式管理、专业技术优势、教育研究优势。医院式管理：以护理为主的医院管理服务，是其特有的管理模式。专业技术优势：护理学院的医疗护理知识资源丰富；老年护理专科人才有更多的专业知识和经验，更能够了解老人的需要。教育研究优势：护理学院经营老年公寓，大量的实践机会使学生得到锻炼，又可以为老年公寓提供更为周到的服务，是一种双赢行为。

2. 养老机构管理存在的问题

在我国，90%左右的敬老院、养老院、老人院、福利院等养老机构基本上沿用由政府、集体出资建设和经营的管理体制。在新中国成立60多年的今天，我们重新分析和评估这种公办养老机构的管理体制时会发现有许多问题。

1）随着老年人口的不断增加，计划经济向市场经济的过渡，社会保障体系的逐步完善，政府、集体已无法包揽和完全解决养老问题。

2）原有的养老机构大部分设施陈旧、条件较差，满足不了现在老年人对生活起居、医疗护理等的需求。

3）经过改造、扩建的一些养老机构，虽然设施条件、环境、医疗、护理较好，甚至还比较超前，但提供服务的对象并不是最需要帮助的人，变成了休闲、度假的场所，而最需要关照的高龄老人则有可能被拒之门外。

4）养老机构供需匹配矛盾突出。目前，我国存在敬老院大量床位空闲与老人无法入住的矛盾。各种福利院和敬老院共有床位120万张，实际在敬老院的老人只有70多万人。

（三）老年人力资源开发

越来越严峻的人口老龄化问题，使得我国的劳动力从"无限供给"转向"有限剩余"，对我国的产业结构和竞争优势产生了很大的威胁，并且劳动力供给将在2030—2050年进入最严峻的时期。1991年联合国第四十六届大会通过了社会发展委员会第三十二届会议提出的《联合国老年人原则》，其中指出：意识到科学研究已否定了年老无用的陈旧观念，深信在老年人人数和比例日益增大的世界中，必须提供机会，让自愿而又有能力的老年人参与社会当前的各种活动并做出贡献。因此，开发并利用巨大储备的老年劳动力资源，是解决劳动力供给和老龄化挑战的一个一举两得的好对策，通过开发和利用，把我国老龄人口压力转化为创造社会财富的人力资源动力。

1. 中国老年人力资源开发的年龄阶段

我国制定与老年人有关的政策措施时，往往把60岁以上的人口看作是一样的，但实际上这些老年人的年龄、身体状况、对他人的依赖和需要帮助的程度各不相同。一般说来，较年轻的老年人身体状况较好，生活上的自理能力较强，对别人的依赖程度较小，有些人还可以再为社会做些工作。而越是高龄，老年人对以上各种特征表现得越为突出，需要家庭和社会给予更多的关心，向他们提供更多的经济帮助、医疗服务和生活服务。

在人口平均寿命不同的情况下，老年人的年龄分层状况也不同。现阶段，以60岁作为划分老年人口标准的话，60岁及以上老年人口可以进一步划分为低龄老年人口（60～69岁）、中龄老年人口（70～79岁）和高龄老年人口（80岁及以上）。低龄老年人口中有很大一部分是身体健康、意识清楚、精神旺盛的老年人，而且刚从工作岗位上退下来不久，有着其他人力资源群体所无法比拟的独特优势，如经验的优势、文化的优势和关系的优势等，而且低龄老年人口本身也有继续为社会做贡献的意愿。中龄老年人口虽然体质相对较差，需要部分的生活帮助，但仍有部分老人还能够继续为社会服务，尤其是知识分子。而高龄老年人口一般是需要特殊照顾的人群。所以，低龄老年人口和部分中龄老年人口应成为老年人力资源开发的重点。

2. 我国老年人力资源的特点

（1）老年人力资源具有资本性　老年阶段是人经过青少年、成年、中年阶段进入人生最成熟的阶段，而老年知识分子则经历了多年学校教育、社会生活、生产实践的训练，积累了大半生的资本，进入投入小、产出高的阶段。老年人力资源中很大一部分人具有人力资本。当代老年人经过新中国建设时的第一次创业，拥有了知识、技术、健康和经验等资本，他们在退出原工作岗位后，如果能够继续参与社会活动，或者结合市场上新的经济增长点，开始第二次创业的话，他们就会继续获得人力资本收益，就会给社会经济带来更多的收益；否则这部分人力资本就白白浪费了。

（2）老年人力资源具有时效性　老年人力资源具有时效性，有两方面的含义：一方面，人力资本是通过人的有效劳动创造的价值体现出来的，失去劳动能力的人或不参加劳动的人因为不能创造价值，所以也就失去了人力资本，失去了利用的价值。因为老年人的种种局限性，老年人力资本的时效性相对于青年人来说更为短暂。另一方面，老年人力资源不同于自然资源，自然资源如果不开发，它们不会消失。而老年人力资源，如果不被及时开发和利用，或者不被适时地开发和利用，就会随着年龄的增长和时间的流逝而降低，直至完全丧失。

（3）老年人力资源与劳动年龄人力资源的互补效应　目前，我国对老年人口再就业尚有争论。人们认为老年人到了六七十岁了，就什么也动不了了，就应该在家颐养天年，更有甚者，如果谁家有老年人出去工作，其子女会被扣上"不孝子"的帽子。而更多的人反对老龄人口再就业的一个重要依据是：人口增长很快，比重高，就业问题严重，待业青年就业困难，老龄人口就业必然冲击青年人的就业，使待业问题更加严重，禁止老龄人口再就业，以便留出位子，让青年人有更多的就业机会。

其实，老年人力资源与劳动年龄人口之间有着很好的优势互补效应：第一，老龄人口再就业的岗位多是需要较高的科学技术水平或较高的劳动技能，以及较丰富的工作经验，如对企业的技术、业务指导，教师与科研人员的返聘，医务人员的指导与培训，技术工人的返场指导等，这些都不是一般的刚毕业的大学生或高中毕业的待业青年所能承担的。这也体现了老年人力资源与劳动年龄人力资源之间的特长互补、职业互补。第二，老年人力资源与劳动年龄人口之间存在职位互补、性格互补的优势效应。有些岗位如一些机关、学校、工矿企业的传达员，多为再就业的老龄人口所担任。这些岗位不需要多高的技术能力，但是需要从业人员稳健、沉静、仔细，这些岗位往往是青年人所不愿、不屑或不适于承担。第三，很多再就业的老龄人口不占单位编制，是临时聘任人员，并不挤占编制以内的就业岗位。第四，有些老龄人口的再就业，还创造了一些就业机会，有利于青年人的就业。

三、老龄社会

（一）老年社会保障

老年社会保障是指对退出劳动领域或无劳动能力的老年人实行的社会保护和社会救助措施。老年社会保障制度是一项重要的社会功能，是解决老年社会问题的核心。我国老年社会保障制度初建于新中国成立之后。国家颁布了如《中华人民共和国劳动保险条例》等一系列政策，对国家机关、民主党派、人民团体和事业单位工作人员的退休制度给予了明确规定，保证了广大退休人员的生活需要，对社会的稳定与发展起到了安全保障作用。自中国共产党十一届三中全会以后，我国进一步建立、改革与完善了老年社会保障制度，颁布了《国务院关于安置老弱病残干部的暂行办法》和《国务院关于工人退休退职的暂行办法》。同时，我国对城乡生活困难的老年人实行了社会救济制度。在我国城镇和乡村，由政府对丧失劳动能力、无依无靠的老年人实行"五保"制度，使困难的老年人的基本生活得到保证。

老年社会保障制度的实施和落实需要一个完整的运作系统来完成和完善，这就是它的服务体系。老年社会保障的服务体系就是支撑和维护老年社会保障制度运行和发展各环节与各阶段所需服务的总称。它既包括老年社会保障制度的上游——养老金的筹集，也包括制度的中游——养老金的积累与运作，以及其下游——养老金的领取及老年群体的生活照顾与服务。老年社会保障的服务体系包含的内容很多，涉及保障制度中的经济、法律、文化、政策等层面，贯穿于整个制度运行的全过程，体现在老年生活保障的各种表现形式中。

（二）老年产业发展

老年产业并不是传统意义上一个独立的产业部门，而是由于老年消费市场需求增长带动形成的跨行业、跨部门的综合产业群，是21世纪我国由于人口结构的转变而发展成的国民经济中一个新兴产业。其基本面覆盖了第一、第二、第三产业，具有经济和社会的双重意义。由于目前老年产业的性质徘徊在事业和产业之间，福利性和微利性是老年产业的显著特征，是老年产业与其他产业的主要区别。老年产业，国外称为银色产业或健康产业。在国内，老年产业脱胎于计划经济时代的老年事业，形成于市场经济时代的老年社会。它包括所有有关满足老年人特殊需求的生产、经营、服务的经济活动和设施。

模块二 老年服务与管理的领域

▶ 相关知识

养老服务从地域的角度可以划分为社区老年服务与机构老年服务两个层面。为了更好地理解两个层面服务的异同，本文中所谈到的社区老年服务与管理是指在老年人所熟悉的社区范围内为老年群体提供养老服务，而机构老年服务与管理是指老年人在远离城市的大型养老机构接受服务。

一、社区老年服务与管理

（一）家庭养老

中国传统养老模式以家庭养老为主，即养老的物质需要和生活照料由家庭成员提供。家庭养老的基础是血缘亲情，形式是在家养老，其实质是由家庭成员提供养老资源，即子女对父母在物质和生活上进行帮助。目前，认可的家庭养老内容主要表现在以下三个方面：

1. 生活照料

生活照料是指晚辈在衣、食、住、行等方面给予家庭中老年人的帮助。我国《老年人权益保障法》规定，60岁以上的公民可称为老年人，60岁以上的老年人可以适当承担一些力所能及的家务性劳动，家庭不能强迫其承担田间劳动或其他力不能及的劳动；当老年人生病时，赡养人要为其提供送医、送药等服务，并有专人照料其生活。

2. 经济支持

晚辈为长辈提供一些经济上的帮助，特别是老年人在患病时的经济需求。一般城市中离退休的老年人有养老金，可能在经济上对于子女的依赖不是很明显，但是农村中的老年人和城镇无收入或低收入的老年人，一般经济比较困难，多依靠子女接济。在农村，老年人有自己承包的田地、林地和牧场，当老年人不能进行生产劳动时，赡养人有义务耕种老年人承包的田地，照管老年人的林木和牲畜等，收益归老年人所有，这是农村家庭养老中经济供养的最基本形式。

3. 精神和情感慰藉

精神和情感慰藉包括晚辈满足老年人情感交流的需求，包括与老年人多沟通、帮助老年人习得新的生活技能、尊重老年人的婚姻自主权、给予丧偶老人特别的关照等。

（二）居家养老服务

随着计划生育政策的有效执行和经济的发展，社会急剧转型，家庭结构出现了高龄化、小型化趋势，家庭养老功能逐渐减弱，家庭养老模式已无法单独应对老龄化社会的挑战，依托社区的居家养老开始受到重视。2005年3月，民政部《关于开展养老服务社会化示范活动的通知》再一次将表述调整为建立"以居家养老为基础，以社区老年福利服务为依托，以老年福利服务机构为骨干"的老年福利服务体系，为老年人提供生活照料服务。2006年12月，国务院新闻办公室发布了《中国老龄事业的发展》白皮书，最终明确了我国要建立"以居家养老为基础、社区照料为依托、机构养老为补充的养老服务体系"，明确了居家养老模式在我国养老服务体系中的作用和位置。

对于推进居家养老服务的目的和意义，全国老龄工作委员会办公室发布的《关于全面推进居家养老服务工作的意见》中是这样描述的："全面推进居家养老服务，是破解我国日趋尖锐的养老服务难题，切实提高广大老年人生命、生活质量的重要出路；是弘扬中华民族尊老敬老优良传统，尊重老年人情感和心理需求的人性化选择；是促进家庭和谐、社区和谐和代际和谐，推动社会主义和谐社会建设的重要举措；也是加快发展服务业，扩大就业渠道和促进经济增长的重要途径。"除了解决养老服务资源不足、提高老年人生活质量之外，也将推进居家养老服务视为扩大就业和促进经济增长的重要途径。

居家养老是指老年人在家中居住，但养老服务却由社会来提供的一种社会化养老模式，它从形式上仍保持传统家庭的养老格局，但在内涵上体现了从传统模式向现代模式的转变。在居家养老模式中，家庭是承担养老照料责任的主体，在家庭照料的基础上，社区发挥近在老人身边的"地缘优势"来提供一系列的照料服务；同时，积极推进机构养老服务，以满足需要持续密集照料老人的服务需求。

在实际中，居家养老服务是正规照顾与非正规照顾相结合的综合服务项目。非正规照顾与家庭养老大致相同，而正规照顾是指由社区内各机构专业人员提供服务，主要有居家医疗保健服务、个人生活照顾和文化娱乐等方面的服务。目前，我国居家养老服务体系主要由三个板块组成：居家养老生活服务体系、居家养老健康服务体系、居家养老精神服务体系，如图1-2-1所示。

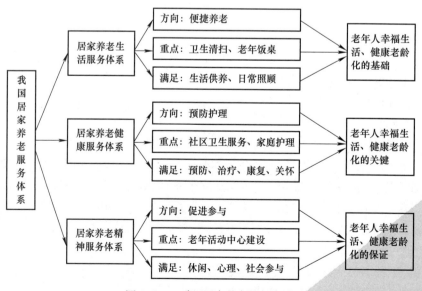

图1-2-1 我国居家养老服务体系

（三）老年社区

老年社区是指专供老年人安度晚年的居住小区，它一般选址在城市郊区环境优美地带，区内建有各种户型的公寓、酒店式套房及少量的别墅，与之配套的还有绿化、娱乐中心、老年人运动场所、医疗保健中心、老年大学、图书馆、各种俱乐部和超市等。老年社区是随着我国房地产市场的繁荣和高消费群体的兴起而涌现的一种新型的养老模式。老年社区以家庭为单位入住，使老人在不脱离家庭社区生活的情境中获得专业服务。

老年社区具有规模优势，有利于社区服务的专门化与专业化，可引入较高层次的专业人才，促使服务上档次。配套设施与环境的建设可以丰富老年人的生活，有利于老年人满足人际交往的情感需求。老年社区还为朋友、子女探访提供较便利的条件，可保障老年人家庭生活不轻易受到干扰。而优美的环境、清新的空气更有利于老人的身心健康。

但从现有的老年社区来看，只有高收入家庭才能够承担其高昂的费用，对于大多数的老年人而言，这种社区服务只能想象。老年社区都远离城市，要真正实现家庭入住的可能性不大，而如果老年人家庭的其他成员无法入住，老年人仍然面临空巢的可能，其家庭所带来的情感满足依然无法实现。

随着社会进步，现有的社区养老服务已不能充分满足老年群体的养老需求，各地正积极探索多种形式的社区养老模式。例如，开办社区老年学校，利用广播、电视、网络、函授等多种方式，或采取集中授课的方式开办老年书画班、音乐班、舞蹈班、计算机班、外语班等，以满足老年人求知、自尊的需求。再如，设立老年人才市场。老年群体是一个蕴含着极大开发价值的人才资源群体，尤其是离退休的老干部、老科技工作者，是国家的宝贵财富。设立社区老年人才市场，使老年人中的各类人才通过人才市场找到发挥余热的场所，利用自己的优势再就业，继续奉献，参与社会发展，体现自身价值。这样既为社会发展做出了新的贡献，又满足了老年人自我价值实现的需要。另外，开展老人法律援助。开展社区老人法律援助、咨询、调解、庇护等服务活动，帮助老年人解决诸如丧偶、离异后的再婚问题，无子女及亲人赡养问题，老年人受虐待问题，家庭财产分割问题等，维护和保障老年人权益，使其安度晚年。

二、机构老年服务与管理

机构照顾环境属于封闭式的照顾环境，其提供的服务具有代替家庭照顾、辅助家庭或分担家庭照顾等作用。老年人接受机构照顾常常是因为家庭照顾或居家养老服务没有办法满足老年人的需求，以及老人在居家养老中不能保持某种程度的自主性和选择性，如在家庭饮食、生活节奏等方面。也有一些老年人是为了不给家人增加负担或缺少家庭支持而主动选择机构照顾的。

从服务内容方面来讲，机构照顾服务基本上包括医疗服务、康复保健服务、日常生活照顾和社会性服务等内容。机构照顾中的医疗服务与医院内的治疗不同，它只是为老年人提供诸如输液、注射、管道喂食、排尿、体温检查等与医疗关联性较大的服务，一般由机构内的护士提供。康复保健服务主要是为防止老年人生理功能的衰退而进行的服务，如采用物理疗法、作业疗法、心理疗法、饮食疗法等服务，一般由康复保健师提供，或者在康复保健师的督导下由其他服务人员提供。日常生活照顾主要是为那些行动不便的老年人所提供的日常生活中的照顾服务，包括协助如厕、入浴、穿脱衣、移动、喂饭、喂水、喂药、协助洗脸和漱口等内容。社会性服务也被称为社交性服务，主要是帮助老年人适应机构环境和集体生活、成立老年团体或促进老年人个人之间的交往、帮助老年人与社区内的各种资源建立关系并运用这些资源促进老年人与家人、亲属或社区的关系等。机构的类型可以划

分为特殊护理院、护理型养老院、康复保健型养老院和老年公寓等，这是根据机构的功能进行的分类，也是按照护理照料的程度进行的分类，各种不同功能的机构所提供的服务内容的侧重点有所不同。

（一）特殊护理院

特殊护理院是技术层次要求较高的机构，一般必须提供24小时的护理照料，老年人以卧床不起的病人居多，或是行动极为不便的慢性病老年患者（包括阿尔茨海默病患者）。提供的服务多为专业性的医疗、康复保健、护理照顾和其他一般性的日常生活照料。这是以医疗服务为主、社会服务为辅的机构服务模式。

（二）护理型养老院

护理型养老院也称为老人护理院、养护之家、老人福利院等，要求技术层次较高，一般必须提供24小时的有专业督导的、健康模式的护理照料服务，而不是医疗模式的服务。选择护理型养老院的老年人多以生活完全不能自理者居多。服务内容除了有一定的康复保健、护理照顾外，主要是一些个人照顾、日常生活活动的协助（如穿衣、洗澡、喂食）和其他一些社会性、娱乐性服务。这是以健康服务为主、社会服务为辅的机构服务模式。

（三）康复保健型养老院

康复保健型养老院主要是为那些疾病已经得到治疗、病情较为稳定，不需要继续入住医院，但又需要有一定的专业康复保健服务的老年病患者所提供的机构服务模式。提供的服务多为专业性的康复保健、护理照顾和其他一般性的日常生活照料。康复保健型养老院与护理型养老院的区别在于入住康复保健型养老院的老年人，其入住的时间为短期入住，在获得一定的服务且其状况得到改善后即可出院。这也是以健康服务为主、社会服务为辅的机构服务模式。

（四）老年公寓

老年公寓也被称作老人之家、老人院等，是指提供膳食、住宿、个人服务或社会照顾的机构。入住的老年人一般没有大的健康问题或残疾，只需要保障其良好的居住、活动环境和提供一定的社会性、娱乐性服务。这是以社会服务为主、健康服务为辅的机构服务模式。

概括而言，机构照顾的优点在于可以为老年人提供高密度技术性的服务内容；为老年人提供长期和积极的治疗性服务；为老年人提供居住、膳食和有限度的日常照顾及社交活动；减轻家属在照顾方面的压力。但机构照顾的缺点在于"独立院舍"不可避免地过于强调"制度"而非个人感受，为维持机构的运行，缺乏人性化管理；容易忽视老年人的自主能力，使老年人对环境形成依赖，加速老年化的过程；机构生活远离老年人所熟悉的社区，容易使老年人脱离社会，精神需要无法得到满足；另外，机构生活比较单一，缺乏变化，极少数机构存在着虐待老人、照顾不周的现象。

模块三　老年服务与管理的目标与伦理

➡ 相关知识

一、老年服务与管理的目标

什么是高品质的老年生活？——当我们上了年纪，仍然可以保持风度和智慧，拥有健全的头脑和充沛的精力与活力，这才是我们所希望的高品质的老年生活。它意味着健康，不仅指身体上没有疾病，还包括充沛的体力、健全的心理和良好的交际能力。如何才能让老年人都过上高品质的老年生活，这不仅是老年人热切关注的问题，也是我们全体社会成员共同的美好愿望。

世界卫生组织（WHO）在1987年5月召开的世界卫生大会上首次提出"健康老龄化"概念。其后，该组织在1990年的哥本哈根会议上提出要把"健康老龄化"作为战略目标。在1993年召开的第十五届国际老年学大会上，又将"科学为健康老龄化服务"定为主题。世界卫生组织对"健康老龄化"的定义包括三个方面：老年人个体健康、老年群体的整体健康、健康的人文环境。

传统的健康观是"无病即健康"，现代人的健康观是整体健康。1948年，世界卫生组织（WHO）对健康的定义是："健康，不仅是指没有疾病和身体缺陷，还要有完整的生理、心理状态和良好的社会适应能力"。1989年，世界卫生组织关于健康的概念又有了新的发展，把道德修养纳入了健康的范畴，提出了新概念，即"健康不仅是没有疾病，而且包括躯体健康、心理健康、社会适应良好和道德健康"。现代健康的含义是多元的、广泛的，包括了生理、心理、社会适应性、道德四个方面。

▶ 拓展阅读

中华医学会老年医学分会提出我国健康老年人的十条标准：

1. 躯体无显著畸形，无明显驼背等不良体型。
2. 神经系统基本正常，无偏瘫和老年性痴呆及其他神经系统疾病。
3. 心脏基本正常，无高血压、冠心病（无明显心绞痛、冠状动脉供血不足、陈旧性心肌梗死）及其他器质性心脏病。
4. 肺脏无明显肺功能不全及慢性肺疾病。
5. 无肝硬化、肾脏病及恶性肿瘤。
6. 有一定的视听能力。
7. 无精神障碍，性格健全，情绪稳定。
8. 能恰当地对待家庭，有一定的社会交往能力。
9. 能适应环境。
10. 具有一定的学习、记忆能力。

《中国老龄事业发展"十二五"规划》中指出："要以科学发展为主题，以改革创新为动力，建立健全老龄战略规划体系、社会养老保障体系、老年健康支持体系、老龄服务体系、老年宜居环境体系和老年群众工作体系，服务经济社会改革发展大局，努力实现老有所养、老有所医、老有所教、老有所学、老有所为、老有所乐的工作目标，让广大老年人共享改革发展成果。"这是国家在宏观层面对老龄事业提出的远景期望。

以此为指导思想，我们把从事一线老年服务与管理工作的专业技术人员的工作目标具体化为：以维护老年人的生理健康、心理健康为己任，通过为老年人营造幸福晚年生活，推动和谐老龄化社会的建设与发展。这是老年服务与管理专业人才培养的目标，更是从事该行业工作的相关人员应遵循的职业道德规范。下面我们分别从老年生理健康、老年心理健康、老年生活幸福及和谐老龄社会四个方面来谈谈老年服务与管理专业人士如何树立自己的工作理念。

（一）老年生理健康

关于老年生理健康，从服务的角度思考，作为专业人士，我们需要面对两种类型的老年群体：一是身体完全健康的老年人；二是身体并不完全健康的老年人。针对不同类型的老年群体，我们工作的侧重点是不同的。对于健康老人，侧重于帮助其保持和维护现有的健康生理状况；对于身体并不完全健康的老年人，侧重于帮助其重新获得健康的生理状况或帮助其应对由于身体的不健康因素带来的生活困扰。因此，我们需要对老年生理健康有一个清晰的认识，并掌握维护老年生理健康的方法和应对不健康身体条件下的生活方式。

1. 老年生理的特点

随着年纪的增长，人进入老年期后，身体会慢慢衰老，从个体的外形到组织器官的组成成分与功能上都发生了变化。首先，在外形上老年人会表现出如下外貌特征：头发变白和稀少、皱纹和老年斑出现、皮肤松弛、视力等改变、牙齿松动脱落、身高下降、体重减轻、体型变化等，但个体差异很大。其次，在组织器官的组成成分上主要表现为：总水量减少、细胞内液量减少、脏器、神经及肌肉组织萎缩和重量减少，除心脏外细胞数量减少，由此不同程度地带来基础代谢量减少、各种功能减退、储备力降低、适应能力减弱等状况。再次，身体的各种功能随年龄的增加而呈直线下降，主要表现为：体力活动和精神活动低下、基础代谢率下降、各脏器系统随着衰老而发生退行性变化。总的来说，衰老带来的影响是多方面的，储备力减少、适应力减退、抵抗力低下、自理能力下降都会不同程度地影响到老年人的晚年生活。

2. 工作目标

针对不同类型的老年群体，我们的工作内容和工作目标不尽相同。对于健康型老年人，我们的工作目标侧重于帮助其维持健康的生理状况，工作内容包括养生保健、营养膳食等。对于康复型老年人，我们的工作目标侧重于帮助其恢复健康的生理状况，工作内容包括康复保健、医疗护理等。对于照料型老年人，我们的工作目标侧重于帮助其适应正常的老年生活，工作内容包括生活照料等。对于护理型老年人，我们的工作目标侧重于辅助其过上正常的老年生活，工作内容包括疾病护理、康复护理和心理护理。

（二）老年心理健康

人口老龄化的加速导致老龄问题日益增多，其中心理健康问题尤甚。过去人们对老年健康的关注通常都过于片面强调生理健康，随着新的健康理念的发展，人们发现健康不仅包括身体，而应该是身体、心理和社会三个方面的完美结合，只有这样才能真正地提高老年人的生命质量和生活质量。由此，整个医学模式也发生了转变，要求从身体、心理和社会三个方面维护和促进老年人健康。身体、心理和社会三个方面达到完美状态，三者不可分割。而人们对心理健康的认识从过去的一无所知，到今日有所认识并越来越重视，这是社会发展进步的标志。

1. 老年心理的特点

人进入老年期后，随着身体的逐渐老化，心理功能也随之退化。由于听觉、视觉敏锐度的逐渐下降，运动的灵活性和速度也明显减退，所以学习速度明显变缓，易出现焦虑。由于注意力分配不足，对信息编码的精度及深度均下降，记忆容易出现干扰和抑制，特别是信息主动提取方面，老年人记忆障碍较为明显，有时还会出现错构和虚构。这容易给老年人造成一定的心理困扰，出现挫败感，并导致抑郁和焦虑、愤怒等情绪出现，从而影响其生活。

老年人的流体智力随着年龄的增长在逐渐下降，但晶体智力却有可能由于知识和经验的积累，再加上生理健康和社会文化等相关因素的影响，随年龄的增长逐渐升高。

老年人在情感与情绪上较年轻时期容易产生消极情绪，如紧张害怕、孤独寂寞、失落感和抑郁。当然，产生消极情绪的大部分因素都是由于人到晚年将面临更多的生活负性事件。

进入老年期的老年人通常仍保持较高的稳定性和连续性，改变相对较小，而且主要表现为开放经验与外向人格特质的降低。而由于时代和社会的飞速发展，老年人由于未跟上知识结构和观念的迅速更新，通常会表现出个性保守、古板、顽固等特点，甚至会出现偏执、多疑、幼稚化、强迫症等特点，这往往与病理生理过程有密切关系。

2. 工作目标

维护老年人心理健康，其工作目标在于通过运用多种方法和技术预防及矫治各种心理障碍与心理疾病，目的是为了维护和促进老年人心理健康，提高他们对社会生活的适应与改造能力。其工作内容具体包括三个方面内容：一级预防，即向老年人提供心理健康知识，以防止和减少心理疾病的发生；二级预防，即尽早发现心理疾患并提供心理与医学的干预；三级预防，即设法减轻慢性精神病人的残疾程度，提高其社会适应能力。

（三）老年生活幸福

如何让老年人过上幸福的晚年生活，从客观条件看，一是为老年人提供健康的自然环境，二是为老年人构建和谐的人文环境；从主观条件看，应努力培养老年人适应社会的能力，能够理解和享受现代文明为人类生活带来的变化，并充分地融入现代社会生活。

1. 老年生活环境

健康的自然环境主要是指老年人日常生活的周边环境舒适、环保，能够让生活于其中的老年人保持健康的生理状态。其范围包括整洁舒适的居住环境、绿色环保的小区环境、方便快捷的出行交通、有效保障的医疗服务等。

和谐的人文环境主要是指老年人日常生活的周边环境文明、安全，能够给老年人的身心带来愉悦感。其范围包括亲密的家庭氛围、融洽的邻里关系、多样的社区服务、良好的社会风尚等。

2. 老年社会融合

现代社会科技的发展，除了带给我们丰富的物质生活，还改变了我们的生活方式。手机、计算机、网络等现代化工具的应用，给年轻一代的生活带来了方便快捷，但对于老年人来说却是挑战，因为随着身体的老化，老年人的认知能力有所退化，造成对于新事物的学习和接受能力变差。除此之外，社会其他方面的发展变化也会给老年人的生活带来不同程度的紧张与惶恐，他们因此害怕与社会接触，进而产生与社会脱节的现象。这些都是老年人晚年幸福生活的障碍。因此，帮助老年人学习新生事物，了解和接受现代社会文明，融入其周围的生活环境，能够从多方面消除由于社会的发展变化给老年人晚年生活带来的不利影响，这也是从事老年服务与管理工作的专业人员所应完成的工作内容。

3. 工作目标

通过对社会生活环境的评估，全面了解老年人目前的社会生活状况，重点在于掌握老年人日常生活中面临哪些挑战，会给老年人带来哪些不利的影响，哪些地方需要得到改善，如何获得相关的社会支持。通常这样的工作应由老年社会工作者来完成，或者通过老年社会工作者召集各方面专业人士组成老年工作团队来完成。工作目标在于为老年人提供全方位的服务，改善老年人的生活状况，营造幸福晚年生活。

（四）和谐老龄社会

老年人口的逐渐增多，人口结构的变化，势必给社会各方面都带来影响，利弊各有。

1. 人口老龄化对和谐社会的影响

首先，老龄化社会到来，廉价劳动力大幅减少，我国的人口红利将逐渐消失，没有了吸引外资的劳动力成本优势，势必会对我国的出口贸易造成相当大的冲击。

其次，人口老龄化加重了养老负担，对整个社会保障体系提出了新的挑战。一是经济保障，即老年人晚年生活的经济来源应当得到基本保障；二是医疗保障，即老年人在保健与疾病医疗方面有保障；三是社会化服务保障，即对老年人的个人生活能够提供必要的照料、护理和帮助等。

再次，不利于构建和谐社会，"4-2-1"式的小型化家庭结构不够稳定，家庭成员中若有一个或一个以上的人同时发生意外情况，整个家庭都会乱套，而家庭是社会的基本单位，家庭的不稳定会直接影响到社会的和谐。

除此之外，人口老龄化还会给整个社会的产业结构、社会文化诸多方面带来影响。

2. 工作目标

作为从事老年服务与管理方面的专业人士，工作目标主要在于运用各种方式和手段规避老龄化带来的弊端。例如：完善社会保障体系，构建多层次的养老服务体系，为老年人提供多样化的养老服务；制定切实可行的办法，完善相应的法律、法规，建立健全社会养老制度，解除老年人的后顾之忧，保障老年人的基本生活；大力发展养老产业，开拓老年消费市场；有效开发老年劳动力资源，应对年轻劳动力资源短缺问题等。

二、老年服务与管理的伦理

伦理就是人与人及人与自然的关系和处理这些关系的规则，即各种道德标准和道德规范，也是人们共同认为的关于什么是"好"和什么是"坏"的定义。

在中国，传统的伦理如："天地君亲师"为五天伦；君臣、父子、兄弟、夫妻、朋友为五人伦；忠、孝、悌、忍、信为处理人伦的规则。从学术角度来看，人们往往把伦理看作是对道德标准的寻求。

我们每个人都生活在一定的社会环境中，总是和他人发生这样或那样的联系，建立一定的社会关系，如同事关系、上下级关系、长辈与子辈间的关系、员工与企业间的关系等。种种关系错综复杂，稍不留意就会带来纷争，从而影响家庭、社会甚至国家的稳定，因此需要有一定的规范和准则来调节种种关系，即社会对道德的需要。

职业道德是一定社会的道德原则和规范在职业行为和职业关系中的特殊表现，是从业人员在职业生活中应遵循的道德规范及应具备的道德观念、道德情操和道德品质。

人们生活在社会中，社会需要发展，人们需要维持生计，就要从事各种生产活动，如教师执教、工人做工、农民种地、商人经商等，这些社会活动就是职业。人们通过这些活动获得维持生计的报酬，同时还对社会承担着责任，并影响人们对从事这种职业的认同。而各种不同的职业有各自不同的特点，也就有不同的要求和职业道德。例如，教师的职业道德是"教书育人"，医生的职业道德是"救死扶伤"。如果从事该职业的人们不遵守该行业的职业道德，则会引发人们对其的社会谴责，道德即通过这种惩戒的方式来纠正人们的行为规范。

（一）老年服务与管理的职业道德

老年服务与管理工作以老年人为对象，从业者尤其需要具有高尚的职业道德。其职业道德目标为：尊老敬老，无私奉献；自尊自强，爱岗敬业；严谨细致，技术求精；遵纪守法，团结协作。

1. 尊老敬老，无私奉献

老年人是我们幸福生活的创造者，我们今天所拥有的一切都来源于老年人的劳动成果。当年轻人享受幸福生活的同时，他们却慢慢老去，离开了奋斗多年的工作岗位，但他们仍然是英雄、功臣，理应受到全社会的尊重与爱戴。我们年轻人有责任在他们年老后为他们提供幸福生活，使他们愉快地度过晚年生活。

老年人同时又是社会的弱势群体。人到老年，各种身体和心理疾病随之而来，器官的老化、感知觉的退化，都给生活带来各种不利影响。为老年人提供服务与管理，更多的是对其日常生活的照料和护理，工作琐碎而繁重，并且工资待遇普遍不高，但随着老龄化现象的日益严重，老年服务与管理又是整个社会必不可少的一种职业。因此，从事老年服务与管理工作的人们应具备无私的奉献精神才能够投入到这份公益事业中来，才能以很好的状态完成自己的本职工作。

2. 自尊自强，爱岗敬业

为老年人提供服务与管理是一项光荣的工作。在现代社会中，职业没有高低贵贱之分，不同的职业的共同目的是为社会服务。就像"叠罗汉"如果没有下面的人撑着，上边的人将会摔得很惨，所以其实每一个位置、每一个人都很重要。社会职业像一个金字塔，哪个行业都很重要，都要有人去做。因此，从事该行业工作的人们要树立自尊自强和爱岗敬业的思想。热爱本职工作是一种职业情感，也是人们对所从事的职业的情绪和态度，正确地认识本职业对社会的意义，全身心地投入到职业活动中来，努力培养对自己所从事工作的荣誉感和责任感，争取在平凡的岗位上做出不平凡的业绩。

3. 严谨细致，技术求精

老年服务与管理工作的服务对象是老年人，老年人的生理和心理特点决定了从事该工作的人需要细心、耐心和责任心。例如，从事一般的日常生活照料，看似简单，但却需要工作人员随时观察和记录老年人的健康和生活状况，及时发现老年人的身体和心理不适，并配合医生、护士做好老年人患病时的治疗、护理工作。老年护理工作通常面对的是生活不能自理的老年人，从老年人的身体清洁到穿衣、饮食再到睡眠都需要悉心照顾，除了严谨细致外，技术上的要求也必不可少，如何预防褥疮、如何营养膳食、如何帮助其排泄及如何促进其睡眠都需要掌握相关的技能和技巧。而精湛的技术能够让老年人生活得更舒适愉悦。

4. 遵纪守法，团结协作

法律是国家制定或认可的，由国家强制力保证实施的，以规定当事人权利和义务为内容的具有普遍约束力的社会规范，是全社会从事各行各业的工作者都必须遵循的行为规范，无一例外。因此，我们需要树立严格的法制观，认真学习和遵守国家法律和法令，特别是学习有关尊老、敬老和维护老年人权益的法律、法规，以约束自己的一言一行。同时也要在工作中形成团结协作的精神，一个人的力量终归有限，如何调动一切有利因素为老年人提供更为完善的服务是我们的工作目标和理念。

（二）老年服务与管理的日常礼仪

礼仪是人们在社会交往过程中共同遵循的，最简单、最起码的道德行为规范，它属于社会公德的范畴，但是其要求更为具体和细化，通常能够表现一个人的文化修养和精神面貌。

礼仪包括礼节和仪表等内容。礼节是在交际场合，送来迎往间相互问候、致意等方面惯用的形式。仪表则是指人的外表，包括容貌、姿态、风度、服饰等内容。礼仪应遵从尊重他人、适度自律的原则。

一个人在社会生活中要与他人接触，其礼仪表现将会使他人产生很强的知觉反应，能给人留下深刻的印象。良好的礼仪修养能强化人际间的沟通，建立良好的人际关系，反之不但会损害自己的形象，而且会影响人际关系。同样在职业活动中，良好的礼仪行为有助于职业活动的开展。因此，人们不但在日常生活中要重视礼仪修养，在职业活动中同样要遵守礼仪行为规范。

1. 着装礼仪

着装整洁、庄重大方。不管是从事护理还是管理工作，在工作的过程中一定要注意保持个人的清洁卫生与服饰的庄重大方，因为老年人都具有丰富社会经验和阅历，他们见多识广，一般都有良好的审美观，因此着装得体能够给工作对象留下好的印象，从而增进相互的了解与沟通。切忌在工作过程中穿着过于暴露或浓妆艳抹，这样既不利于工作的开展，也容易让老年人产生反感。

2. 行为礼仪

行为举止端庄得体。行为是受思想支配而表现出来的外表活动，通常表现为一定的动作和表情。在日常活动中的一举一动和一颦一笑都是行为举止。它是一个人文化修养的体现，它向人们传达信息，对周围的人产生影响。所以，只要一个人举止端庄、文雅、落落大方，即使他相貌平平，也能给人留下良好的印象，获得人们的称赞。

所以，不管在老年服务与管理的哪个专业领域，都要求相关工作人员有正确的站姿、走姿和坐姿。站立时挺拔端正；走路时轻快稳健；入座时轻稳挺直。而在言语上则要求礼貌待人，常用文明用语、规范用语，对老年人多用敬语，态度要真诚和蔼，用心与老年人沟通。

学习单元二 走进老年服务与管理

项目一 老年健康服务与管理

学习目标

1. 理解老年健康服务与管理的重要性及意义。
2. 了解老年人主要存在的健康问题。

模块一 老年健康评估

相关知识

老年健康评估及相关危险因素的监测，对于老年人保健、老年疾病防治及老年人护理照料等具有重要意义。全面、连续、系统、科学的健康评估能够在很大程度上做到早预防、早发现、早诊疗，防止疾病发生，预防并发症，减少病残，延长老年人寿命，提高生活质量，减轻社会和家庭医疗负担。

一、生理健康评估

（一）老年人健康史采集

健康史是指老年人目前与既往的健康状况、影响健康状况的因素及老年人对自己健康状况的认识、日常生活活动和社会活动能力等方面的主观资料。老年人健康史的采集目的是收集资料和进一步形成护理诊断，为制订护理计划提供依据。

1. 一般资料

姓名、性别、年龄、婚姻状况、民族、职业、籍贯、家庭住址与联系方式、文化程度、宗教信仰、经济收入、医疗费用的支付方式、入院方式等。

2. 健康状况

目前和既往的健康状况、影响健康状况的有关因素、对自身健康状况的认识和反应、日常生活活动能力等。

3. 生理状况

目前最突出、最明显的症状和体征，如近期饮食、睡眠、排泄、活动、性生活等情况。

4. 精神心理状况

老年人情绪的强度和紧张感，如有无焦虑、抑郁、固执、离群、自私、多疑、妒忌与懒散、焦躁、过度紧张、烦躁不安、谵妄和痴呆等。

5. 既往病史

详细询问老年人的既往病史，如手术、外伤史，以及食物、药物过敏史等。

6. 伴随症状

注意老年人多病共存的特点，不强调必须找到符合相应疾病的诊断标准。例如，肺心病和冠心病并存时，冠心病的症状常被表现出的肺心病体征掩盖。

7. 家庭关系和人际关系

了解老年人家庭成员情况及其与周围社会环境中他人的关系，如能否恰当地处理家庭关系、邻里关系、子女关系，确定有无家庭不和、子女不孝、经济纠纷、退休、离异、丧偶、邻里纠纷等生活事件。

（二）老年人体格检查

一般认为，老年人每1～2年应进行一次全面的健康检查。老年人的体格检查方法与一般人的体格检查方法差别不大，但应考虑老年人的生理特点和疾病的影响。

1. 身高、体重、腰围、臀围

身高和体重是评价营养状况的重要指标，可以计算出体质指数（用来评价胖瘦的分级方法）。腰围和臀围是衡量肥胖程度的指标。身体过于肥胖，会增加心脏负担，易诱发心血管疾病；过于消瘦，会使免疫功能下降，从而导致抵抗力下降。

2. 心脑血管检查

心脑血管检查是老年人体检的重点，主要包括测血压（见图2-1-1）、心电图检查（见图2-1-2）和颈动脉B超。高血压是冠心病发病的诱因之一，血压经常处于高峰状态，容易发生脑血管意外。通过心电图检查，可了解心肌供血情况、心律失常等。年纪很大，不能进行活动平板测试者，建议做心脏彩色B超。通过颈动脉B超，可检查出血管是否发生病变。

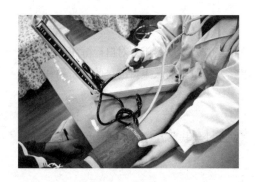

图2-1-1　测血压

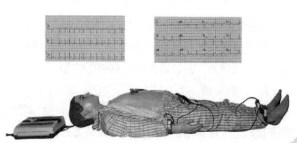

图2-1-2　心电图检查

3. 肝、胆、胰腺B超及胸透

肝、胆B超（腹部B超）可对肝、胆的形态进行检查，提前发现是否出现肝、胆肿瘤，或者胆囊结石。由于这是一种无创伤检查，所以老年人可进行多次检查（见图2-1-3）。通过胸透可早期发现肺结核、肺癌，常年嗜烟的老年人更应该定期做胸透检查，对无症状的早期肺部肿瘤，这是最佳的初筛手段。

图 2-1-3　腹部 B 超检查

4. 眼底、听力检查

检查眼底可及早发现老年性白内障、原发性青光眼。患有高血压、冠心病、糖尿病的病人，可通过查眼底反映出动脉是否硬化（见图 2-1-4）。30% 年过 60 岁的人有不同程度的听力缺失，早发现，大多数是可以治疗的。最好每三年进行一次听力检查。

图 2-1-4　眼底检查

5. 血糖和血脂检查

肥胖或患有高血压、动脉硬化的老人尤应注意血糖和血脂指标，特别是餐后两小时的血糖很能说明问题。

6. 骨密度检查

老年人容易骨质疏松，因此 50 岁以上的男性和 45 岁以上的女性应进行骨密度检查，见图 2-1-5。

图 2-1-5　骨密度检查

7. 胃肠镜检查

50岁以上的老人，尤其是老年男性应定期进行胃肠镜检查。胃肠镜检查可发现一些癌前病变，如大肠息肉等，以便尽早清除。另外，通过大便潜血试验还可早期发现消化道疾患及癌症。

8. 妇科检查或前列腺检查

老年女性即使已绝经，也不能忽视每年一次的全面妇科检查，而男性则应做前列腺检查。

9. 肿瘤三项

肿瘤三项包含癌胚抗原、甲胎蛋白、癌肿抗原。老年人年龄越大，患肿瘤的风险也越高，每年应至少检查一次。

10. 智力、意识状态

意识状态主要反映老年人对周围环境的认识和对自身所处状况的识别能力，有助于判断有无颅脑病变及代谢性病变。评估老年人的记忆力和定向力，有助于对早期痴呆的诊断。

11. 体位、步态

疾病常可导致体位发生改变，如心肺功能不全的老年患者，可出现强迫坐位。步态的类型对疾病诊断有一定帮助作用，如慌张步态常见于帕金森病，画圈步态常见于偏瘫，醉酒步态常见于小脑病变。

12. 皮肤

老年人的皮肤干燥、弹性下降、皱纹多、色素沉着、没有光泽、感觉迟钝、敏感性下降，卧床不起的老年人易发生压疮，并且常伴有皮肤损坏。应全面评估老年人皮肤的颜色、温度、湿度，皮肤的完整性与特殊感觉。

二、心理健康评估

老年人常见心理问题较多，抑郁和焦虑是比较普遍的心理问题。心理健康评估的方法主要是量表测量法，这里介绍两个简单适用的自评量表。

（一）焦虑自评量表（Self-Rating Anxiety Scale，SAS）

焦虑自评量表是W.K.Zung于1971年编制的，用于评估有焦虑症状的个体的主观感受，作为衡量焦虑状态的轻重程度及其在治疗中变化的依据。焦虑自评量表是一种分析病人主观症状的临床工具。我国对该量表进行了修订，见表2-1-1。

表2-1-1　我国修订的焦虑自评量表

项目	1	2	3	4
1. 我觉得比平常容易紧张和着急	○	○	○	○
2. 我无缘无故感到担心害怕	○	○	○	○
3. 我容易心烦意乱或感到恐慌	○	○	○	○
4. 我觉得我可能将要发疯	○	○	○	○
*5. 我感到事事都很顺利，不会有倒霉的事情发生	○	○	○	○
6. 我的手脚发抖打战	○	○	○	○
7. 我因头痛、颈痛和背痛而烦恼	○	○	○	○

（续）

项　　目	1	2	3	4
8. 我感到无力且容易疲劳	○	○	○	○
*9. 我感到平静，能安静坐下来	○	○	○	○
10. 我感到我的心跳很快	○	○	○	○
11. 我因阵阵眩晕而不舒服	○	○	○	○
12. 我有阵阵要晕倒的感觉	○	○	○	○
*13. 我呼吸时进气和出气都不费力	○	○	○	○
14. 我的手指和脚趾感到麻木和刺激	○	○	○	○
15. 我因胃痛和消化不良而苦恼	○	○	○	○
16. 我必须频繁排尿	○	○	○	○
*17. 我的手总是温暖而干燥	○	○	○	○
18. 我觉得脸发热发红	○	○	○	○
*19. 我容易入睡，晚上休息很好	○	○	○	○
20. 我做噩梦	○	○	○	○

焦虑自评量表采用4级评分，主要评定症状出现的频度，其标准为："1"表示没有或很少时间有；"2"表示有时有；"3"表示大部分时间有；"4"表示绝大部分或全部时间都有。20个项目中有15项是用负性词陈述的，按上述1～4顺序计分。其余5项（第5、9、13、17、19项）注"*"号者，是用正性词陈述的，按4～1顺序反向计分。将20个项目的得分相加，即得粗分；用粗分乘以1.25以后取整数部分，就得到标准分，或者可以查相关表做相同的转换。按照中国常模结果，焦虑自评量表标准分的分界值为50分，其中50～59分为轻度焦虑，60～69分为中度焦虑，70分及以上为重度焦虑。

（二）抑郁自评量表（Self-Rating Depression Scale，SDS）

抑郁自评量表是含有20个项目，并且分为4级评分的自评量表，原型是Zung抑郁量表。其特点是使用简便，并能相当直观地反映抑郁患者的主观感受。此量表主要适用于有抑郁症状的成年人，包括门诊及住院患者。只是对严重迟缓症状的抑郁，评定有困难。同时，抑郁自评量表对于文化程度较低或智力水平稍差的人使用效果不佳。本测验为常用心理测验示范量表，正式量表自动显示抑郁等级指数，可以帮助诊断抑郁等级为无抑郁、轻微度抑郁、中至重度抑郁或极重度抑郁（见表2-1-2）。

表2-1-2　抑郁自评量表

1. 我觉得闷闷不乐，情绪低沉。
   ○ 没有或很少时间　○ 小部分时间　○ 相当多的时间　○ 绝大部分或全部时间

*2. 我觉得一天中早晨最好。
   ○ 没有或很少时间　○ 小部分时间　○ 相当多的时间　○ 绝大部分或全部时间

3. 我一阵阵哭出来或觉得想哭。
   ○ 没有或很少时间　○ 小部分时间　○ 相当多的时间　○ 绝大部分或全部时间

（续）

4. 我晚上睡眠不好。
 ○ 没有或很少时间　○ 小部分时间　○ 相当多的时间　○ 绝大部分或全部时间

*5. 我吃得跟平常一样多。
 ○ 没有或很少时间　○ 小部分时间　○ 相当多的时间　○ 绝大部分或全部时间

*6. 我与异性密切接触时和以往一样感到愉快。
 ○ 没有或很少时间　○ 小部分时间　○ 相当多的时间　○ 绝大部分或全部时间

7. 我发现我的体重在下降。
 ○ 没有或很少时间　○ 小部分时间　○ 相当多的时间　○ 绝大部分或全部时间

8. 我有便秘的苦恼。
 ○ 没有或很少时间　○ 小部分时间　○ 相当多的时间　○ 绝大部分或全部时间

9. 我心跳比平常快。
 ○ 没有或很少时间　○ 小部分时间　○ 相当多的时间　○ 绝大部分或全部时间

10. 我无缘无故地感到疲乏。
 ○ 没有或很少时间　○ 小部分时间　○ 相当多的时间　○ 绝大部分或全部时间

*11. 我的头脑跟平常一样清楚。
 ○ 没有或很少时间　○ 小部分时间　○ 相当多的时间　○ 绝大部分或全部时间

*12. 我觉得经常做的事情并没有困难。
 ○ 没有或很少时间　○ 小部分时间　○ 相当多的时间　○ 绝大部分或全部时间

13. 我觉得不安而平静不下来。
 ○ 没有或很少时间　○ 小部分时间　○ 相当多的时间　○ 绝大部分或全部时间

*14. 我对将来抱有希望。
 ○ 没有或很少时间　○ 小部分时间　○ 相当多的时间　○ 绝大部分或全部时间

15. 我比平常容易生气激动。
 ○ 没有或很少时间　○ 小部分时间　○ 相当多的时间　○ 绝大部分或全部时间

*16. 我觉得做出决定是容易的。
 ○ 没有或很少时间　○ 小部分时间　○ 相当多的时间　○ 绝大部分或全部时间

*17. 我觉得自己是个有用的人，有人需要我。
 ○ 没有或很少时间　○ 小部分时间　○ 相当多的时间　○ 绝大部分或全部时间

*18. 我的生活过得很有意思。
 ○ 没有或很少时间　○ 小部分时间　○ 相当多的时间　○ 绝大部分或全部时间

19. 我认为如果我死了，别人会生活得好些。
 ○ 没有或很少时间　○ 小部分时间　○ 相当多的时间　○ 绝大部分或全部时间

*20. 平常感兴趣的事我仍然感兴趣。
 ○ 没有或很少时间　○ 小部分时间　○ 相当多的时间　○ 绝大部分或全部时间

简要说明：不带"*"号的题目选项计分依次为1分、2分、3分、4分，带"*"号的题目选项计分依次为4分、3分、2分、1分，将20个项目的各个得分相加，即得粗分。标准分等于粗分乘以1.25后的整数部分。按中国常模结果，抑郁评定的分界值：总粗分的正常上限为41分，标准分为53分。标准分低于53分，说明心理状况正常，超过标准分53分说明有抑郁症状，并且分值越高，说明抑郁症状越严重,需要接受心理咨询,甚至需要在医生的指导下服药。

三、老年人能力评估

对于需要接受养老服务的老年人,还需要进行老年人能力评估,包含日常生活活动、精神状态、感知觉与沟通、社会参与四个方面(见表2-1-3)。

表2-1-3 老年人能力评估指标

一级指标	二级指标
日常生活活动	进食、洗澡、修饰、穿衣、大便控制、小便控制、如厕、床椅转移、平地行走、上下楼梯
精神状态	认知功能、攻击行为、抑郁症状
感知觉与沟通	意识水平、视力、听力、沟通交流
社会参与	生活能力、工作能力、时间/空间定向、人物定向、社会交往能力

(一)日常生活活动

日常生活活动是指个体为独立生活而每天必须反复进行的、最基本的、具有共同性的身体动作群,即进行衣、食、住、行、个人卫生等日常活动的基本动作和技巧(见表2-1-4)。

表2-1-4 日常生活活动能力评估表

项目	分值	标准
进食: 用餐具将食物由容器送到口中、咀嚼、吞咽等过程	□分	10分,可独立进食(在合理的时间内独立进食准备好的食物)
		5分,需部分帮助(进食过程中需要一定帮助,如协助把持餐具)
		0分,需极大帮助或完全依赖他人,或者有留置胃管
洗澡	□分	5分,准备好洗澡水后,可自己独立完成洗澡过程
		0分,在洗澡过程中需他人帮助
修饰: 洗脸、刷牙、梳头、刮脸等	□分	5分,可自己独立完成
		0分,需他人帮助
穿衣: 穿脱衣服、系扣、拉拉链、穿脱鞋和袜、系鞋带	□分	10分,可独立完成
		5分,需部分帮助(能自己穿脱衣服/鞋,但需他人帮助整理衣物、系扣/鞋带、拉拉链)
		0分,需极大帮助或完全依赖他人
大便控制	□分	10分,可控制大便
		5分,偶尔失控(平均每周少于1次),或者需要他人提示
		0分,完全失控
小便控制	□分	10分,可控制小便
		5分,偶尔失控(平均每天少于1次,但每周多于1次),或者需要他人提示
		0分,完全失控,或者留置导尿管

（续）

项目	分值	标准
如厕：去厕所、解开衣裤、擦净、整理衣裤、冲水	□分	10分，可独立完成
		5分，需部分帮助（需他人搀扶去厕所，需他人帮忙冲水或整理衣裤等）
		0分，需极大帮助或完全依赖他人
床椅转移	□分	15分，可独立完成
		10分，需部分帮助（需他人搀扶或使用拐杖）
		5分，需极大帮助（较大程度上依赖他人搀扶和帮助）
		0分，完全依赖他人
平地行走	□分	15分，可独立在平地上行走45米
		10分，需部分帮助（因肢体残疾、平衡能力差、过度虚弱、视力等问题，在一定程度上需他人搀扶或使用拐杖、助行器等辅助用具）
		5分，需极大帮助（因肢体残疾、平衡能力差、过度虚弱、视力等问题，在较大程度上依赖他人搀扶，或者坐在轮椅上自行移动）
		0分，完全依赖他人
上下楼梯	□分	10分，可独立上下楼梯（连续上下10~15个台阶）
		5分，需部分帮助（需扶着楼梯扶手、他人搀扶，或者使用拐杖等）
		0分，需极大帮助或完全依赖他人
日常生活活动总分	□分	分级：□级 0，能力完好：总分为100分 1，轻度受损：总分为61~99分 2，中度受损：总分为41~60分 3，重度受损：总分小于或等于40分

（二）精神状态

精神状态是指个体在认知功能、行为、情绪等方面的外在表现，包括认知功能、攻击行为、抑郁症状三个项目（见表2-1-5）。

表2-1-5 精神状态评估表

项目	分值	标准
认知功能	测验	"我说三样东西，请重复一遍，并记住，一会儿会问您：苹果、手表、国旗" （1）画钟测验："请在这儿画一个圆形时钟，在时针上标出10:45" （2）回忆词语："现在请您告诉我，刚才我要您记住的三样东西是什么？" 答：_____、_____、_____（不必按顺序）
	□分	0分，画钟正确（画出一个闭锁圆，指针位置准确），并且能回忆出2~3个词
		1分，画钟错误（画的圆不闭锁，或者指针位置不准确），或者只回忆出0~1个词
		2分，已确诊为认知障碍，如阿尔茨海默病
攻击行为	□分	0分，无身体攻击行为（如打、踢、推、咬、抓、摔东西）和语言攻击行为（如骂人、语言威胁、尖叫）
		1分，每月有几次身体攻击行为，或者每周有几次语言攻击行为
		2分，每周有几次身体攻击行为，或者每日有语言攻击行为

（续）

项目	分值	标准
抑郁症状	□分	0分，无抑郁症状 1分，情绪低落、不爱说话、不爱梳洗、不爱活动 2分，有自杀念头或自杀行为
精神状态总分	□分	分级：□级 0，能力完好：总分为0分 1，轻度受损：总分为1分 2，中度受损：总分为2～3分 3，重度受损：总分为4～6分

（三）感知觉与沟通

感知觉与沟通能力是指个体在意识水平、视力、听力、沟通交流等方面的主观条件。感知觉与沟通能力评估主要包含四个项目（见表2-1-6）。

表2-1-6 感知觉与沟通能力评估表

项目	分值	标准
意识水平	□分	0分，神志清醒，对周围环境警觉 1分，嗜睡，表现为睡眠状态过度延长。当呼唤或推动患者的肢体时可唤醒，并能进行正确的交谈或执行指令，停止刺激后又继续入睡 2分，昏睡，一般的外界刺激不能使其觉醒，给予较强烈的刺激时可有短时的意识清醒，醒后可简短回答提问，当刺激减弱后又很快进入睡眠状态 3分，昏迷，处于浅昏迷时对疼痛刺激有回避和痛苦表情；处于深昏迷时对刺激无反应（若评定为昏迷，直接评定为重度失能，可不进行以下项目的评估）
视力： 若平日佩戴老花镜或近视镜，应在佩戴眼镜的情况下评估	□分	0分，能看清书报上的标准字体 1分，能看清楚大字体，但看不清书报上的标准字体 2分，视力有限，看不清报纸大标题，但能辨认物体 3分，辨认物体有困难，但眼睛能跟随物体移动，只能看到光、颜色和形状 4分，没有视力，眼睛不能跟随物体移动
听力： 若平时佩戴助听器，应在佩戴助听器的情况下评估	□分	0分，可正常交谈，能听到电视、电话、门铃的声音 1分，在轻声说话或说话距离超过2米时听不清 2分，正常交流有些困难，需在安静的环境中或大声说话才能听到 3分，讲话者大声说话或说话很慢才能部分听见 4分，完全听不见
沟通交流： 包括非语言沟通	□分	0分，无困难，能与他人正常沟通和交流 1分，能够表达自己的需要及理解别人的话，但需要增加时间或给予帮助 2分，表达需要或理解有困难，需频繁重复或简化口头表达 3分，不能表达需要或理解他人的话

分级：□级

0，能力完好：意识清醒，并且视力和听力评为0分或1分，沟通评为0分

1，轻度受损：意识清醒，但视力或听力中至少一项评为2分，或沟通评为1分

2，中度受损：意识清醒，但视力或听力中至少一项评为3分，或沟通评为2分；或嗜睡，视力或听力评定为3分及以下，沟通评定为2分及以下

3，重度受损：意识清醒或嗜睡，但视力或听力中至少一项评为4分，或沟通评为3分；或昏睡/昏迷

（四）社会参与

社会参与是指个体与周围人群和环境的联系与交流状况。社会参与评估包含生活能力、工作能力、时间/空间定向、人物定向、社会交往能力五个项目（见表2-1-7）。

表2-1-7 社会参与能力评估表

项目	分值	标准
生活能力	□分	0分，除个人生活自理外（如饮食、洗漱、穿戴、大便和小便），能料理家务（如做饭、洗衣）或当家管理事务
		1分，除个人生活自理外，能做家务，但欠好，家庭事务安排欠条理
		2分，个人生活能自理；只有在他人帮助下才能做些家务，但质量不好
		3分，个人基本生活事务能自理（如饮食、大便和小便），在督促下可洗漱
		4分，个人基本生活事务（如饮食、大便和小便）需要部分帮助或完全依赖他人
工作能力	□分	0分，原来熟练的脑力工作或体力技巧性工作可照常进行
		1分，原来熟练的脑力工作或体力技巧性工作的工作能力有所下降
		2分，原来熟练的脑力工作或体力技巧性工作明显做得不如以往，部分遗忘
		3分，对熟练工作只有一些片段保留，技能全部遗忘
		4分，以往的知识或技能全部磨灭
时间/空间定向	□分	0分，时间观念（年、月、日、时）清楚；可单独出远门，能很快掌握新环境的方位
		1分，时间观念有些下降，年、月、日清楚，但有时相差几天；可单独来往于近街，知道现住地的名称和方位，但不知回家路线
		2分，时间观念较差，年、月、日不清楚，可知上半年或下半年；只能单独在家附近行动，对现住地只知名称，不知道方位
		3分，时间观念很差，年、月、日不清楚，可知上午或下午；只能在左邻右舍间串门，对现住地不知名称和方位
		4分，无时间观念；不能单独外出
人物定向	□分	0分，知道周围人们的关系，知道祖孙、叔伯、姑姨、侄子与侄女等称谓的意义；可分辨陌生人的大致年龄和身份，可用适当称呼
		1分，只知家中亲密近亲的关系，不会分辨陌生人的大致年龄，不能称呼陌生人
		2分，只能称呼家中人，或者只能照样称呼，不知其关系，不辨辈分
		3分，只认识常同住的亲人，可称呼子女或孙子女，可辨熟人和生人
		4分，只认识保护人，不辨熟人和生人
社会交往能力	□分	0分，参与社会，在社会环境中有一定的适应能力，待人接物恰当
		1分，能适应单纯环境，主动接触人，初见面时难让人发现智力问题，不能理解隐喻语
		2分，脱离社会，可被动接触，不会主动待人，谈话中使用很多不适词句，容易上当受骗
		3分，勉强可与人交往，谈吐内容不清楚，表情不恰当
		4分，难以与人接触
社会参与总分	□分	分级：□级 0，能力完好：总分为0～2分 1，轻度受损：总分为3～7分 2，中度受损：总分为8～13分 3，重度受损：总分为14～20分

模块二　老年健康教育与指导

相关知识

健康教育是通过有计划、有组织、系统的社会教育活动，使人们自觉地采纳有益于健康的行为和生活方式，消除或减轻影响健康的危险因素，预防疾病，促进健康，提高生活质量，并对教育效果做出评价。健康教育的核心是教育人们树立健康意识，促使人们改变不健康的行为和生活方式，并且养成良好的生活习惯，以降低或消除影响健康的危险因素。通过健康教育，使人们了解哪些行为是影响健康的，并能自觉地选择有益于健康的行为和生活方式。

一、开展老年人健康教育与指导的意义

随着人类社会的发展，在社会经济、文化水平不断提高的同时，人类疾病谱发生了改变，从以前的以传染性疾病为主逐渐改变为以慢性非传染性疾病为主。不健康的行为生活方式是导致大多数慢性非传染性疾病的主要因素，如心脑血管疾病，又称为"生活方式病"。老年人由于健康素养普遍较低，缺乏健康知识，一些不健康的行为和生活方式已经成为生活习惯，因此，老年人是慢性非传染性疾病的主要患病人群。调查显示，我国60岁以上的老年人绝大多数患有两种以上的慢性非传染性疾病，主要是以心脑血管疾病为主。慢性非传染性疾病已经不再是"富贵病"，给老年人、家庭、社会带来严重的经济负担。由此可见，要预防和控制老年人慢性疾病，必须加大力度开展健康教育和指导，传播现代健康观念，提高老年人的健康素养和保健与防病意识，指导老年人采取健康的行为生活方式，这样才能达到预防和控制老年人慢性疾病的目的。

二、老年人健康教育与指导的内容

（一）健康知识普及

健康知识包括：健康的概念和标准，食品安全、环境卫生知识，传染病和季节流行病的防治知识，必备的急救知识，以及科学就医知识等。

（二）健康行为生活方式指导

1. 饮食指导

通过健康教育让老年人认识到合理饮食的重要性，了解老年人的营养需求，学会合理饮食。

2. 运动指导

结合老年人的健康状况，指导他们选择适宜的运动方式，以及使他们了解运动过程中的注意事项。

3. 日常卫生习惯指导

通过健康教育让老年人认识到良好的卫生习惯的重要性，学习正确的卫生习惯，纠正错误的卫生习惯。例如，多数老年人不知道正确的口腔清洁方法。

（三）老年人常见疾病的防治知识

通过健康教育让老年人知道高血压、脑卒中、冠心病、糖尿病、气管炎、白内障、老年骨关节疾病、

骨质疏松、阿尔茨海默病等老年人常见慢性疾病的病因、症状、预防和治疗方法等，让老年人学会一些具体的预防措施和早期识别方法，做到无病早防、有病早治。

（四）合理用药知识

大多数老年人同时患有多种慢性疾病，需要长期服药。有的老年人不遵医嘱，根据自己的生活经验，擅自增减和停药；有的迷信广告，自购新药；有的听人推荐，偏信单方。不合理用药或乱用药物，不但会降低疗效、延误病情，而且会增加药物的不良反应。因此，健康教育需要在老年人用药方面加强引导。

（五）康复知识

让患有某些慢性疾病或有残疾的老年人学会一些康复知识和方法，既可以减少老年人身体上、精神上的痛苦，又可以发挥机体的残存功能，控制疾病的发展和促进康复。康复知识除了老年人自身需要掌握以外，家属或照料者也应掌握。

（六）心理调适指导

关注和理解老年人的心理特征变化，了解其常见的心理问题，给予老年人心理支持的同时指导他们正确处理心理方面的问题，帮助他们科学地分析问题，开阔视野，陶冶情操。

三、老年人健康教育的形式

老年人健康教育的形式灵活多样，应该根据老年人的特点，如视力低下、文化水平不高、记忆力下降等，选择适合老年人的健康教育形式。

（一）专题讲座

通过组织集体听课或办学习班的形式，由专业人员就老年人普遍存在的健康问题讲课。此方式专业性、系统性、针对性强，目的明确，内容突出，是社区健康教育常用的一种群体教育方法，见图 2-1-6 和图 2-1-7。

图 2-1-6　老年健康知识讲座

图 2-1-7　老年饮食健康讲座

（二）个别健康咨询与指导

根据不同老年人的情况，可进行各种有针对性的指导。对有发病危险的老年人，着重指导饮食、运动等生活方式,以预防疾病的发生。对已经患有慢性病的老年人,则指导他们合理用药、坚持治疗、及时进行相关监测,以预防并发症的发生。

(三)相互交流

组织患有同种疾病的老年人形成一个小组,邀请一些病情控制较为理想的老年人进行座谈和交流,介绍成功的经验,也请病情控制不好的老年人谈切身体会和经验教训,病友之间的交流最直接、有说服力,对老年人影响较大。

(四)形象教育

建立健康教育宣传栏(见图2-1-8),编印并发放健康知识资料(传单、折页、手册)等,组织收看录像、电视台的健康节目,利用图片、漫画、视频等进行形象教育,这种形式直接、生动,老年人可从中得到更深刻的启示。

图2-1-8 健康教育宣传栏

四、开展老年人健康教育与指导的程序

(一)老年人健康教育需求评估

在制订健康教育计划时,首先不是考虑我们主观上要解决什么问题,而是考虑老年人需要我们解决什么问题,哪些问题可以通过健康教育干预得到解决,以及目前应优先解决的健康问题是什么。因此,必须做好老年人需求评估,为计划的制订提供必要的资料、数据与依据。老年人需求评估包括老年人的一般情况、健康问题与危险因素、学习能力、对健康知识的了解程度等。

(二)确定优先项目

通过需求评估,常会发现老年人的健康需求是多方面的,而确定优先项目在于真实地反映老年人最关心的健康问题,确定最重要、最有效及所用的人力和资金最少而能得到最高效益的项目。

（三）制订健康教育计划

当项目确定后，就要针对项目计划中的内容，先确定干预人群、范围、计划所要达到的目标及为实现目标而制订的各项指标。然后，确定教育方法、教育内容和教育材料，并且安排项目活动日程。

（四）实施健康教育项目计划

老年人健康教育项目计划的执行，就是按照计划设计的要求，有序且有效地组织实施干预等活动，以保证计划目标得以实现。在落实项目计划过程中，应重点做好六项工作：建立实施组织、培训工作人员、配备材料设备、老年人宣传动员、实施质量控制、及时总结工作。

（五）老年人健康教育项目计划的评价

老年人健康教育项目计划的评价是全面监测计划执行情况，控制计划实施质量，确保计划实施成功的关键性措施，也是评估项目计划是否成功、是否达到预期效果的重要手段。需要特别强调的是：评价不是在计划实施结束后才进行，而是贯穿于计划实施的全过程。根据评价的内容、指标和方法的不同，可将项目计划的评价分为过程评价和效果评价两大类。

总之，老年人健康教育工作应按照老年人健康教育需求评价、制订和实施健康教育计划，按照评价健康教育实施效果的顺序开展，见图2-1-9。

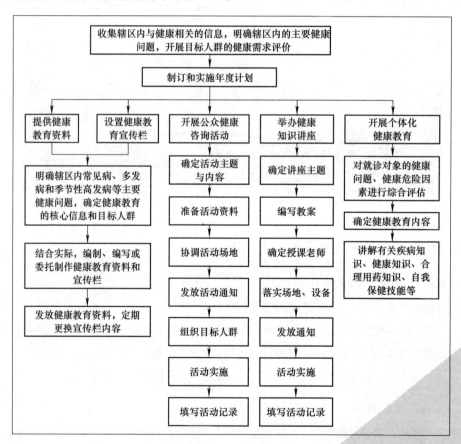

图2-1-9　老年人健康教育流程

模块三　老年营养与膳食

相关知识

一、老年人的营养需要

（一）能量

由于老年人的代谢功能逐渐降低，腺体分泌减少、消化能力减弱及体力活动减少，所以对能量的需要也相应降低。老年人摄入的能量过多，可能造成体脂占体重的百分比不断增加，形成超重和肥胖，并且易导致动脉粥样硬化和糖尿病等。因此，建议人们随年龄的增长而校正能量的供给，如60～70岁的老年人比青壮年摄入能量减少20%左右。

（二）蛋白质

蛋白质是生命活动的基本物质。老年人的分解代谢大于合成代谢，蛋白质的合成能力差，摄入的蛋白质利用率低，如果饮食中蛋白质供应不足，就可能引发老年慢性营养不良、贫血等疾病。但是，由于老年人的肝、肾功能降低，过多摄入蛋白质又会增加肝脏、肾脏负担，因此蛋白质的摄入量应少而质优。蛋白质的每日摄入量以达到每千克体重1.0～1.2克为宜，优质蛋白质的摄入量应为总蛋白质摄入量的40%。动物性食物可考虑奶类、蛋类、鱼虾类、瘦肉类等；植物性食物可考虑豆类及其制品等。

（三）脂肪

老年人随着年龄的增长，人体总脂肪明显增加，其中主要是胆固醇的增加，甘油三酯和游离脂肪酸也有所增加。脂肪和胆固醇摄入过多，易引起血中胆固醇，特别是氧化的低密度脂蛋白胆固醇的增加，造成动脉粥样硬化，增加心脑血管疾病的发生概率。此外，脂肪的摄入量也与结肠癌、乳腺癌、前列腺癌、胰腺癌的死亡率成正比。

我国60岁以上老人BMI（身体质量指数）>25的比例高于全国成人平均值，因此，老年人在饮食中控制脂肪的摄入量是非常必要的。《中国居民膳食营养素参考摄入量》中规定，60岁以上的老年人膳食脂肪提供的能量占一天总能量的20%～30%较为适宜，胆固醇摄入量宜小于300毫克/天。WHO建议敏感人群膳食中胆固醇含量应低于每人200毫克/天。一些含胆固醇高的食物，如动物内脏、鱼卵、蟹黄、蛋黄等，老年人不宜多食。

（四）碳水化合物

老年人的糖耐量降低，血糖的调节作用减弱，容易使血糖升高，因此不宜食用含蔗糖高的食物。碳水化合物的摄入应以含有丰富淀粉的谷类为主，淀粉能促进肠道中胆酸及胆固醇的排泄。老年人膳食碳水化合物提供的能量占一天总能量的55%～65%较为适宜。如果摄入过多的碳水化合物，可在体内转变成脂肪，引起高脂血症。

此外，不少食物中的多糖类物质，如枸杞多糖、香菇多糖等，有提高机体免疫功能和促进肠道

内双歧杆菌生长的作用,有益于老年人的健康长寿。

(五)矿物质

近年来,矿物质中的微量元素与心血管疾病及脑血管疾病的关系越来越引起人们的重视。

1. 钙

老年人的钙吸收率低,对钙的利用和储存能力低,尤其是妇女绝经后多容易出现骨质疏松,因此,老年人需要补充足量的钙质。中国营养学会推荐老年人膳食钙的适宜摄入量男性和女性均为1000毫克/天,最高可耐受摄入量为2000毫克/天。

2. 铁

老年人对铁的吸收利用率下降且造血功能减退,血红蛋白含量减少,易出现缺铁性贫血,我国老年人的贫血患病率为50%左右,故要注意补充铁。老年人铁的适宜摄入量男性和女性均为15毫克/天,最高可耐受摄入量为50毫克/天。

3. 钠

老年人味觉降低,容易引起食盐摄入过量,而血钠升高是高血压的危险因素,故老年人要注意控制钠的摄入量。一般钠的摄入量应小于6克/天。

4. 其他微量元素

铬和锰具有防止脂质代谢失常和动脉粥样硬化的作用。镁对心肌的结构和功能起着良好的作用,能改善脂质代谢和凝血机制,防止动脉壁损伤,预防动脉粥样硬化的发生。硒对维持心肌功能具有重要的作用,要注意补充。

(六)维生素

老年人的生理机能下降,特别是抗氧化功能和免疫功能下降,因此维持充足的维生素摄入量是十分重要的。维生素A的摄入量充足能降低肺癌的发生;维生素C是水溶性抗氧化剂,在保护血管壁的完整性、改善脂质代谢和预防动脉粥样硬化方面有良好的作用;维生素D的补充有利于防止老年人的骨质疏松症;维生素E是一种天然的抗氧化剂,能防止多不饱和脂肪酸氧化,预防体内的过氧化物生成,有延缓衰老的作用。B族维生素是构成体内生化代谢的重要辅酶,对人体健康和疾病预防起着重要的作用。

(七)膳食纤维

由于老年人肠道蠕动能力弱,活动减少,容易发生便秘,故摄入膳食纤维十分必要。膳食纤维作为不能被人体消化吸收的碳水化合物,可以增加粪便的体积,促进肠道的蠕动,减少肠道对胆固醇的吸收,促进胆汁的排泄,降低血胆固醇水平,对于预防心脑血管疾病和痔疮、结肠癌等有良好的作用。膳食纤维的适宜摄入量为30克/天。

二、老年人的膳食指导

(一)养成良好的饮食习惯

1. 饮食多样化

饮食多样化包括食物的品种多样、荤素搭配、粗细搭配,不偏食、不嗜细喜精。在日常饮食中,粮豆混食比单吃精米细面要好得多。因为就粮谷而言，大量的维生素与无机盐主要分布于谷粒的外层，碾磨过细会损失许多营养素。另外，粗细粮要搭配。各种不同食物混合食用，还能起到营养素互补的作用，提高食物的营养价值，见图 2-1-10 和图 2-1-11。

图 2-1-10　粗粮食物

图 2-1-11　食物荤素搭配

2. 多吃新鲜蔬菜、水果

蔬菜和水果含有丰富的维生素、矿物质和膳食纤维。对老年人来说，每日摄入食物总量中应有 1/3 是蔬菜、水果，保证每餐应有 1～2 种蔬菜，每天吃 2～3 种水果，水果宜放在两餐之间吃，而不是饭后吃，这样有助于保持血糖的稳定。

3. 每天饮用奶类，多吃豆类

奶类、奶制品含钙量高，摄入充足的奶类食品有利于预防骨质疏松症，同时奶类又是优质蛋白质的良好来源，因此老年人的每日饮食中最好有 200～300 毫升牛奶或酸奶。豆类可提供植物性优质蛋白，同时研究证实，多食用豆类对预防骨质疏松症和心脑血管疾病有利。

4. 饮食宜清淡少油腻

贪食过甜或过分油腻的食品，会使糖与脂肪的摄入过量，造成肥胖和胃肠负担，还易引发心血管疾病和糖尿病。食盐摄入过量与高血压等疾病有关。因此，老年人不宜吃油炸、烟熏、腌制的食物。

5. 不暴饮暴食

老年人避免吃得过饱，以防造成胃肠负担，或者引发肥胖及高血压、糖尿病和肝肾疾病等。

6. 不勉强进食

老年人若没有胃口或没有食欲，不要勉强进食，以免造成胃肠不适。首先应查明原因，对症治疗，同时创造轻松愉快的进餐环境，烹制可口的饭菜来增加食欲。

7. 饮食要定时定量

饮食定时定量能使消化道乃至整个机体代谢活动劳逸相间，促进消化、吸收、利用，充分发挥食物的效能。若经常食无定时，就会扰乱身体的生理活动规律，发生胃肠疾病和营养不良。

8. 饮食不过冷过热

饮食要温度适中，过冷或过热都会伤及脾胃，引发消化不良。过冷使胃肠道受刺激而痉挛，产生腹痛、腹泻；过热易损伤上消化道黏膜，甚至容易发生某些癌症。

9. 少饮或不饮酒

白酒除其中的酒精提供热量外，不含其他营养成分，所以尽量不饮用。若饮酒，应选择低度酒或葡萄酒等。

10. 细嚼慢咽,不囫囵吞食

细嚼慢咽,可使食物与唾液充分混合,并且食物经过咀嚼被充分碾碎,形成食团送入胃内,有益于食物的消化吸收。

(二) 老年人常见慢性病的膳食指导

1. 糖尿病的膳食指导

糖尿病患者的饮食应注意少量多餐,定时、定量、定餐。控制总能量,适量控制脂肪,适量增加蛋白质的摄入,增加多糖、维生素、膳食纤维的摄入。

2. 高血压的膳食指导

高血压患者的饮食应做到"三低""三高"。"三低"为低盐、低糖、低脂,"三高"为高饮水量、高水果蔬菜量、高蛋白量。

3. 冠心病的膳食指导

冠心病患者的饮食应坚持"四低""三高"的原则。"四低"为低盐、低糖、低脂、低胆固醇,"三高"为高纤维素、高维生素、高优质蛋白摄入。

4. 骨质疏松的膳食指导

预防骨质疏松的饮食原则是"三高",即高钙、高维生素D、高植物膳食。避免摄入过多的盐、糖、咖啡因、酒等,减少钙的流失。

5. 老年肥胖的膳食指导

肥胖者的膳食原则是"五低""三高"。"五低"为低能量、低盐、低糖、低脂、低胆固醇,"三高"为高纤维素、高维生素、高蛋白摄入。

6. 痛风的膳食指导

痛风患者的饮食原则是"三低""一多""一高",即低嘌呤、低盐、低脂及多喝水、高维生素摄入。

模块四 老年运动与保健

➡ 相关知识

一、运动的保健意义

"生命在于运动",经常运动可以保持体力不衰,适当用脑可以保持脑力不衰。"流水不腐,户枢不蠹",运动是延缓衰老、防病抗病、延年益寿的重要手段。

(一) 预防血管硬化,强化心脏功能

有位病理学家通过对数千具尸体解剖发现,脑力劳动者的各种动脉硬化发生率是14.5%,而体力劳动者只有1.3%。运动可防止胆固醇在血管中沉淀,扩展动脉,降低血块完全堵塞动脉的可能性。经常参加锻炼可大大推迟心血管系统的老化过程,使心肌收缩力量加强,心脏输出量增加。运动还

锻炼了血管收缩和舒张功能,加强血管壁细胞的氧供应,促进代谢酶活力,改善脂质代谢,降低血脂,延缓血管硬化,有助于控制老年人动脉粥样硬化的发展,防治老年性高血压和冠心病。

(二)提高大脑功能

大脑支配肢体,肢体活动可兴奋大脑,经常锻炼可提高动脑的效力和回忆的效率,从而增强记忆力。此外,锻炼还是消除焦虑、镇恐压惊、缓和紧张情绪的灵丹妙药。

(三)防治骨质疏松

经常锻炼的老年人,其血液循环会得到良好的改善,骨骼的物质代谢增强,能有效防止无机成分的丢失,改善其与有机成分的比例,使骨的弹性、韧性增加,骨外层密质增厚,内层的松质结构发生适应性变化,坚固骨质,有利于增强骨骼的抗折断、抗弯曲及扭转性,从而预防老年性骨质疏松、老年性骨折,延缓骨骼的衰老过程。

(四)改善肺脏功能,增加吸氧能力

经常运动可增加呼吸肌的力量和耐力,增加肺通气量,提高肺泡张开率,保持肺组织的弹性、胸廓的活动度,延缓因肺泡活动不足而使肺泡壁加厚的老化进程。

(五)提高免疫力,防治疾病

运动可以提高老年人的免疫力,减少感冒和因感冒继发的扁桃体炎、咽炎、气管炎、肺炎等疾病,以及因气管炎引起的肺气肿、肺心病等。

二、适合老年人的运动项目

(一)步行

步行是一种最简单且最适合老年人的活动方式,运动量适中。通过步行,可以对下肢肌肉、关节进行锻炼,防止肌肉萎缩,保持关节灵活。步行时,下肢肌肉一舒一缩,有助于血液循环,使脉络畅通。步行宜在公园、道路、田野间进行,一般速度的散步每小时消耗能量200千卡(1千卡=4186.8焦),快步走每小时可消耗能量300~360千卡,而每消耗3500千卡能量,可使人体内的脂肪减少1磅(1磅=0.45359237千克)。这种活动对体质较弱及有高血压、心脏病及肥胖症,又不宜进行大运动量锻炼的老人比较合适。

步行作为健身的运动项目,要有一定的速度才能达到目的。一般来说,以中速(每分钟80~90步)或快速(每分钟100步以上)步行进行锻炼,才能达到良好的效果。60岁以上的健康老人步行速度应力求达到每分钟100步左右,一天总量达6000步左右,为此,每天以步行1小时左右为宜。步行时最高脉搏数保持在110~120次/分,并且自我感觉良好。

(二)慢跑

慢跑的活动量比步行大,锻炼效果更好。坚持长跑锻炼的老年人,其肺活量比一般的老年人大10%~20%。因消耗的能量多于步行,因此也是防止身体超重和治疗肥胖的有效方法。慢跑开始前适当进行准备活动,缓慢地活动一下肢体,使全身肌肉放松,并使心跳和呼吸适应运动的需要,一般2~3分钟即可;跑步时脚步要轻快,双臂摆动自然,要用鼻子吸气,用嘴呼气,呼吸要深长、细缓、有节奏,每跑2~3步吸气1次,再跑2~3步呼气1次。健身跑的速度为120~130米/分,

以自己不觉得难受、不气短、能边跑边与别人说话为宜。

(三) 老年健身操

健身操（见图 2-1-12）是一种全身性的运动，可使各器官系统得到锻炼，增强机体新陈代谢，使心跳及呼吸加快，心脏输出更多的血液到全身；可增进食欲，促进胃肠蠕动，提高消化吸收能力；使关节灵活性增加、肌肉强壮、步态稳健有力；对防治冠心病、高血压病、骨关节病、肥胖症、便秘等都有一定的益处。

图 2-1-12　老年健身操

(四) 太极拳

太极拳（见图 2-1-13）是我国传统的健身运动项目，具有健身和延年益寿的功效，对防治慢性疾病有较好的效果，是非常适合于老年人的一种锻炼项目。

图 2-1-13　太极拳

(五) 球类运动

适合于老年人锻炼的球类运动有健身球、乒乓球、羽毛球、网球、台球、门球和高尔夫球等，可根据个人的兴趣和爱好加以选择。

三、老年人运动的注意事项

（一）老年人运动的基本原则

1. 安全性原则

体育锻炼是一项科学的身体活动，每个动作节奏及用力大小、时间和内在意向都有其规律和特点，若莽撞不讲科学，会适得其反。由于老年人的体力和协调功能衰退，视听功能减弱，对外界的适应能力下降，因此，老年人是发生运动伤害的高危人群，应采取相应的防护措施最大限度地降低危险的发生。

2. 全面性原则

老年人应当尽量选择多种运动项目和能活动全身的项目，使全身各关节、肌群和身体多个部位得到锻炼。注意上肢与下肢协调运动，身体左侧与右侧对称运动，并注意全身各个关节和各肌群的运动。

3. 适度性原则

老年人应当根据自己的生理特点和健康状况选择适当的运动强度、运动时间和运动频率。一般可以进行一些速率均匀、动作缓慢、强度不大、简易安全的活动，如保健操、气功、太极拳、慢跑、快走、走跑交替等。每次锻炼的活动量要适度，开始时活动量要小些，以稍觉疲劳为度，坚持一段时间之后不感到疲劳时，再逐渐增加活动量。

（二）老年人运动的基本禁忌

1. 忌快节奏的运动

由于老年人的心肌收缩力减弱，血管壁弹性下降，管腔狭窄，血液阻力增大，势必使心脏负担加重。再由于呼吸系统的功能已经减弱，肺活量和通气量又会减少而使供氧不足。快速运动时的耗氧加大，极易导致缺氧昏晕现象。尤其是患有心脏病和高血压病者，快速运动将促使脉搏频率和血压骤然升高而发生意外。因此，老年人不宜选择速度快、强度大的运动，如短跑、跳跃、滚翻、举重、篮球、足球等对抗性强、技巧性强的运动。

2. 忌负重练习和屏气锻炼

由于老年人运动器官的肌肉已开始萎缩，韧带的弹性减弱，骨骼钙质成分增多，关节活动范围受到限制，进行负重锻炼容易发生骨折和骨裂，损伤关节、肌肉和韧带。

老年人不要选择引体向上、俯卧撑、举杠铃等屏气运动项目。因为老年人的呼吸肌力量减弱，肺的纤维结缔组织增多，肺泡的弹性降低，如果在体育活动时屏气，易损坏呼吸肌和导致肺泡破裂而发生支气管咯血等现象。

3. 忌头部倒置动作

老年人不要向前过度弯腰、仰头后倾、左右侧弯，更不能做头向下的倒置动作，因为这些动作会使血液流向头部，而老年人血管壁变硬、弹性差，容易发生血管破裂，引起脑出血。当恢复正常体位时，血液快速流向躯干和下肢，脑部暂时发生缺血，会出现两眼发黑、站立不稳，甚至跌倒。

4. 忌进行抗争活动和竞赛

因竞赛和抗争活动必然引起神经剧烈兴奋，同时抗争活动会产生付出自身最大能力的获胜心，这种情况会使老年人在生理和心理上产生力不从心的矛盾，尤其对于一些患心血管疾病的老年人，会产生严重的后果。

(三)老年人运动的自我监控

老年人进行锻炼要讲究科学性,要学会判断运动量对自己是否适宜,防止发生危险。

1. 锻炼的科学性

锻炼前要做全面的体检,了解健康状况,以便合理选择运动项目,确定适宜的运动量。要循序渐进,运动量要由小到大,每增加一级负荷,都要有适应阶段,但不能无限制增加,应根据自己的体质和原来的基础体力而行。在锻炼中要增加速度,更应慎重。开始时宁慢勿快、宁小勿大、宁缓勿急。经过一定时期的适应后,再适当加大运动量。要持之以恒,不能"一曝十寒""三天打鱼,两天晒网",要有毅力和决心。选择的运动项目不宜过多,锻炼前要做准备活动,锻炼时要认真,锻炼后要做整理活动,切忌过急、过猛、过劳,以防关节损伤、腰扭伤或骨折。

2. 判断运动量是否合适

老年人自我监督的方法有:①以自我感觉判断运动量。运动量合适的反应,如锻炼后心情舒畅、精神愉快,略有疲劳感而无气喘、心跳难受等感觉,饮食有所增加,睡眠有所改善。运动过量的反应,如锻炼后头痛、恶心、胸部不适,或者有勉强参加的感觉,食欲下降、睡眠变差,第二天清晨脉搏加快,疲劳感长期不消除,以及体重下降等。②用测定心率的方法判断运动量。运动强度适宜的心率:170减去年龄等于运动时的心率数(次/分)。运动量适宜的心率:运动后最高心率数(次/分)减去安静时心率数(次/分)小于60次/分。例如,一位60岁男性运动前心率为75次/分,运动时最高心率为150次/分。170-60=110(次/分),150>110,表示运动强度过大。150-75=75(次/分),75>60,表示运动量也过大。

模块五 老年心理健康指导

相关知识

老年期是人生的一个转折点。人进入老年后机体衰老加快、疾病增多,面临死亡的挑战。这些变化对他们的感觉、知觉、注意、记忆、思维及情绪、意志、性格等不同层次的心理都会产生影响。随着老年心理疾病的日益增多,老年人心理健康问题也得到社会的广泛关注,特别是在医疗卫生方面,从以前主要强调生理健康到现在提倡从生理、心理和社会三个方面维护和促进人类健康。

一、老年人的心理特点

(一)感知觉衰退

老年人身体机能衰退,大脑功能发生改变,中枢神经系统递质的合成和代谢减弱,导致感觉能力降低、意识性差、反应迟钝、注意力不集中等。其主要表现在两个方面,首先是感觉迟钝,听力、视觉、嗅觉、皮肤感觉等功能减退,从而导致视力下降、听力减退、灵敏度下降;再有是动作灵活性差、协调性差,反应迟缓,行动笨拙。老年人的学习速度明显变缓,记忆障碍表现明显,这些都会影响老年人的日常生活,给他们造成一定的心理困扰,出现挫折感或失败感,并有可能导致抑郁、焦虑、愤怒等负性情绪的出现(见图2-1-14)。

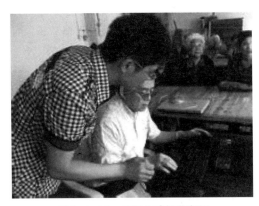

图 2-1-14 老年人感知觉衰退

（二）老年人的智力变化

流体和晶体智力理论认为要区别对待智力结构的不同成分，因为老年化过程中智力减退并不是全面性的，他们在实际生活中解决各种复杂问题的能力仍处于很高的水平，甚至在不少方面超过中青年人。这是由于现实生活中解决问题所需要的往往不是单一的智力因素，而是包含社会经验等非智力因素的综合分析及敏锐判断。一系列研究发现，老年人的智力还具有很大的可塑性，研究表明，老年期智力与多方面因素相关，包括生理健康、文化和社会等方面因素。因此，坚持用脑有利于在老年期保持较好的智力水平和社会功能，而且活动锻炼对智力也有明显的促进作用。

（三）老年人的情感、情绪特点

情绪与情感是人对客观事物的态度体验，有积极与消极之分。老年人积极的情绪包括愉快感、自主感、自尊感等；而常发生的消极情绪包括紧张害怕、孤独寂寞感、无用失落感及抑郁等。一般中老年人心理承受能力会出现很大程度的降低，遇到困难或挫折时，情绪反应更为激烈，对身心健康的影响也更为明显。

1. 孤独和依赖

孤独是指老年人不能自觉适应周围环境，缺少或不能进行有意义的思想和感情交流。孤独心理最易产生忧郁感，长期忧郁就会焦虑不安、心神不定。依赖是指老年人做事信心不足、被动顺从、感情脆弱、犹豫不决、畏缩不前等，事事依赖别人去做，行动依靠别人决定。长期的依赖心理，就会导致情绪不稳、感觉退化（见图2-1-15）。

图 2-1-15 老年孤独感

2. 易怒和恐惧

中老年人情感不稳定，易伤感，易激怒，不仅对当前事情易怒，而且容易引发对以往压抑情绪的爆发。发火以后又常常感觉到如果按自己以前的性格，是不会对这点小事发火的，从而产生懊悔心理。恐惧也是老年人常见的一种心理状态，表现为害怕，有受惊的感觉，当恐惧感严重时，还会出现血压升高、心悸、呼吸加快、尿频、厌食等症状。

3. 抑郁和焦虑

抑郁是常见的情绪表现，症状是压抑、沮丧、悲观、厌世等，这与老年人脑内生物胺代谢改变有关。长期存在焦虑心理会使老年人变得心胸狭窄、吝啬、固执、急躁，会引起神经内分泌失调，促使疾病发生。

4. 老年人的个性变化

在年老过程中，人格仍保持较高的稳定性和连续性，改变相对较小，而且主要表现为开放经验与外向人格特质的降低。相对来说，个性的变化受出生时代的影响及社会文化因素的影响更大一些。例如，许多老人被认为是个性保守、古板、顽固的，这虽然与老年人接受新观念、新事物的速度减缓有一定联系，但其根本原因是由于时代与社会的飞速发展，引起了知识结构与观念的迅速更新。一些人格的显著改变，如偏执、多疑、幼稚化、强迫等，往往与病理生理过程有密切的关联。

二、老年人心理健康的标准

心理健康至今尚无统一的定义，各国学者从不同角度对其提出不同的标准，种类繁多。世界卫生组织提出心理健康的"三良"标准：良好的个性、良好的处事能力、良好的人际关系。也有学者提出老年人的心理健康的标准是：①智力处于正常水平，感知尚好，记忆力良好；②情感反应适度，情绪稳定，积极情绪多于消极情绪；③人际关系良好，有一定的交往能力；④社会适应能力正常，能应对应激事件；⑤人格完整、健全，具有清醒的自我意识，以积极进取的人生观作为人格的核心。

三、老年人心理健康指导的基本技能

（一）倾听

倾听是心理工作的首要实用技能。倾听技术的理论核心是尊重对方，鼓励对方勇敢且自由地表达其内心真实的感受。在收集信息的同时，倾听有利于营造良好的沟通氛围，建立起信任的人际互动关系。

（二）摄入性谈话

谈话是人类沟通的首要方式，是日常交流信息的最便捷手段。心理学中的会谈方法有很多，在老年人心理工作中最常用的是摄入性谈话。摄入性谈话强调"听"重于"说"，以及保持非批判性态度。

（三）共情

共情是指人类个体深入他人的主观世界，切身体会他人真实感受的能力，并对他人的情感做出恰当反应。在老年心理疏导过程中，需要以共情的手段去深入了解老年人的内心世界。

（四）接纳

心理工作中强调无条件接纳，面对任何工作对象，都相对恒定地、非批判性地加以对待，在服务过程中不能受到自身已有的价值观左右而持有强烈感情色彩的态度。

四、老年人常见的心理健康问题

（一）老年期抑郁症

老年期抑郁症是老年人最常见的心理问题，以持久的抑郁心境为特征，表现为情绪低落、焦虑、迟滞和繁多的躯体不适等，与年龄增长引起的中枢神经系统生物学变化及心理、社会和遗传等因素有关。

（二）睡眠障碍

根据调查，老年人睡眠减少、睡眠浅、多梦、早醒等睡眠障碍的发生率达49.9%，以老年女性居多。引起老年人睡眠障碍的原因是多方面的，如环境因素、疾病因素、心理精神因素、药物因素及不良的睡眠习惯等。

（三）焦虑症

焦虑是个体对外部事件或内在想法的一种不愉快的体验，包括主观紧张不安的体验、行为上的运动不安及自主神经唤起症状。焦虑既是一时性的情绪状态，又可能内化为个体的人格特征。在紧急情况下缺乏主见、患有疾病、长期处于紧张状态、缺乏自信的人易患焦虑症。

（四）疑病症

疑病症是精神异常的一种表现，是指由于老年人对自己的身体健康状况或器官的某些功能过分关注，怀疑自己患某种疾病，经常诉说某些不适，但与实际情况并不相符，他人及医生的解释和客观的医疗检查结果也不足以消除其固有成见的情况。由于处于老年期的人患病增加，因工作、社会活动减少，关注的重心移到自身健康上，再加上有些老年人的一些不良人格特点，如固执等，因此易产生疑病倾向。

模块六 老年疾病预防与管理

▶ 相关知识

随着年龄的增长，老年人的组织器官功能逐渐减退，免疫力下降或紊乱，使老年人的抗病能力和恢复能力越来越差，导致相关疾病越来越多。老年人往往存在多种慢性病并存、多种药物同时使用的情况。同时，老年人发病存在症状不典型、疾病反复发作、病程长且恢复慢、易发生药物不良反应等特点。老年人常见的疾病主要有高血压病、糖尿病、冠心病、脑血管疾病（如脑卒中）、慢性支气管炎、慢性阻塞性肺病、老年骨性关节炎、阿尔茨海默病、帕金森病、前列腺增生等。

一、高血压病

（一）高血压病的概念

高血压（Hypertension，HTN）是以体循环动脉血压升高为特征的慢性病症。血压有两种，收缩压和舒张压，分别为心脏跳动时肌肉收缩或舒张时的测量值。正常静息血压范围为收缩压90~140毫米汞柱和舒张压60~90毫米汞柱。血压（收缩压/舒张压）持续等于或高于140/90毫米汞柱时为高血压。高血压分为原发性高血压或继发性高血压。90%~95%的病例为原发性高血压，即没有明显病因的高血压。其余5%~10%的病例由影响肾脏、血管、心脏或内分泌系统的其他病症引发（继发性高血压）。高血压是引发中风、心肌梗死（心梗）、心衰，以及动脉的动脉瘤（如主动脉瘤）及外周动脉疾病的一个主要危险因素，也是慢性肾病的起因之一。我国高血压患病率呈逐年上升趋势，并具有年轻化的趋势。

原发性高血压的病因还不是很清楚，目前认为是遗传与环境因素相互作用的结果。有高血压家族史的人发生高血压的概率是无家族史的15倍。高钠、低钾饮食是我国大多数高血压患者发病最主要的危险因素，过量饮酒可使血压明显升高。超重和肥胖、精神高度紧张、长期生活在噪声环境中、缺少体力活动、吸烟等也是高血压发病的危险因素。

原发性高血压大多起病缓慢，一般在开始几年或十几年内没有明显的症状。一些高血压患者有头痛，尤其是后脑勺痛及早上头痛，并有头晕、眩晕、耳鸣、视觉改变或晕倒发作等临床表现。

（二）预防与管理

1. 健康教育

健康教育的内容包括高血压的危害、发病的危险因素、预防和治疗方法等。

2. 定期监测

健康的老年人至少每年监测1次血压；高危人群至少每半年监测1次；高血压患者至少每年进行随访监测4次。

3. 非药物干预

非药物干预适用于一般人群、高血压危险人群和高血压人群。通过有效地改变生活方式降低血压的水平几乎和服用一种降压药物所能降低的血压水平媲美。改变两项或更多项生活方式甚至可以达到更佳的效果。具体的生活方式改变包括以下内容：减少钠盐摄入，减少膳食脂肪，增加新鲜蔬菜和水果的摄入，控制体质指数 BMI<24 千克/米^2，每周进行3~5次且每次持续时间在30分钟左右的有氧运动，戒烟限酒，保持心理平衡。

4. 药物干预

高血压患者必须进行规范化诊疗，在医生的指导下规律用药。

二、糖尿病

（一）糖尿病的概念

糖尿病（Diabetes Mellitus，DM）是体内胰岛素分泌不足或胰岛素作用障碍引起的以高血糖为主要特点的糖、蛋白质、脂肪和继发性的水电解质紊乱的全身性代谢紊乱性疾病。糖尿病主要分为1型糖尿病和2型糖尿病，其中2型糖尿病占糖尿病总数的90%以上，主要是由多个遗传因素和多种不良生活习惯作用引起的。糖尿病的典型表现为"三多一少"（多饮、多尿、多食，消瘦）症状，有些患者表现为疲乏无力、肥胖。

（二）预防与管理

1. 健康教育

健康教育的内容包括糖尿病的危害、发病的危险因素、预防和治疗方法等内容。

2. 定期监测

健康的老年人至少每年监测1次血糖；高危人群至少每半年监测1次；糖尿病患者可以进行自我血糖监测，自我血糖监测的频率取决于治疗的目标和方式。

3. 非药物干预

非药物干预适用于一般人群、糖尿病危险人群和糖尿病人群。避免肥胖，维持理想且合适的体重，控制体质指数 BMI<24 千克/米^2，配合长期性且适当的饮食、运动控制。

饮食治疗是各种类型糖尿病治疗的基础，一部分轻型糖尿病患者单用饮食治疗就可控制病情，见图 2-1-16。定时定量，每餐饮食按照计划分量进食，不可任意增减。少吃含油脂高的、胆固醇含量高的食物。饮食不可太咸，每日食盐摄入量6克以下为宜，烹调宜多采用清蒸、水煮、凉拌、涮、烧、炖、卤等方式。米饭、水果要适当食用，尤其甜食要格外注意。宜吃五谷粗粮、豆类制品食物、香菇、苦瓜等。忌辛辣，戒烟限酒，避免接触二手烟。

增加体力活动可改善机体对胰岛素的敏感性，降低体重，减少身体脂肪量，增强体力，提高工作能力和生活质量。运动的强度和时间长短应根据病人的总体健康状况来定，找到适合病人的运动量和病人感兴趣的项目。运动形式可多样，如散步，快步走、健美操、跳舞、打太极拳、跑步、游泳等。

4. 药物干预

糖尿病患者必须进行规范化诊疗，在医生的指导下规律用药。糖尿病患者在血糖控制的过程中要避免低血糖的发生。

图 2-1-16　糖尿病膳食宝塔

三、冠心病

（一）冠心病的概念

冠状动脉粥样硬化性心脏（Coronary Atherosclerotic Heart Disease，CAHD）简称冠

心病,是指冠状动脉粥样硬化使血管腔狭窄或阻塞和(或)因冠状动脉功能改变(痉挛)而导致心肌缺血、缺氧或坏死而引起的心脏病。1979年,WHO将冠心病分为无症状性心肌缺血、心绞痛、心肌梗死、缺血性心肌病、猝死。冠心病是严重危害人们健康的常见病,其患病率随着年龄的增加而上升,70岁以上的老年人几乎都患有程度不同的冠心病。冠状动脉粥样硬化的病因尚未明确,目前认为是多种危险因素作用于不同环节所引起的,主要危险因素包括高血压、抽烟、糖尿病、缺乏运动、肥胖、血液中胆固醇含量过高、营养不良和酗酒等。

冠心病常见的症状包括胸痛或不适,有时会转移到肩膀、手臂、背部、颈部或下腭。有些人可能会有胸口灼热的感觉。通常症状在运动或情绪压力下出现,持续时间不超过数分钟且休息会缓解。有时会伴随呼吸困难,有时则毫无症状。少数人以心肌梗死为最初的表现。其他可能的并发症包含心脏衰竭或心律不齐。

(二)预防与管理

1. 健康教育

健康教育的内容包括冠心病的危害、发病的危险因素、预防和治疗方法等内容。

2. 非药物干预

非药物干预主要包括合理饮食、适量运动、戒烟限酒和心理平衡四个方面。

3. 药物干预

冠心病高危人群推荐长期服用小剂量阿司匹林。心绞痛发作时应立即原地休息、舌下含化硝酸甘油,并及时送医院。

四、脑卒中

(一)脑卒中的概念

脑卒中(Stroke)又称脑中风、脑血管意外(Cerebro Vascular Accident,CVA),是一种突然起病的脑血液循环障碍性疾病,是指因各种诱发因素引起脑内动脉狭窄、闭塞或破裂而造成急性脑血液循环障碍,临床上表现为一次性或永久性脑功能障碍的症状和体征。脑卒中分为缺血性脑卒中和出血性脑卒中。脑卒中是全球致残率、致死率最高的疾病之一。高血压和动脉粥样硬化是脑卒中的最主要和常见的病因。脑卒中的主要表现有:发作性一侧上肢或半身的活动不灵活、半身麻木、偏瘫、感觉障碍、语言障碍、说话不利索、记忆力下降,看物体突然不清楚或眼球转动不灵活,小便失禁,平衡能力失调、站立不稳,意识障碍,头痛或恶心呕吐,头晕、耳鸣。

(二)预防与管理

1. 健康教育

健康教育的内容包括脑卒中的危害、发病的危险因素、预防和治疗方法等内容。

2. 控制危险因素

积极防治高血压、糖尿病和血脂异常,戒烟、戒酒,改变不良的生活方式。饮食宜低盐、低脂、富含维生素和纤维素,保持大便通畅,避免用力排便。保持心境平和,避免情绪激动。

3. 康复训练

脑卒中患者坚持功能康复训练（见图 2-1-17），做到循序渐进，不可急于求成，避免过度劳累。

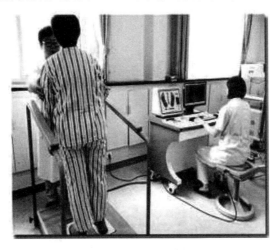

图 2-1-17　脑卒中患者坚持功能康复训练

五、慢性阻塞性肺病

（一）慢性阻塞性肺病的概念

慢性阻塞性肺病（Chronic Obstructive Pulmonary Disease，COPD）是一种主要表现为持续性的气流受限的慢性支气管炎和（或）肺气肿，可进一步发展为肺心病和呼吸衰竭的常见慢性疾病。其致残率和病死率很高，全球 40 岁以上人群的发病率已高达 9%～10%。吸烟是导致 COPD 的主要原因，其他相对次要的因素包括空气污染和遗传等。COPD 的主要症状包括慢性咳嗽，随病程发展可终身不愈，常晨间咳嗽明显；咳痰，一般为白色黏液或浆液性泡沫痰，偶尔带血丝，清晨排痰较多，急性发作期痰量增多，可有脓性痰；气短或呼吸困难，早期在劳力时出现，后逐渐加重，以致在日常生活甚至休息时也感到气短；喘息和胸闷，部分患者特别是重度患者或急性加重时出现。

（二）预防管理

1. 戒烟

吸烟是导致 COPD 的主要危险因素，不戒烟，单凭药物治疗难以取得良好的疗效。因此，阻止 COPD 发生和进展的关键措施是戒烟。

2. 减少室内空气污染

尽力避免在通风不良的空间燃烧生物燃料，如烧柴做饭、在室内生炉火取暖、被动吸烟等。

3. 积极预防和治疗上呼吸道感染

秋冬季节注射流感疫苗；避免到人群密集的地方；保持居室空气新鲜；发生上呼吸道感染后积极治疗。

4. 加强锻炼

根据自身情况选择适合自己的锻炼方式，如散步、慢跑、游泳、爬楼梯、爬山、打太极拳、跳舞、双手举几斤重的东西并在上举时呼气等。

5. 呼吸功能锻炼

COPD 治疗中一个重要的目标是保持良好的肺功能，只有保持良好的肺功能才能使患者有较好的活动能力乃至良好的生活质量。因此，呼吸功能锻炼非常重要。患者可通过做呼吸瑜伽、呼吸操、深慢腹式阻力呼吸功能锻炼（可借助于肺得康）、唱歌、吹口哨、吹笛子等进行肺功能锻炼，见图 2-1-18。

6. 耐寒能力锻炼

耐寒能力的下降可以导致 COPD 患者出现反复的上呼吸道感染，因此，耐寒能力对于 COPD 患者同样重要。患者可从夏天开始就用冷水洗脸及每天坚持户外活动等方式锻炼耐寒能力。

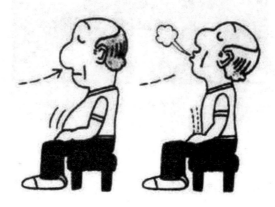

图 2-1-18　呼吸功能训练

六、阿尔茨海默病

（一）阿尔茨海默病的概念

阿尔茨海默病（Alzheimer's Disease，AD）是一种起病隐匿的进行性发展的神经系统退行性疾病，俗称老年痴呆。临床上以记忆障碍、失语、失用、失认、视空间技能损害、执行功能障碍及人格和行为改变等全面性痴呆表现为特征，病因迄今未明。65 岁以前发病者，称早老性痴呆；65 岁以后发病者称老年性痴呆。

该病可能是一组异质性疾病，在多种因素（包括生物和社会心理因素）的作用下才发病。从目前研究来看，该病的可能因素和假说多达 30 余种，如家族史、女性、头部外伤、低教育水平、甲状腺病、母育龄过高或过低、病毒感染等。

（二）预防与管理

1. 早发现

加强对全社会的健康指导，提高对痴呆症的认识，及早发现记忆障碍，做到"三早"——早发现，早诊断，早干预。

2. 早期预防

从青年期就加以注意，如积极用脑、劳逸结合，保护大脑，注意脑力活动多样化，保证充足睡眠，培养广泛的兴趣爱好和开朗的性格，养成良好的卫生饮食习惯，戒除烟酒。

3. 预防脑血管疾病

必须预防和治疗脑血管病,积极预防高血压病、糖尿病、肥胖症、高脂血症。及早发现脑血管疾病的患者在记忆、智力方面的改变。

4. 防止老人走失

多与老人交流,让老人精神愉快;为老人制作一张身份卡,写上姓名、住址、联系电话,缝在外套上,或者戴上有身份信息的腕带,见图 2-1-19;保留老人近期照片,万一走失,立即组织寻找或报警。

图 2-1-19 防走失腕带

模块七 老年护理

➡ 相关知识

一、生活照料

老年人由于身体机能的衰退和多种慢性病并存,往往日常生活不能完全自理,需要护理人员在环境布置、饮食、排泄、睡眠、清洁等方面给予精心照料和护理。

(一)环境照料

老年人的生活环境主要包括居住地的周边环境、室内环境等,要求安全、便利、整洁、健康。良好的自然环境和社会心理环境对老年人健康长寿影响较大。

1. 周边环境

周边环境应方便老年人活动和生活。老年人的住宅周围最好有公园或活动广场,以方便老年人活动;有商场、超市,以方便购买生活用品;距医疗机构较近,以方便就医。另外,最好为老年人提供一个进行社会交往的公共空间,如老年活动中心。老年人应避免身处空气污浊、嘈杂、过于安静、色彩纷杂及刺激惊险的环境。

2. 室内环境

老年人住宅内的采光、温度、湿度、通风和家具的设置等应适合老年人的生活,让其有安全感与舒适感。

（1）采光　老年人居室内的采光要做到明亮有度，给予足够亮又不耀眼的灯光照明。在转弯和容易滑倒的地方（门厅、走廊、卧室的出入口、有高差处）应安置辅助灯，以便于老年人夜间行走。

（2）温度和湿度　由于老年人的体温调节能力降低，因此要保持居室内的温度和湿度在适宜的范围内。一般温度应为 22～24℃，湿度应为 50%±10%。

（3）通风　居室要经常通风以保持室内空气新鲜。一般每天应开窗通风两次，每次 20～30 分钟，通风时要避免对流风，以防老人着凉。

（4）室内设施　老年人居室内所有门的净宽（通行宽度）均不应小于 0.8 米，以利于轮椅的通过。室内的地面要防滑，家具要简单，尽量减少障碍物。

卫生间应在卧室附近，从卧室到卫生间之间的地面不应有台阶，可设扶手以防跌倒。对于使用轮椅的老年人，应将卫生间改造成适合其个体需要的样式。浴室地面应铺防滑砖，浴室周围也应设有扶手。浴室要安装排气扇以便将蒸汽排出，避免因湿度过高影响老年人呼吸。

厨房地面应注意防滑，水池与操作台的高度应适合老年人的身高。老年人普遍有记忆力衰退、嗅觉下降的现象，选择能防止燃气泄漏的灶具和有燃气、烟气自动报警功能的抽油烟机，条件许可者用电磁炉是最安全的。

老年人的床高度要合适，一般以坐在床上足底能完全着地为宜，最好大腿与小腿呈 90°。床垫的硬度以易于活动、不过于松软为宜。老年人使用的椅子最好有靠背垫，以托住其脊柱，保持全身肌肉用力平衡，减轻劳累。老年人使用的沙发不宜过于柔软，应注意座位不能过低，避免坐下去和站立时感到困难。

（二）饮食照料

1. 烹饪时的照料

（1）咀嚼困难和消化吸收机能低下者的照料　老年人由于牙齿松脱、假牙装配不恰当、唾液分泌减少等原因，以致咀嚼困难及不适。照料人员应选择软硬程度适中且富含纤维素的食物。蔬菜要细切，肉类最好制成肉末，烹制方法可采用煮或炖，尽量使食物变软而易于消化。

（2）吞咽机能低下者的照料　某些食物如水、饼干等很容易产生误吸，对吞咽机能障碍的老年人更应该引起注意。因此，应选择密度均匀、有一定黏稠度的食物，同时要根据老年人的身体状况合理调节饮食种类。

（3）味觉和嗅觉等感觉机能低下者的照料　老年人味觉神经细胞退化，对食物味道之感应能力降低。因此，味觉、嗅觉等感觉机能低下的老年人喜欢吃味道浓重的饮食，特别是对盐和糖，而盐和糖食用太多对健康不利，使用时应格外注意。饮食的色、香、味能够大大地刺激食欲，有时老年人进餐时因感到食物味道太淡而没有胃口，烹调时可用醋、姜、蒜等调料来刺激食欲，鼓励咀嚼并保持口腔卫生以增加对食物的味道体验。

2. 进餐前的照料

（1）进餐环境　进餐环境应清洁整齐、空气新鲜，必要时应通风换气以排除异味。老年人单独进餐会影响食欲，如果和他人一起进餐则会有效增加进食量。

（2）进餐前准备　根据老人的需要备碗、盘、筷子或勺子等餐具，选择合适的餐桌及椅子。询问老人是否有便意，并注意在餐前半小时移去便器，提醒老人餐前洗手，做好就餐准备。

（3）取合适的体位进餐　根据老人的身体情况，采取适宜的体位进餐，尽可能采取坐位或半坐位。对卧床的老人帮助其坐在床上并使用特制的餐具（如床上餐桌等）进餐。

3. 进餐时的照料

（1）进餐方式　对于有自理能力的老人，鼓励其自己进餐。对于进餐有困难的老人，照料人员应协助进食，尽可能借助一些自制餐具，维持老人自己的进餐能力。对于进餐完全不能自理的老人，应喂食，喂食时与老人互相配合，并注意进餐速度；不能自口腔进食者，应给予管饲或胃肠外营养。

（2）进食姿势　不管采取何种坐姿，都要保持上身前倾，使口腔低于咽喉，食物在吞咽力量的基础上，借助重力进入胃内，防止食物误入气管。对于偏瘫的老人，应选择有扶手的轮椅，双足跟着地以坐得安稳。卧床老人侧卧位进食时，后背应垫软枕或靠背以保持身体稳定，用软枕垫于双膝骨骼突出处以减轻压力，使用毛巾或餐巾遮盖老人上胸部，把食物放在老人能看到的地方和手能够到的地方；喝水要使用吸管以避免发生呛咳。

（三）排泄照料

排泄是维持健康和生命的必要条件，排泄行为的自理是保持人类的尊严和社会自立的重要条件。指导与帮助丧失自理能力或因缺乏有关保健知识而不能正常排尿、排便活动的老年人，是照料人员的重要职责。

1. 如厕照料

对于反应迟钝、经常发生直立性低血压、服用降压药的老年人，夜间尽量不去厕所，若夜尿次数多，应在睡前备好所需物品和便器，必须下床或上厕所时一定要有人陪伴。

对患有高血压、冠心病、心肌梗死等疾病的老年人，当用力屏气排便时，腹壁肌和膈肌强烈收缩，使腹压增高，而腹压的增高会使心脏排血阻力增加，动脉血压和心肌耗氧量增加，可诱发心绞痛、心肌梗死及严重的心律失常，甚至发生猝死。老年人血管调节反应差，久蹲便后站起容易发生一过性脑缺血，容易晕倒甚至发生脑血管意外。因此，应指导老年人注意勿用力排便，大便时应取坐位，不宜用蹲式，便后站起时应缓慢，以防发生猝死等意外事故。

2. 卧床老人的排泄照料

因病需卧床休息或因身体极度虚弱而无力下床的老年患者，要使其逐渐适应在床上解大小便，可采用下列方法促进其排泄：

（1）便前诱导　小便困难者，可让其听流水声。女患者给其用温水冲洗会阴，也可按摩下腹部促进排尿。大便困难者，可根据患者排便的习惯，按时给予坐便盆。大便干燥者可用开塞露通便。

（2）便盆的使用　男性老人排尿应用尿壶或大口瓶子，瓶口要光滑；排便用便盆，每次使用前要冲洗干净，并事先用热水温一下便盆。女性老人用普通便盆，若病情允许，可在他人协助下用普通便盆在床上坐盆。排尿后由前向后擦洗会阴，用热水擦洗肛门，使会阴和肛门保持清洁和干燥，减少泌尿系感染的概率。

3. 排泄异常照料

随着年龄的不断增加，老年人的机体调节功能逐渐减弱，自理能力下降，或者因疾病导致排泄

功能出现异常,发生尿急、尿频甚至大小便失禁等现象,有的老年人还会出现尿潴留、腹泻、便秘等,常给老年人造成很大的生理、心理压力。照料人员应妥善处理,让老年人明确排泄问题是机体老化过程中无法避免的,要体谅老年人,尽力给予帮助。

(四)睡眠照料

1. 老年人睡眠的特点

相对青年人而言,老年人由于身体生理、病理等原因,睡眠质量会有所下降,其特点为:①睡眠时间缩短。调查发现,65岁以上的老年人就寝时间虽平均为9小时,但实际睡眠时间大约只有7小时。②夜间易受内外因素的干扰,易醒。③浅睡眠比例增加,而深睡眠比例减少。④容易早醒,睡眠趋向早睡早起。⑤睡眠在昼夜之间进行重新分布,夜间睡眠时间减少,白天睡眠时间增多。⑥老年人对睡眠到觉醒各阶段转变的耐受力较差。

2. 影响老年人睡眠的因素

(1)**心理与社会因素** 老年人的睡眠质量受多种心理与社会因素的影响。例如,惧怕失眠、期待、自责等均可使情绪一直处于慢性唤醒状态而导致睡眠障碍。疾病、生活不能自理、离退休后生活的不适应、经济来源减少、就医费用的增加、家庭等给老年人造成了很大的压力,成为影响老年人睡眠质量的直接原因。继续工作、有业余爱好、婚姻状况正常、参加体育锻炼和社会活动、较高的社会支持度、较高的生活满意度,有益于提高老年人的睡眠质量。

(2)**精神疾病** 各种精神疾病均可导致睡眠障碍,睡眠障碍是大部分精神疾病患者的主诉之一。约80%的抑郁症患者存在睡眠问题。焦虑症则是导致失眠的另一种精神疾病。老年期焦虑、抑郁共病患者存在全面的睡眠质量降低,无论是抑郁或是焦虑所伴随的睡眠障碍,在老年期焦虑抑郁障碍的临床特征中都表现了出来。研究表明,老年人的睡眠质量与抑郁和焦虑均呈正相关关系。

(3)**环境因素** 睡眠环境的改变(如搬家、出差、住院等)是影响老年人睡眠质量的主要因素之一。由于老年人入睡潜伏期长、深睡眠减少,所以老年人对睡眠环境的要求较高。因病住院后,新的环境及病房的声音、光线、温度、湿度及卫生条件等的改变均可影响老年人的睡眠规律。因此,环境因素对睡眠质量的影响不容忽视。

(4)**年龄因素** 通常认为,人类睡眠的需要量与其年龄呈反比,年龄越大,对睡眠的需要量越少,到老年期一般每天只需6~7小时即可。但也有学者认为,随着年龄的增长,老年人睡眠的质和量逐渐下降,但对睡眠的需求并没有因此而减少,只是睡眠的生理节律发生了变化,睡眠能力降低。虽然卧床时间延长,但觉醒次数增多、时间延长,白天经常有意识打盹,以补充晚上睡眠的不足,但总的睡眠时间不变。

(5)**疾病因素** 躯体疾病是影响老年人睡眠质量的重要原因,其中糖尿病、冠心病、关节炎或风湿病、青光眼或白内障、精神病、脑血管疾病、肿瘤、泌尿道疾病和肺气肿或老年慢性支气管炎等疾病对睡眠质量有显著影响。疾病本身的困扰和对疾病的担忧及疾病期间运动量的减少,均可导致睡眠紊乱。

(6)**不良的睡眠习惯** 睡前抽烟、喝浓茶、喝咖啡、喝可乐等刺激性饮料及睡前长时间看情节恐怖的电视、书籍等都可以导致睡眠质量的下降。

（五）清洁照料

1. 口腔清洁照料

口腔是病原微生物侵入人体的主要途径之一。正常人口腔中有大量的细菌存在，其中有的是致病菌，当人体抵抗力降低，饮水、进食量少，咀嚼及舌的动作减少，唾液分泌不足，自洁作用受影响时，细菌可乘机在湿润、温暖的口腔中迅速繁殖，造成口腔炎症、溃疡、腮腺炎、中耳炎等疾患，甚至通过血液、淋巴，导致其他脏器感染，给全身带来危害；长期使用抗生素的老年人，由于菌群失调又可诱发霉菌感染。所以，做好口腔清洁对老年人十分重要。

（1）协助老年人刷牙漱口　刷牙的最好时间是进食后的半小时内。如果有可能，尽量在三餐后立即刷牙。这样，不仅可以使口气清新，还可以防止食物残渣为牙齿表面的细菌提供营养。每次刷牙时间控制在3分钟，采取上下刷牙方式保护牙龈。很多人采用的大力横刷法，会给牙根部造成过度磨损并刺激牙龈的退缩。刷牙时应特别注意下前牙内侧和后牙的位置，避免形成牙石。刷牙后要用清水多次冲洗牙刷，并将刷毛上的水分甩干，倒置存放。

（2）刷牙后配合使用牙线与舌苔刷　牙缝间的食物残渣通过刷牙很难清除，会导致有害物质在牙缝深层的积存和腐败。口气的产生与此关系明显。因此，刷牙后使用牙线可以彻底清洁牙齿。对于舌苔的卫生要特别注意。舌苔不能过度刷洗，经常用力刮舌苔，会损伤舌乳头，刺激味蕾，造成舌背部麻木，导致味觉减退、食欲下降。要使用特殊的舌苔刷来清洁舌苔。普通的牙刷会对舌苔造成损伤。

（3）假牙的清洁　假牙会积聚食物碎屑，必须定时清洗。使用假牙者应白天持续佩戴，对增进咀嚼的功能、说话与保持面部形象均有利；晚间应卸下，可以减少对软组织与骨质的压力。卸下的假牙浸泡在冷水中，以防遗失或损坏。不能自理者由护理人员协助，操作前洗净双手，帮助老人取下上腭部分，再取下面的假牙放在冷水杯中。用牙刷刷洗假牙的各面，用冷水冲洗干净，让老人漱口后戴上假牙。暂时不用的假牙，可泡于冷水杯中加盖，每日更换一次清水。不可将假牙泡在热水或酒精内，以免假牙变色、变形和老化。如遇假牙松动、脱落、破裂、折断但未变形时，应将损坏的部件保存好。

2. 头发清洁照料

根据老年人的健康状况、体力和年龄选择洗发的方法。身体状况良好的老人可自行洗发，体质虚弱、高龄老人可协助洗发，卧床老人应进行床上洗发。洗发的频率取决于个人的日常卫生习惯和头发的卫生状况，一般3～5天洗发一次，长期卧床的老人应每周洗发一次，对于出汗较多或头发上沾有各种污渍的老人，应增加洗发的次数。在洗发时，水温要适中，不可过热或过凉，洗发的时间不宜太长，并且应选刺激性小的洗发水，不要使用碱性大的香皂或肥皂。

3. 皮肤清洁照料

在日常生活中，老年人要注意保持皮肤卫生，特别是皱褶部位，如腋下、肛门、外阴等。沐浴可清除污垢、保持毛孔通畅，利于预防皮肤疾病。沐浴时合适的水温可促进皮肤的血液循环，改善新陈代谢、延缓老化过程。建议冬季每周沐浴两次，夏季则可每天温水洗浴。沐浴时室温调节在24～26℃，水温则以40℃左右为宜；沐浴时间以10～15分钟为宜，时间过长易发生胸闷、晕厥等意外。洗浴时应注意避免碱性肥皂的刺激，宜选择弱酸性的硼酸皂、羊脂香皂，以保持皮肤pH在5.5左右；沐浴用的毛巾应柔软，洗时轻擦，以防损伤皮肤角质层；可预防性地在晚间热水泡脚后用磨石板去除过厚的角质层，再涂护脚霜，避免足部皲裂。已有手足皲裂的老年人可在晚间沐浴后或热水泡手足后,涂上护手霜和护脚霜,再穿戴棉质袜子、手套,穿戴一晚或一两个小时,可有效改善皲裂状况;需使用药效化妆品时,首先应观察老年人皮肤能否耐受,是否过敏,要以不产生过敏反应为前提,其次再考虑治疗效果。老年人的内衣、内裤、袜子等应勤洗勤换,清洗后翻转放到户外进行日光晾晒,让紫外线充分照射,达到消毒的目的。

(六)压疮的预防与照料

压疮(Pressure Ulcer)是身体局部组织长期受压,血液循环障碍,组织营养缺乏,以致皮肤失去正常功能而引起的组织溃烂和坏死。引起压疮最根本、最重要的因素是压力,故压疮又称"压力性溃疡"。长期卧病在床的老年患者,尤其是过于肥胖或极度消瘦、行动不便、长期依靠轮椅生活的老年人及大小便失禁、皮肤经常受潮湿刺激的老年人,容易发生压疮。根据压疮的严重程度,临床上分为瘀血红润期、炎性浸润期(见图2-1-20)、溃疡坏死期(见图2-1-21)。

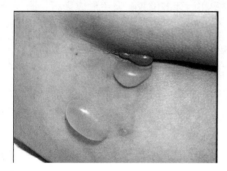
图2-1-20 压疮炎性浸润期

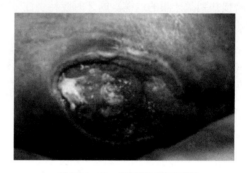
图2-1-21 压疮溃疡坏死期

预防压疮的关键在于消除其发生的诱因。因此,护理人员在工作中应做到六勤:勤观察、勤翻身、勤擦洗、勤按摩、勤整理、勤更换。避免局部组织长期受压,避免局部刺激,促进局部血液循环,改善老人的营养状况。

二、基础护理

(一)生命体征的监测和异常时照护

生命体征是体温、脉搏、呼吸及血压的总称,是用来评价生命活动存在与否及其质量的重要指标,也是判断患病老人病情轻重及危及程度的重要指征。

1. 体温

体温测量的方法有腋温、口温、肛温测量法。温度计有水银温度计(见图2-1-22)、电子体温计(见图2-1-23)等。

体温的正常范围是:口腔温度为36.3~37.2℃,腋窝温度为36.0~37.0℃,直肠温度为36.5~37.7℃,其中腋温测量方法最常用。正常情况下,体温不是固定不变的,受到机体内外因素的影响而发生波动,如年龄、昼夜规律、性别因素、情绪波动、运动或进餐等因素。

体温异常是指体温过高,即发热,或者体温过低。当老人体温过高时,护理人员应遵医嘱积极采取药物或物理降温,同时应卧床休息,减少能量的消耗,并且密切观察老人的病情,补充水分和营养,做好口腔与皮肤清洁和心理支持。

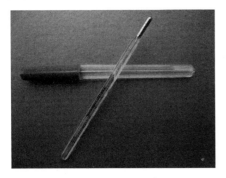

图 2-1-22　水银温度计

图 2-1-23　电子体温计

2. 脉搏

脉搏，即动脉搏动，在每个心动周期中，由于心脏的收缩和舒张，动脉管壁产生有节律的搏动。正常情况下，心率和脉搏是一致的。

脉搏测量的部位一般在皮肤浅表处的大动脉处，常选桡动脉，其次为颞动脉、颈动脉、肱动脉、足背动脉等（见图 2-1-24）。测量的方法是护理人员将食指、中指、无名指的指端以适当的压力（以能清楚感觉脉搏搏动为宜）按压老人的动脉搏动处，测量 1 分钟。脉搏的正常范围是 60～100 次/分。

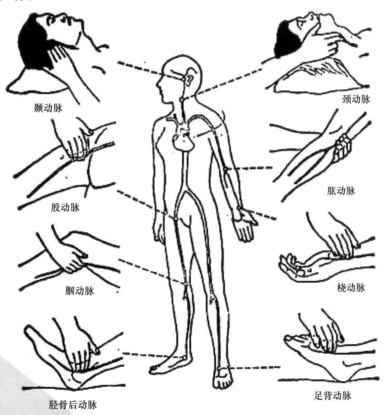

图 2-1-24　脉搏测量部位

3. 呼吸

呼吸是机体与外界进行气体交换的过程。正常成人安静时呼吸频率是16～20次/分。测量呼吸时，测量者协助老人采取舒适的体位，将手放在老人的桡动脉处似测量脉搏状，眼睛观察老人胸部或腹部的起伏，一起一伏为一次呼吸，测量1分钟。发现呼吸异常时，要密切观察老年人的呼吸变化情况及伴随症状，及时报告和记录，保持室内空气流通。

4. 血压

血压是指血液在血管内流动时对单位面积血管壁的侧压力，通常指的是动脉血压，包括收缩压和舒张压。正常成人安静状态下的血压范围：收缩压为90～140毫米汞柱，舒张压为60～90毫米汞柱。

血压测量的部位一般在肱动脉或桡动脉处。常用的血压计有水银血压计（见图2-1-25）、电子血压计（见图2-1-26）。发现血压异常时，要密切观察老年人的血压变化情况及伴随症状，及时报告和记录。

图2-1-25 水银血压计

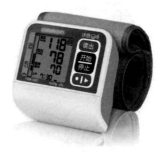
图2-1-26 电子血压计

（二）用药护理

药物治疗是老年人预防疾病、治疗疾病、维护健康的重要措施之一。由于老年人常患有多种疾病，用的药物品种较多，加上老年人对药物的吸收、代谢和排泄功能下降，因此老年人发生药物不良反应的概率相应增高。为了保证准确、安全、有效的给药，护理人员必须了解：用药的基本知识及用药后反应的观察要点；药物保管知识及注意事项；口服给药的方法及注意事项；雾化吸入法的相关知识及眼、耳、鼻用药等知识；能查对并协助老年人服用口服药；能为老年人进行雾化吸入操作，能为老年人应用眼、耳、鼻等外用药。

（三）冷热应用护理

冷热疗法是常用的照护技术，护理人员应熟悉冷热疗法的生理效应，正确应用冷热疗法，防止不良反应发生，确保老年人安全，达到治疗目的。护理人员需要了解：老年人使用热水袋的相关常识及注意事项；冰袋使用及温水或酒精擦浴的基本知识；老年人湿热法的相关常识及注意事项等专业知识。能使用热水袋为老年人保暖；能为老年人进行湿热敷；能观察老年人冷热疗法后皮肤的异常变化；能使用冰袋为高热老年人进行物理降温，观察并记录体温变化；能使用温水或酒精擦浴为高热老年人进行物理降温，观察并记录体温变化情况。

（四）消毒隔离

养老机构是老年人密集的场所，容易被各种病原微生物污染，促进机构内感染的发生。老年人是养老机构内感染的高发人群。严格的消毒隔离技术是控制养老机构内感染的关键措施。护理人员需要了解：消毒隔离技术知识；消毒液配制的注意事项；试纸使用及监测技术等专业知识。能对老年人的居室进行紫外线消毒；能配制消毒液，实施老年人房间消毒；能监测老年人的居室的消毒效果。

（五）急救护理

老年人由于其生理和心理特点，易发生各种危及生命的紧急情况。护理人员需要掌握基本的急救知识和技术，如：吸痰护理技术及知识；止血、包扎与固定技术及相关基础知识；心肺复苏的基本知识；吸氧方法及相关知识；危重老年人观察方法。能对老年人外伤出血、烫伤、摔伤等意外及时报告，并做出初步的应急处理；能配合医务人员对跌倒并伴有骨折的老年人进行初步固定和搬移；能对心脏骤停的老年人采取必要的应对措施；能遵医嘱为老年人进行氧气吸入操作；能针对跌倒的老年人采取应对措施。

三、临终护理

临终老人由于疾病和衰老的同时存在，机体的感觉、反应和防御功能均降低，治愈的希望已变得十分渺茫。临终老人最需要的是身体舒适和控制症状，无痛苦地度过人生的最后时刻。

1. 提供舒适的临终环境

根据家中的居住条件、经济承受能力、老人临终症状的轻重程度和家属的观念来选择临终处所。随着社区医疗的发展，若临终处所选在家中，社区的医生和护士或是临终关怀团队可以为在家中的临终老人提供良好的护理和支持。

尽力为临终老人提供良好的居住环境。居室应明亮、宽敞、安静、温暖、舒适。注意室内的色调，最好以浅绿色为主，室内摆放鲜花或绿色植物，使周围充满勃勃生机，让临终老人在舒适典雅的环境中心平气静，减少对死亡的恐惧。居室内配有彩色电视机、收录机等，以适应老人和家属日常生活习惯。室内配有空调，以便调节室内的温度和湿度，保证空气新鲜流通。室内还应配有卫生间，以方便老人。

2. 做好临终老人的个人卫生

每天帮助老人做必要的梳理，保持仪表整洁，定时洗浴或擦浴。不能自理的老人帮助其洗脸、梳头、洗脚、剪指甲，及时清除老人的呕吐物和排泄物，注意口腔、皮肤护理。对瘫痪的老人应定时翻身、变换肢体位置，预防压疮的发生。对平日喜欢美容和化妆的女士或淡妆可遮盖病容的老人，只要允许，鼓励他们化妆。保持老人的清洁、舒适，维护临终老人的尊严。

3. 给予良好的饮食护理

提供少量多餐、营养丰富、易于消化的食物，提高临终老人的食欲。对于吞咽困难的临终老人，鼓励其经常小口小口地啜饮饮料，或者用棉棒蘸水湿润口唇和舌，使老人感到舒适。必要时进行鼻饲或静脉营养。注意饮食卫生。

4. 安排好临终老人的日常生活

保证老人有足够的睡眠。睡眠可以使老人摆脱疾病的痛苦和面临死亡的焦虑。保持环境安静、温湿度适宜、被褥柔软舒适；各项治疗处置要相对集中，避免在老人熟睡时量体温、测血压及打针和服药等。睡前帮助老人热水擦身、按摩。对于恐惧及孤独者，照料者可紧握老人的手，必要时给予适量的安眠药或镇静剂。

有活动能力的临终老人，应扶助老人下床做一些床边活动，或者到室外散散步。对于不能下床活动的老人，护理人员或家属要定时给老人翻身、按摩，帮助老人进行被动性的肢体锻炼。

模块八 老年康复

▶ 相关知识

老年人常常伴有多种疾病，如心脏病、高血压、脑卒中、糖尿病、骨关节炎等，多种疾病并存且反复发展，导致老年人相应的器官与系统出现功能障碍，使老年人在活动能力上受到不同程度的限制，再加上因为长期疾病困扰、经济负担加重等因素导致心理状态不好，从而影响疾病的恢复。及时科学的康复治疗能使患病老年人的功能得到改善并尽量维持，最大限度地保持老年人的独立生活能力，提高生活质量，减轻家庭和社会的负担。

一、康复概述

（一）康复的定义

康复是指综合地、协调地应用医学、教育、社会、职业等各种措施，减轻病、伤、残者的身心和社会功能障碍，使已经丧失的功能尽快地、尽最大可能地得到恢复和重建。康复不仅针对疾病，其着眼于整个人，从生理上、心理上、社会上及经济能力上进行全面康复。康复工作的重点是减轻病、伤、残者的身心和社会功能障碍，最终目标是使病、伤、残者得到全面康复，重新回归社会。

（二）康复的对象

1. 残疾者

残疾是指各种损伤和先天性异常所造成的暂时或永久的功能障碍。残疾分为永久性残疾和暂时性残疾。永久性残疾是指残疾状态持续到12个月及以上的残疾，反之则为暂时性残疾。WHO将残疾依据功能障碍的不同水平分为残损、残能、残障三类。

2. 急性伤病后及手术后的患者

急性伤病后及手术后的病人，无论是在早期还是恢复期或者后遗症期，只要存在功能障碍，就是康复医学的对象。

3. 慢性病患者

慢性病患者主要是指由于患神经系统、骨骼系统和各种内脏疾病等致使相应的器官功能减退或功能障碍的人。

4. 年老体弱者

老年人由于组织器官随年龄的增长发生不同程度的退行性改变，功能逐渐减退，甚至产生功能障碍。

（三）康复的领域

康复的领域包括医疗康复、教育康复、职业康复、社会康复等方面。

1. 医疗康复

应用医学技术和方法对伤病者和残疾人进行康复诊断、功能评估及康复治疗护理，促进身心康复。

2. 教育康复

教育康复是指使残疾人再教育上达到康复的目标，即能够入学接受教育，同时也指通过接受学校教育促进全面康复。

3. 职业康复

职业康复是指青年和中年残疾人在就业和职业工作上能够达到康复的目标。

4. 社会康复

社会康复是指使残疾人在享受公民的社会权益和社会生活上能达到康复的目标，也就是能够有平等的机会参与社会生活，在上学、就业、医疗、住房、交通、政治经济生活、文化体育等方面不受歧视，并能履行力所能及的社会职责。此外，社会康复也引导和帮助残疾人通过参与社会生活，促进全面康复。

二、老年人常用的康复治疗方法

（一）物理治疗

物理治疗（Physical Therapy）是康复治疗的主体，是指使用包括声、光、冷、热、电、力（运动和压力）等进行治疗，针对人体局部或全身性的功能障碍或病变，采用非侵入性、非药物性的治疗方法来恢复身体原有的生理功能。物理治疗是现代与传统康复医学的重要组成部分。物理治疗可以分为两大类：一类是以功能训练和手法治疗为主要手段，又称为运动治疗或运动疗法；另一类是以各种物理因子（声、光、冷、热、电、磁、水等）为主要手段，又称为理疗。

1. 运动治疗

运动治疗在恢复、重建功能中起着极其重要的作用，逐渐成为物理治疗的主体。运动治疗包括关节活动技术、关节松动技术、肌肉牵伸技术、改善肌力与肌耐力技术、平衡与协调训练技术、步行训练、牵引技术、神经生理治疗技术、增强心肺功能技术等，见图2-1-27和图2-1-28。

图2-1-27　运动治疗（一）

图 2-1-28 运动治疗（二）

2. 物理因子治疗

物理因子治疗应用天然或人工物理因子的物理能，通过神经、体液、内分泌等生理调节机制作用于人体，以达到预防和治疗疾病的方法。常用方法包括声疗（治疗性超声波，频率为 0.045～3 兆赫兹）、光疗（红外线光疗、紫外线光疗、低能量激光刺激）、水疗（对比浴、旋涡浴、水疗运动等）、电疗（直流电疗、低频电疗、中频电疗、高频电疗或透热疗法）、冷疗（冰敷、冰按摩等）、热疗（热敷、蜡疗、透热疗法等）、压力疗法等（见图 2-1-29 和图 2-1-30）。

图 2-1-29 物理因子治疗（一）

图 2-1-30 物理因子治疗（二）

（二）作业治疗

作业治疗（Occupational Therapy，OT）是应用有目的的、经过选择的作业活动，对由于身体、精神、发育上有功能障碍或残疾，以致不同程度地丧失生活自理和劳动能力的患者，进行评价、治疗和训练的过程，是一种康复治疗方法。其目的是使患者最大限度地恢复或提高独立生活和劳动能力，以使其能作为家庭和社会的一员过着有意义的生活。这种治疗方法对功能障碍患者的康复有重要价值，可帮助患者消除功能障碍，改变异常运动模式，提高生活自理能力，缩短其回归家庭和社会的过程。近几十年来，在许多医院、疗养院及其他医疗机构不同程度地开展了一些作业治疗工作，如肢体的功能训练、简单的工艺劳动、园艺、日常生活活动训练等（见图2-1-31和图2-1-32）。

图 2-1-31　作业治疗（一）

图 2-1-32　作业治疗（二）

（三）言语治疗

言语治疗（Speech Therapy，ST）是康复医学的组成部分，是对各种语言障碍和交往障碍进行评价、治疗和研究的学科。言语治疗是由言语治疗专业人员对各类言语障碍者进行治疗或矫治的一门专业学科。其内容包括对各种言语障碍进行评定、诊断、治疗和研究，对象是存在各类言语障碍的成人和儿童（见图2-1-33和图2-1-34）。言语障碍包括失语症、构音障碍、儿童语言发育迟缓、发声障碍和口吃等。直接从事言语治疗工作的人称为言语治疗师或语言治疗师。

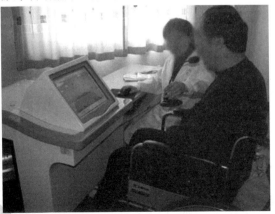
图 2-1-33　言语治疗（一）

图 2-1-34 言语治疗（二）

（四）中医传统康复疗法

中医传统康复疗法（Chinese Traditional Rehabilitation）是以中医基础理论为核心，以整体观念和辨证论治为康复特点，采用中医传统疗法对残疾者进行康复治疗的方法。其经过数千年的实践和总结，具有完整的理论和治疗体系。主要有针灸（见图 2-1-35）、气功、牵引、拔罐（见图 2-1-36）、中药、药膳、药浴、推拿按摩（见图 2-1-37）等。中医传统康复疗法正走向世界，并成为康复医学工作者关注的焦点。

图 2-1-35 针灸治疗

图 2-1-36 拔罐

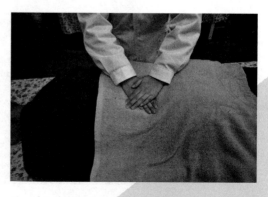

图 2-1-37 推拿按摩

项目二 老年生活服务与管理

学习目标

1. 认识到老年生活服务与管理的重要性。
2. 了解影响老年人生活质量的要素和提升老年人生活质量的途径。

模块一 老年人生活质量评估

相关知识

生活质量也称生存质量、生命质量。这一概念最早由美国经济学家加尔布雷思于1958年提出。目前，虽然国内外表达生活质量的指标体系各不相同，但是基本上都认为，对生活质量的定义应当结合主观和客观两个方面的因素，不仅考虑一定的经济发展阶段上人口生活条件的综合状况，还要考虑幸福感、满意度和主观生活水平等。

根据我国的国情，生活质量至少要包括物质生活、精神生活、生命质量、自身素质、个人权利、生活环境六方面重要内容。六个要素缺一不可，相辅相成。生命质量是生存和发展的自然基础，物质生活是生存和发展的物质基础，精神生活是生存和发展的精神支柱、思想境界和内在需求。

联合国在1991年发布的《老龄问题国际行动计划》中，把"独立、参与、照顾、自我实现、尊严"作为解决老年人问题的原则，它既涵盖了老年人生活的全部，又体现了老年人生活质量的本质。我国中华医学会老年医学专科委员会流行病学专家针对老年人生活质量研究中存在的问题，经过讨论，将老年人生活质量定义为：60岁及以上老年人群对自己身体、精神、家庭和社会生活满意的程度和对老年生活的全面评价。

老年人生活质量应该是一定社会条件下，老年人在物质生活、精神生活、身体状况、社会环境中所处的状态及老年人自我感受的总和。因此，老年人的生活质量首先是一个动态的变化过程，随着社会经济的发展而提高，随着社会经济的衰退而降低，但是一般都滞后于社会经济的发展。其次，老年人的生活质量是一个系统工程，涉及人们社会经济生活的各个方面，而且对生活质量的心理要求会不断提高，这是由人类生活需求的多样性和不断增长的心理预期所决定的。再次，老年人生活质量的提高既有主观因素又有客观因素，既有内因又有外因，是主客观和内外因共同作用的结果。最后，老年人生活质量的高低有一个科学、客观、公正的社会评价标准，同时也有一个自我评价的标准，有时候自我评价的结果和社会评价的结果会有一定的差异。

一、老年人生活质量的指标体系

结合我国老年人的特点，老年人生活质量的指标体系应当是包含主观和客观两方面的综合评价指标体系。该指标体系应包括九大系统：生命健康系统、经济与消费系统、人居环境系统、交通状

况系统、社会支持系统、社会保障系统、公共安全系统、医疗卫生系统和文化休闲系统。

(一) 生命健康系统

身体健康状况是关系老年人生活质量的一个重要方面,直接影响老年人的生活活动、社会活动和心理状况。身体健康,病痛较少,生活能够自理,生活质量就较高;反之,则生活质量较低。有研究表明,慢性病和患病数目较多会严重影响老年人生活质量,有慢性病和患病数目较多的老年人生活质量相对较差。生命健康还包含了心理健康,对老年人心理健康的研究已成为当今社会上专家和学者共同关注的方向。总体来讲,健康的身体和平衡的心态,是老年人高质量生活的基础。

(二) 经济与消费系统

收入水平是生活质量的物质基础,是影响生活质量的主要因素。而在一定的经济发展水平下,人们生活需求满足程度如何,最终要看个人的消费水平和消费结构。因此,经济与消费系统也是生活质量的一个评价体系。

老年人稳定的基本生活来源是维持其生活质量的重要保障,如果经济不能独立,生活独立和精神独立就无从谈起。目前,我国老年人的生活来源大致分为五类:一是离退休金,这部分主要取决于老年人离退休前的职务、职称和所在单位的经济效益;二是劳务和经营收入,有这部分收入的主要是低龄老人,尚有体力、精力从事劳务或经营;三是资产收入,主要是炒股、购买证券、理财产品及银行存款利息等收入;四是子女和亲友资助;五是抚恤、低保收入,这部分主要是针对没有工作的职工遗属、破产企业的退休职工和城市居民。当今人们的自主意识日益增强,在家庭日益小型化的情况下,人们自我养老意识不断增强,从原来的养儿防老转变为储蓄养老、投资养老等。

(三) 人居环境系统

老年人居住的社区及家庭环境等对其生活质量也有不同的影响,如所在社区的医疗卫生服务是否便利、家庭设备是否齐全等。可见,人居环境是评价老年人生活质量不可或缺的条件。

当然,社区和家庭环境的基础在于基本的居住条件。在我国,随着改革开放与城市住宅建设的发展,老年人的居住条件得到了很大改善,特别是城镇老年人有房户逐年增多,因无房而与子女同住的情况逐年减少。

一般与子女同住的老年人,一是因无房而与子女同住,这部分老年人常常感到诸多不便,生活质量较低;二是因体弱多病、生活不能自理而与子女同住,这部分老年人无法独立生活,生活质量低于前者;三是与子女同住一个城市,各有各的住房,经常走动,既能在生活上相互照顾,又有一定的独立性,各自有各自的生活。显而易见,第三种情况的老年人生活质量会比较高。

(四) 交通状况系统

交通通信条件的不断完善,不仅关系到生活质量,更是提升城市发展效率的保障。一般来讲,具备较好的交通通信条件的老年人,生活质量较高;反之,如山区或交通通信条件较差的偏远地区,老年人的生活质量难以得到保障。

(五) 社会支持系统

老年人的数量越来越庞大,居家养老将会是未来养老的趋势,而老年人作为社会的弱势群体,要想幸福地安度晚年,需要政府、社区和家庭共同支持。

随着我国老龄化的进一步加剧,政府和社区越来越关注老年人的生活需求,投入大量的人力和资金对老年服务行业进行建设和完善,以提升老年服务行业的水平和质量。

家庭是老年人生活的主要场所,也是老年人晚年生活的主要精神寄托,是否拥有良好的家庭环境与和睦的家庭关系是老年人拥有较高生活质量的重要指标。对老年人来说,家庭关系中最重要的是夫妻关系,其次是与子女的关系。老年人的婚姻关系受到很多因素的制约,既有社会的、经济的、环境的因素影响,更有进入更年期后,老年人生理、心理变化的原因,处理不当,将会出现感情危机,导致婚姻破裂,影响到晚年的生活。此外,对于老年人离婚现象,社会和家庭也应该予以宽容和理解。老年人追求幸福,选择离婚,是更好地提升生活质量的一种方式。子女是老年人晚年生活的重要支柱,而老年人与子女的资助、照料其实是双向的,只有子女孝顺老年人,并且老年人关爱子女的这种双向支持,才能使老年人和子女的关系幸福融洽。

(六)社会保障系统

老年社会保障是社会保障系统中的一个重要项目,是对老年人实行的社会保险和社会救助,包括经济、医疗及服务照料等方面的内容。

对老年人来说,医疗保障对晚年的生活质量有非常重要的影响。疾病模式变化、医疗价格上涨、医疗资源配置不合理等因素加剧了老年人"看病难、看病贵"的问题。特别是农村老年人,由于经济、地域、身体及家庭结构等因素的影响,医疗服务需求受到抑制,医疗保障问题日益突出,严重影响了老年人的生活质量。

(七)公共安全系统

马斯洛的需求层次论把需求分成生理需求、安全需求、爱与归属需求、尊重需求和自我实现需求五类,这同样适用于老年人群。随着年龄的增大,老年人的身体机能状况下降,活动也更加不便,社会公共安全对他们的生活质量产生着不容忽视的影响。

(八)医疗卫生系统

当前,我国人口老龄化进程加快,老龄人口基数大,高龄老人多,慢性疾病患病率高,老年人整体上带病生存时间长,医院、社区医疗卫生条件的高低及医生、护士的技能水平、服务态度等都会影响老年人的生活质量。

近年来,我国着力健全基层医疗卫生服务网络,提高老年卫生服务能力;巩固并扩大新型农村合作医疗覆盖面,提升老年人医疗保障水平;强化老年人健康管理和慢性病预防控制,促进老年人健康水平的提高;大力发展老年病医院、康复医院和护理院,逐步满足老年人的医疗护理需求。

(九)文化休闲系统

我国的老年人退休较早,对闲暇时间的支配、娱乐活动的参与、闲暇活动的种类及老年人对此的满意度等与老年人的生活质量密切相关。没有健康多样的文化娱乐活动来充实这些空闲时间,老年人的生活将会单调乏味、空虚无聊,而健康有益的活动能够让老年人愉悦身心、陶冶情操、享受人生。

二、老年人生活质量的评估方法

目前,老年人生活质量的评估可以采用固定的量表,如纽芬兰纪念大学幸福度量表等,也可以采用根据指标体系设计的综合问卷。

（一）纽芬兰纪念大学幸福度量表

纽芬兰纪念大学幸福度量表（MUNSH）主要用来反映和评价老年人内部心理状况，包括影响老年人幸福感的主观因素：个性特点、自尊心、控制源倾向、自我概念、心理成熟度等，以及客观因素：家庭气氛、社会关系、经济状况、健康状况、各种生活事件。它作为老年人精神卫生状况的恒定的间接指标，已经成为老年人精神卫生测定和研究的有效工具之一。

（二）生活满意度量表

生活满意度量表（LSS）包括一个他评量表，即生活满意度评定量表（LSR），以及两个自评量表，即生活满意度指数 A（LSIA）和生活满意度指数 B（LSIB）。它用来反映老年人对生活总的观点及限制实际情况与希望之间、与他人之间的差异，测量老年人心情、兴趣、心理、生理主观完美状态的一致性，是老年研究中的一个重要指标。

（三）根据指标体系设计的综合问卷

生活质量是一个动态的不断变化的过程，评估老年人的生活质量不能单纯从身体、心理、社会功能等方面获得，不仅要评定老年人生活的客观状态，还要重视其主观评价。目前，常用的是根据指标体系设计的老年人生活质量综合评定问卷或评定表。

模块二　老年婚姻与家庭

➡ 相关知识

婚姻与家庭是人类生活的主旋律，对于老年人也不例外，老年人除了与子女的亲情，婚姻与家庭也是生活中重要的部分。

一、老年婚姻与家庭的重要性

当人进入老年时期，社会化功能逐渐弱化，失去人口再生产能力，丧失大部分社会工作能力，教育功能减退，社会交往功能削弱，再加上老年人的子女已经另建家庭，对于这时候的老年人，婚姻作为感情的重要维系，少了很多浪漫与激情，更多的是相互关爱与扶持，而这对于老年人来说尤为重要。

（一）和谐的老年婚姻是老年人的生活支柱

就人的生命周期而言，从退休到死亡大概二十年，这也是人的最后阶段——老年期。这一时期的老年人，社会角色变迁较大，将面临一系列需要调适的心理和生理的不平衡问题。老年婚姻关系，特别是居于核心地位的老年爱情是调整老年人口心理失衡的重要因素。这种历经人生的磨难和考验，互谅互信而获得爱情硕果，对老年夫妇来说是异常珍贵的，有了它，就可以得到共度老年期的力量；有了它，就可以应对由于老化过程的发展而出现的衰老和患病现象，减少或减轻各种困扰，使功能得到调适，焕发生命活力。对老年人来说，一旦失去配偶，疾病和衰老都将会接踵而至。所以说，老年人美满的婚姻是老年人口生命过程中极为重要的支柱。

（二）和谐的老年婚姻有利于老年人生活质量的提升

老年婚姻可以促使老年人在精神上互相支持。子女、亲友及社会的爱护、帮助都无法取代配偶的感情及照顾。有调查数据表明，长寿老人除了生活上有良好的习惯以外，绝大多数是由于夫妻和睦而白头偕老，家庭和睦，夫妻互敬互爱，共享高龄。现代医学认为，人在精神愉快时，可以分泌出对身体有益的激素，使血液的流量、神经细胞的兴奋调节到最佳状态；相反，当人孤独悲伤时，则会使各种有益的激素分泌紊乱，内脏器官失调，以致出现胃痉挛、血压升高、冠状动脉闭塞等症状。有的老年人在丧偶后再婚，不仅在生活上可以互相照顾，而且在心灵上也是一种安慰，有利于身心健康。和谐的老年婚姻提升了老年人的生活品质，丰富了老年人的共同生活，加深了彼此的关注，实现了从关爱子女、服务社会向安度晚年的转移。可以说，和谐的老年婚姻是保证老年人生活质量的基础。据调查，初婚有配偶的老年人家庭的幸福指数与健康自评较高。

二、老年人婚姻的特点及存在的问题

（一）老年人婚姻的特点

老年人的婚姻关系状况包括未婚、有配偶、分居、离婚、丧偶等。老年人口的婚姻状况受多种因素的制约和影响：一方面，老年婚姻受老年人口自身的年龄变动、性别差异、生命过程等影响；另一方面，社会文化传统、风俗习惯、道德观念，甚至不同的文化程度和不同的经济收入水平也会影响到老年人口婚姻结构的变动方向和变动规模。我国老年人口的婚姻状况呈现如下特点：

1. 老年人中未婚率低，离婚率低

第六次人口普查显示，在我国60岁及以上的人口中，有配偶的有1.25亿人，占老年人总人口的70.55%；未婚占1.78%；老年离婚者所占比例更低，占老年总人口的0.78%。总体看来，我国老年人的婚姻关系相对稳定。

2. 老年人中初婚有配偶的比例高，再婚有配偶的比例低

从老年人口婚姻的现状看，超过老年人口总数2/3的老年人有配偶，在有配偶的老年人口中，94%是初婚，6%是再婚。初婚有配偶的高比例是与我国家庭关系在总体上和睦稳定相吻合的，而再婚有配偶的低比例则从一个侧面反映出，老年人口中再婚者面临的各方面阻力不少。

3. 高龄老年人口中女性老年人丧偶率高

65岁以上老年人的丧偶率约占老年人口总数的30.6%，而其中女性老人的丧偶率高出男性老人2倍以上。由于受传统文化、社会风尚等多种因素的影响，我国人口的婚姻关系从总体上看是稳定的，家庭健全程度较高。我国老年人口的婚姻状况与我国人口婚姻总体稳定状况是吻合的。随着年龄的增长，老年人口，尤其是女性老人的丧偶率增高，将给老年人的晚年生活带来一系列影响。因而，社会应该更关注丧偶后的老年人，尤其是丧偶后的老年女性和没有社会保障的老年人。

（二）老年人婚姻存在的问题

不同的婚姻关系对于老年人口的生存质量显然是不同的，老年人口的婚姻关系受很多因素的制约，既有社会的、经济的、环境的因素影响，更有进入老年期后老年人生理、心理变化的原因，处理不当，将会使老年人的感情产生危机，甚至导致老年人婚姻破裂。目前，老年人婚姻存在的主要

问题有：

1. 疾病困扰

到了老年期，人的机体开始衰老，抵御疾病的能力弱，容易生病。一般来说，老年夫妇共同经历了人生的风风雨雨，此时彼此应当更加体贴、和谐，但是许多久病在床的老年人会变得脆弱、敏感、容易发火，老伴也觉得非常委屈，久而久之，夫妻之间会发生争执，产生矛盾，从而影响感情。

2. 无爱婚姻

由于时代或地域的原因，"父母之命，媒妁之言"的婚姻在老年人中人仍有不少，还有的因年龄或政治原因等结婚，没有真感情，甚至彼此怨恨。这类老年人年轻时一方面因为道德因素，另一方面为了孩子，隐忍度日，退休后各种矛盾和问题都暴露了出来。

3. 性生活不和谐

性生活不仅是肉体的满足，更是爱情、感情的表现。老年人因生理机能的衰退，导致性活动能力衰退，婚姻生活中性生活的地位可能较中青年有所区别。但性生活对老年婚姻的重要性仍然是不容置疑的，性生活和谐程度与老年夫妻关系存在一定的相关性。性生活和谐的夫妻，感情好的或比较好的居多；而性生活不和谐的夫妻，则不然。

4. 更年期

更年期的生理变化导致老年人心理上发生一系列的变化，如忧虑、多疑、情绪烦躁、容易发火等，特别是女性表现得更加异常，有的甚至产生精神性疾病，这是导致老年婚姻危机的重要因素之一。只要老年人懂得更年期的生理特点，学会自我调适，同时对老伴宽容大度、体贴关心，就会相安无事。如果不懂得上述特点，以为老伴"性情大变"，采取火上浇油的行动，对方的反应就会越来越大，双方的感情裂缝也会越来越深，最终酿成悲剧。

5. 兴趣、爱好差异

由于人到老年，生理和心理上都发生了变化，导致老年夫妻在兴趣、爱好上产生差异，并且这种差异感会比年轻时表现得更为突出；同时，退休后更加频繁地接触和相处，会使这种差异的反差更加明显，反差太大必然影响到双方的关系以致感情产生裂痕。一般感情好的老年夫妻往往兴趣、爱好相同，有共同语言；而关系不好的老年夫妻，则很少有共同的兴趣、爱好。对于老年夫妻双方来说，加强沟通、相互理解、弥合差异，是处理老年婚姻关系的重要原则。

6. 经济矛盾

经济基础决定上层建筑，婚姻关系的牢固与否，在很大程度上受经济基础的制约。从某种意义上看，家庭生活中的经济矛盾，更能破坏夫妻关系。特别是老年夫妻会对财务方面更加小心和谨慎，若一方消费太多，必然会引起另一方的不满，储蓄与开支的安排问题也可能产生矛盾；或者由于兴趣、爱好不同，从而为花钱的方式不同而闹意见。

三、老年人和谐婚姻的营造

（一）相处原则

1. 思想上相互尊重、相互理解、相互体谅

在家庭中，夫妻关系是平等的，要尊重对方的人格，理解对方的爱好，对对方要有足够的信任，不要妄加猜疑，引起对方反感。不要强求对方，老伴的爱好要重视，多加支持，如果加以挑剔，甚

至嘲讽，会伤害对方的感情。

2. 生活上相互照顾、相互关心、相互体谅

人到老年，体弱多病，动作迟缓，记忆力衰减，因此特别需要相互之间的扶持和帮助，健康的一方应当为多病的一方鼓舞打气，提供医疗条件的支持和心理的安慰，使其安度晚年。对于老伴进入老年期由于心理的变化而发生的行为转变，如讲话啰唆、任性固执、喜欢责备别人等，要予以体谅，不要动怒或加以指责。朝夕相处的只有自己的老伴，因此老年夫妻相互照顾、相互关心、相互体谅，不仅能增进夫妻间的感情，更是老年精神生活所必需的。

3. 经济上相互商量、相互公开

经济问题是每个家庭的基础，老年人也不例外，若经济基础不解决好，就可能影响夫妻感情。要想处理好家庭经济问题，一方面老年夫妻在经济上要多商量，合理安排；另一方面，财务要公开，家庭收入的使用要合理，秉承平等、公开、透明的原则，不要私设"小金库"，造成误会，给夫妻生活蒙上阴影。

（二）处理技巧

1. 善于以情动人

稳定的感情是婚姻关系的基础，老年婚姻更需要感情交流。平静的生活也需要一点浪漫和惊喜，如送上一束玫瑰，给对方一个惊喜，或者讲些对方喜欢听的话，让老伴舒心和放松，利于双方的理解与交流。如果认为老夫老妻不需要像年轻时那样用心讲感情，对老伴不理不睬，只会使矛盾越来越大。

2. 要把矛盾冷处理

生活之中，夫妻矛盾不可避免，关键是有了矛盾之后的处理方式，"冷处理"是比较有效的方式之一。夫妻一方发火，另一方就应避其锋芒，做些让步，当对方冷静后晓之以理，问题才能解决。如果以热对热，针尖对麦芒，谁也不肯让步，得理不饶人，其结果只会激化矛盾，酿成悲剧。

3. 巧用幽默

懂幽默且会幽默的人一般都会很快乐，幽默可以消除人的烦恼，也可以产生良好的心理效应。在老年夫妻关系中，幽默可以使紧张的气氛转化为轻松愉快的气氛，是夫妻关系的稳定剂和兴奋剂。家庭中有了矛盾，一个幽默的笑话或一个幽默的动作往往能够瞬间缓解矛盾。

4. 琐碎小事装糊涂

"难得糊涂"中的糊涂，不是脑袋进水，而是表面糊涂但内心清明。想得开，放得下，朝前看，这样才能从琐事的纠纷中超脱出来。"糊涂"的人，将智慧深埋于心中，面对过于复杂的世事，简单做人、简单做事，逢人不急，遇事不恼，用难得糊涂的随遇而安酿造生活的醇厚佳酿。老年夫妻朝夕相处，难免会有摩擦，对于那些日常小事，诸如一杯茶、一盘菜、穿什么衣服等尽可能糊涂些，不必斤斤计较。吃些小亏，受些小气，尽量装糊涂，避开矛盾的锋芒。

5. 换位思考

老年夫妻之间应学会换位思考，多从对方的角度想一想，多替对方考虑，彼此间就更容易相互理解。

（三）共建美满婚姻

拥有一个幸福的家庭来安享晚年，是众多老年人的心愿。生活当中，老年夫妻应当积极遵循互敬、

互爱、互信、互帮、互让、互谅、互慰的准则，努力做到以下五点，营造和谐美满的婚姻。

1. 把生活建立在现实基础上

老年夫妻应把生活基础建立在现实基础上，摒弃对家庭生活、配偶角色的不切实际的期望。有的老年人希望自己的配偶既是知己又是保姆，这是不现实的。夫妻还应对家庭生活中可能产生的变化，对配偶可能出现的变化有充分的思想准备，如老伴突然生病或出现更年期的变化等，应接受这些变化，并主动地适应。

2. 互谅互让，相互体贴

老年人退休后与老伴朝夕相处，繁杂的日常生活和事物，会使各自的优缺点、性格、为人和脾气更清楚地呈现出来，特别是当身体不佳或心情不愉快的时候，生气、发脾气的情况就会增多。在这种情况下，就特别需要夫妻之间的谅解、帮助和体贴。经历人世沧桑、饱尝世事磨难的老年人总是能够体验和享受夫妻之间的深切情意。在日常生活中要以关心体贴的方式传达爱恋的情意，要尊重对方的要求和需要，主动给予关心和帮助，在互敬、互爱、互帮、互谅的情意交流中使爱情长存。

3. 夫妻之间应坦率、真诚、平等

夫妻，尤其是老年夫妻，共同经历了人生的风风雨雨，俩人的关系应是一种最亲密的人际关系。如果互相理解和信任，那么，即使发生小事也会很快解决，否则，芝麻小事也可能导致感情破裂。夫妻间虽然存在角色行为上的差异，但夫妻在保持自己的个性、独立性等方面享有同等权利。老年夫妻更应该互相照顾，而不是一方伺候另一方。夫妻之间如果认识到这一点，努力建立并遵循着平等关系，就会使关系和谐、融洽。

4. 有一张共同的家庭生活日程表

老年人在退休之后，硬性规定的劳动、工作或学习时间都没有了，那么就面临着如何安排和支配时间的问题了。时间中第一类是"生命必需时间"，它包括一日三餐、睡眠时间，这种时间在某种意义上有一定的强制性，老年夫妻花费在这上面的时间也比较多；第二类是自由支配时间，这可以根据不同的兴趣、爱好自由安排；第三类是修复时间，这是恢复、治疗疾病或应付生活中其他意外而支付的时间。作为社会人是不能不受这种时间支配的限制的。退休后的老年人虽然空闲时间多了，但也必然受其影响。老年夫妻要调适好夫妻关系，就要使夫妻间的家庭生活日程表协同起来，增加共同活动时间。这是因为家庭生活是一个互助关系十分密切的团体活动，特别是退休后的老年夫妻关系就更加紧密，共同的家庭生活日程表可以促进夫妻间积极的互助，增强夫妻间的和谐与融洽。

5. 珍视家庭特有的价值

老年夫妻要在沟通和活动中使深层次的关怀显现出来，加以发展，使之升华；不要消极被动地应付生活，在人生不同阶段应创造出不同的价值。老年人退休以后，往往对价值评价有所改变，特别是家庭平凡的日常生活，往往使人感到好像没有什么特别的价值。忽视在日常生活中体现的夫妻之间亲密情意的价值，家庭生活就不会幸福，夫妻之间的感情联系就不易日益加深。其实对于共同生活几十年的老年人，值得怀念、留恋、珍视的有价值的事物有很多，只要做个有心人，就会从中找到无限的情趣。家庭中特有的价值很多，包括：家庭共同创造的社会业绩；把孩子养大成人；经受了人生考验的爱情等。共同生活了一生的白发苍苍的夫妇，更能享受到卿卿我我、娱乐游戏的爱情的价值。因此，我们要珍视这种特殊的家庭价值，并在日常生活中纪念它、发掘它、议论它，这不仅可以增加家庭日常生活的情趣，也会增加夫妻之爱。对互敬互爱地走过生命大半历程的夫妻来说,家庭的价值就像他们的生命一样宝贵。

四、老年人再婚问题

老年人再婚是指老年人在丧偶或离异后再择偶婚配,继续婚姻关系。在我国,绝大多数老年人都结过婚,终身未婚或有不同婚史、离婚和分居的比例很少,多数老年人都处在夫妻家庭构成之中。但因自然规律,随着年龄的增长,死亡率的不断升高,老年人尤其是女性老人的丧偶率较高,这将给老年人的生活带来一系列的影响,家庭空巢化、年龄高龄化,再加上丧偶,导致老年人更加孤独无助。如何从丧偶的悲剧中走出来,重新找到生活的支点,这是摆在部分老年人面前的现实问题。与中青年群体相比,老年群体再婚是相对敏感的现实问题,日渐为社会所重视。

(一)老年人再婚的原因

1. 心理需要

丧偶或离异以后,老年人心理上会产生强烈的失落感、孤寂感,需要找一个人在生活上相互支持、在感情上相互宽慰,以填补心理空白。

2. 生理需要

老年人一般身体状况不佳,需要一个能相互照顾的伴侣,当然也有一些人再婚是需要过正常的性生活。

3. 其他需要

老年人的其他需要包括物质需要和精神需要等。

(二)老年人再婚的阻力

1. 舆论压力

由于封建传统道德观念的禁锢,众多老年人受到"好女不嫁二夫""从一而终"等封建礼数的束缚,丧偶多年,晚年孤凄,虽渴望能有个老伴相扶走完人生旅程。但屈服于社会、家庭、邻居的非议,老年人对再婚的渴望受到压抑。

2. 子女反对

老年人再婚往往引起子女的干涉,原因可能有如下几个方面:一是感情隔膜,子女对丧偶的父母不关心,缺乏心理交流,或者不了解再婚是老年丧偶者的内心需求。二是"难堪"心理,儿女觉得父母再婚"丢面子"。三是自私心理,当丧偶的父母手中有一定财产时,子女唯恐父母再婚后会失去财产支配权和继承权。四是戒备心理,一般来说,单亲子女有着深重的心灵创伤,有的对逝去的父亲或母亲怀有深厚的感情,有的因过去不良家庭的影响而对生活态度冷淡,所以对父母再婚在心理上抵触和反抗。子女在没有了解继父母之前往往有戒备心理,因为"继父母总不如生父母"的传统观念会通过各种表现形式影响他们。

3. 功利主义的绊索

婚姻一旦与个人名誉、地位挂起钩来,就会黯然失色,甚至夭折。现实中部分老年人择偶的条件颇为苛刻,有的男性老人要求女方年龄要比自己小,最好小七八岁甚至更多,以便于对方照顾自己;而一些女方对男方的社会地位要求甚高。

(三)老年人再婚问题的处理

人到老年之后,无论是生活习惯还是身体情况,都很难适应新的改变,而再婚将打乱原有的生活。

两个习惯完全不同的人突然生活在一起，如果是年轻人，磨合一段时间可能就习惯了，但对老年人来说或许就很难了。因而，对待老年人再婚一定要慎而又慎，老年人应当掌握一些处理再婚问题的技巧。

1. 正确对待再婚

老年人再婚是合情、合理、合法的，所以老年人对自己的再婚要持正确的态度，不仅自我观念要更新，而且要勇于向世俗挑战。

2. 要端正老年婚姻的动机

婚姻应以爱情为基础，不能功利目的太强，把再婚当作寻找经济来源、寻找生活保姆、寻找性伙伴、寻找生活依靠、寻找住房的机会，在这样的动机下，婚姻的基础不牢固，一旦在生活中发生碰撞或相互之间难以融洽，婚姻马上土崩瓦解。因此，老年婚姻的动机一定要端正，双方都要抛弃功利目的，首先应以思想共鸣、感情融洽为前提，再次要慎重考虑对方的实际情况，最好能有相同的文化背景、相似的生活阅历、相同的兴趣和爱好及相互弥补的性格，这样才能缩短相互理解的时间和距离，才能使婚后的心理、生活相互调试更方便、更容易。

3. 注重婚前的充分了解

对于再婚老年人来说，婚姻同样是终身大事，关系到老年人晚年的幸福生活，因而应该采取慎重的态度，双方在婚前要充分了解，获悉如性格、脾气、兴趣爱好、身体健康情况、子女及亲戚对婚姻的态度、经济条件、住房情况、文化水平、职业及过去的经历等情况。只有全面详尽地了解对方的情况，才能做出正确的选择与决策，要做到"日久见人心"，避免"一见钟情"，否则，或与合适的人失之交臂，或结婚后又闹离婚，这些都会带来烦恼，在人生暮年留下无尽的遗憾。

4. 做好子女的思想工作

子女对老年人再婚是否支持，是关系到老年人再婚是否幸福美满的重要因素。子女对父母有着天然的感情，父（母）亲的亡故给他们带来了巨大的痛苦。他们因觉得未尽到责任愧对故去的亲人，产生一种罪责感，有一些子女期望父（母）亲对已故的配偶"守节"。再婚父母要理解他们，要用自己更多的关怀来安抚他们受伤的心灵，使子女分享到父（母）再婚后的幸福。同时要向子女解释，寻求理解和支持。

5. 处理好与家庭成员的关系

老年婚姻较之青年婚姻，关系更为复杂，它牵涉几代人的关系，既有老年人自身的相互适应协调，也有儿女之间的关系协调，还有第三代人及各自原有亲友之间的关系协调，所以老年婚姻实际是两个家庭，甚至是两个家族之间的融合，一定要十分注意协调好方方面面的关系。首先，要设身处地地替对方着想，换位思考，尊重对方的感情和习惯；其次，要有宽阔的胸襟和气量对待晚辈，对己出和非己出都要一视同仁，不可厚此薄彼；再次，对家庭其他成员应主动接触、热情招呼，要有高姿态，但不要有高架子，要慢慢融入新的亲情生活氛围中去，自然而然地成为令人尊敬的长辈。

6. 要处理好财产关系

经济要公开，应把双方的收入视为家庭共同收入。在支出上，要民主协商，取得一致意见，这样夫妻二人心中有数，可避免争吵。

老年人的再婚，意味着两个单身老年人作为夫妇一起生活直至终老。美满的婚姻会给老年人带来幸福与快乐，不理想的婚姻则会使双方倍感痛苦和不安。所以，切记不可轻率从事。

模块三　老年文化娱乐

相关知识

随着我国政府对老年群体的重视，社会保障资金投入力度逐年增大，老年人的物质生活条件得到了有效改善。当老年人的物质需求基本得到满足时，他们对于精神文化的需求就由隐性转为显性。

步入老年，人的体力和精力都会日渐衰退，告别几十年的工作岗位，或子女成家离去，或亲友老伴亡故，或社会交往的冷落等诸多因素，都会使老年人或轻或重地产生失落感。这些不良心态皆会对老年人的身心健康产生危害。因此，全社会不仅要重视和满足老年人的物质生活需求及物质生活方式的建设，更要重视老年人精神文化的需求。如果社会无法为老年人提供适当地、充足地满足其精神文化需求的服务和条件，就无法实现"老有所养、老幼所教、老有所学、老有所为、老有所乐"的目标。

一、老年人精神文化需求

（一）老年人精神文化需求的概念

老年人精神文化需求是指老年人在亲情伦理和情感生活方面的感情需求，精神文化需求是与个体本身的素质、教育程度、修养等密切相关的。文化程度直接影响人的消费能力和闲暇生活技能，进而影响闲暇生活内容。

（二）老年人精神文化需求的内容

老年人精神文化需求存在一定的个体差异，一般需求包括情感、文化娱乐、人际交往、教育、自我实现五个方面。

1. 情感需求

情感需求是老年人心中普遍强烈的精神需求，安慰和关心主要还是来自于配偶、子女。在老年人对子女的期待中，对于亲情、情感的需要程度远远大于对金钱、物质回馈的需求。老年人如果长期得不到来自家人的关心、照顾，就会感到失落而孤独，产生消极情绪，甚至影响到老年人的身心健康。子女经常的嘘寒问暖和沟通交流，以及配偶的不离不弃都能使老年人得到精神慰藉，从而使老年人心情舒畅、精神愉悦，幸福度大大提升。

2. 文化娱乐需求

老年人在退休之后有了大量闲暇时间，文化娱乐活动成了老年人精神文化需求的一个重要内容。如果没有健康多样的文化娱乐活动来充实这些空闲时间，老年人的生活将会变得单调乏味、空虚无聊。老年人可通过参加一些健康有益的活动陶冶情操，享受人生乐趣，如老年秧歌（见图2-2-1）、老年腰鼓（见图2-2-2）、太极拳等老年人喜闻乐见的活动，简单易学，适合老年人，可使老年人的晚年生活充实丰富、老有所乐。

图 2-2-1　老年秧歌

图 2-2-2　老年腰鼓

3. 人际交往需求

除了亲情和爱情，老年人也需要友情，希望有朋友的陪伴，希望能与朋友沟通，渴望有朋友圈子。大多数老年人乐于开展社会人际交往，会主动发生社会联系，进行社会互动，通过交往获取信息。通过社会人际交往，老年人得到尊重、关注和社会地位，并开展多种活动展示自身才能，继续完成自我实现和自我发展，弥补了因退休、空巢等原因而产生的寂寞、空虚、失落等负面情绪和不良心理。

4. 教育需求

当今形势发展迅猛，新知识层出不穷，提倡"终身学习"成为趋势。老年人虽已离退休，但仍然希望与时俱进，不被发展的形势淘汰。他们渴望老有所学，获得继续学习的机会，包括老年大学系统学习、自学等。有的老年人喜欢读书看报，博览群书，谈古论今，增长知识；有的老年人学习服装裁剪、缝纫、编织；有的老年人学习舞蹈、走T台，甚至参加各类表演，展示自己的老年风采，在晚年时实现了人生价值。

5. 自我实现需求

自我实现是美国著名心理学家马斯洛所说的"高峰体验"，也是老年人精神需求的最高层次。老年人希望能够"老有所为、老有所用、老有所成"，这种需求就是老年人对人生境界、自我价值的追求体现。老年人拥有了娴熟的技术，积累了丰富的阅历和经验，对社会问题的理解更加具有深度，退休后依然希望参与社会活动，为社会做些力所能及的事情，充分发挥自己的潜能和余热，实现自身价值或未完心愿。

以"传播知识、陶冶情操、活跃生活、延年益寿"为宗旨，积极开展老年精神文化活动，丰富老年精神文化娱乐项目，为广大老年人提供精神原动力和道德凝聚力，对提高老年人的生活质量，增加老年人幸福生活指数具有十分重要的意义。

二、老年文化娱乐项目

（一）学习型文化娱乐项目

教育需求是老年人精神文化需求中的重要部分，根据老年人学习目的的不同，可将老年人的学习分为消遣型和学用结合型两种，老年人可根据自身情况和学习目标选择不同的内容学习。

1. 上老年大学

老年大学的课程内容十分广泛，老年人可根据自己的兴趣、爱好与需要来选修相关课程。老年人通过上老年大学,除了增长知识,获得了心理满足之外,还可认识一批拥有相同兴趣、爱好的老年同学,大家聚在一起交流沟通,改善了老年人孤独失落的情绪。

2. 读书看报

读书看报无疑是老年人最简便易行的学习方式,也是最主要的学习方式。读书学习可使老年人享受知识积累的乐趣,保持浓厚的生活情趣,培养老年人的性情;看报可以使老年人及时了解国内外新闻,与时俱进。

3. 学习书法和绘画

书法和绘画可以使人宁心静气,有助于养心。通过书法和绘画的学习和练习,可以使老年人在艺术的境界中寄托情感、陶冶情操、养神健脑,在艺术的创作过程中产生愉快、舒适的心理。此外,书画创作时要求姿势端正、悬胸提肘、运力全身,其本身就是一种良好的运动方式。可见,书法与绘画是老年人进行脑力活动与体力活动的最佳组合。

4. 学习养生、保健知识

阅读保健养生书籍、收听健康知识讲座,关注自身的健康保健,学习养生之道,学习医学和急救常识,对老年人而言,可使老年人拥有更为健康的生活方式,利于老年人预防疾病和调理身心,有利于老年人的健康长寿。

5. 学习上网

随着电子技术的发展,老年人可学习运用计算机查阅资料、阅读新闻和聊天交友。部分老年人通过网上聊天工具与子女沟通交流,通过网上博客抒发情感,但是应当杜绝老年人上网成瘾,影响健康和正常的生活。

"活到老,学到老",坚持学习可使老年人开阔心胸,有利于提高生活乐趣,并以学习所得的知识参与社会活动,置身集体之中。坚持学习,可进行脑力锻炼,增进老年人心理功能,有利于消除紧张心理,特别是可以提高记忆力。坚持学习可以预防和延缓衰老,保持心智处于积极状态,有利于提高老年人精神生活的质量。但是老年人在学习生活中应注意避免两个误区:一是妄自菲薄,不愿学习,认为自己年老体衰,大脑退化,什么都学不来;二是学习目的不正确,过于追求功利。老年人的学习生活应以怡情养性、益寿延年为主要目的,不必追求什么名利和达到什么标准,如果废寝忘食,不顾自身健康状况,不达目的誓不罢休,就与老年学习生活的正确目标相悖,使自己的身心健康受到损害。

(二)趣味型文化娱乐项目

1. 种植花草

种植花草,既可以美化环境、净化空气,又可以陶冶情操、美化心灵,对老年人的身心健康具有良好的调节作用。鲜花美丽芬芳,色彩缤纷,充满生机,能增添生活乐趣,引人积极向上,提升文化艺术修养,平和性情。种植花草,需要付出一定的劳动,对于平常运动较少的老年人来说,这恰好是一种非常适宜的、经常性的运动锻炼,从而增强体质,增加防病抗病能力,在与花草接触的过程中,由于清新的空气富含负氧离子,大脑和肌肉都会获得更充足的氧气,对人体的新陈代谢非常有益。另外,许多花草树木本身也有保健治病的作用,如气虚体寒、患有高血压或小便不利的老年人,可种植金银花、小菊花,有长期失眠症状的老年人可以种植薰衣草等。

2. 饲养宠物

饲养宠物可以给人带来好心情和快乐,提供陪伴和支持。老年人饲养宠物,可以与宠物为伴,一起散步,一起坐在沙发上看电视,甚至对着宠物倾诉自己的心事,对于老年人来说,这种相互间的交流可弥补由于家人和朋友来访次数的减少而造成的孤独感,饲养宠物为老年人的日常生活平添一个关注的焦点。

老年人在宠物的选择上,应该根据其个人的经济情况和身体条件,尽量选择体型小巧、性格温顺、生活料理方便的宠物。在宠物的饲养中,以养鸟为推荐。养鸟对老年人的身心健康十分有益,既可锻炼身体,又可健脑养心,给老年生活带来无穷乐趣。养鸟需要学习相关知识,阅读、查询图书资料,有助于老年人积极用脑;养鸟还要每天遛鸟,有助于老年人多接触自然,同时收到锻炼身体、吐旧纳新之效。鸟儿斑斓的色彩,婉转的鸣叫,优美的姿态,可人的性情,都会使老年人心情舒畅,乐趣无穷,远离烦恼,进入鸟语花香的优雅境界,享受一份自然乐趣。研究证明,种花养鸟的确有助于身心健康,延年益寿。但是,进入暮年的老年人,往往容易把全部精力和情感放在宠物身上,减少人际间的正常交往,陷入"宠物依赖情绪"。因此,老年人不宜过分溺爱宠物,应该正确处理人与动物之间的关系。

3. 下棋对弈

下棋对老年人而言是一种极好的益智休闲娱乐运动,于精力锻炼与娱乐当中,是一种很好的记忆训练。下棋可以锻炼思维,保持老年人的智力,提高思维能力和判断力,延缓脑细胞的衰老;棋盘之上,需凝神静思、全神贯注、心平气和,棋局瞬息万变,要经过反复谋略方能投子;以棋会友,切磋技艺,还可增进友谊,通过对弈之乐,可消除抵触之感,保持乐观心态,有助于延年益寿。但老年人下棋应注意勿时间过长,忌情绪波动,应当劳逸结合。

4. 垂钓休闲

钓鱼也是一项非常适合老年人的活动,特别是其活动量小的优点,尤其适合肢体活动功能受限、不能大运动量活动的老年人。外出垂钓,远离市区,远离喧嚣和污染,青山绿水,环境宜人,给人以心旷神怡的感受。郊外富含负离子的空气,对于调节中枢神经系统、加快新陈代谢和提高免疫力都有非常好的效果,对老年人有很好的保健作用。垂钓可以养神,在垂钓的过程中,全身心得到放松,对治疗失眠、神经衰弱、心情紧张、焦虑或抑郁等疾病都有良好的作用。垂钓时,又需要眼、脑、手相配合,动、静、意相协调,因此,经常垂钓能增强体力,提高大脑、手、眼及肢体动作的灵活性、灵敏性和协调性。钓鱼还能磨炼意志,陶冶性情,使人安定,心情平静,有助于克服焦虑、浮躁等不利心理,增加乐趣,活跃情绪,减缓或避免因某些不良情绪导致的身心疾病的发生及加重。

5. 收藏集邮

著名生物学家巴普洛夫说:"一个脑力劳动者应该培养一种爱好收集的习惯,用以转移注意力,从而使神经系统得到休息。"收藏或集邮是丰富多彩的老年文化生活当中重要的组成部分。老年人可利用自己充裕的闲暇时间进行收藏,不仅可以排解孤独与空虚之感,而且能大大丰富自己的文化生活,扩展知识面,提升审美能力,并因收得新藏品而获得成就感,心理和精神生活都得到极大的满足和享受。在收藏的过程中,老年人应按照自己的兴趣爱好、自身条件和环境,有计划、有系统地进行收藏、研究、整理和欣赏。其目的应是丰富精神生活,提高文化修养,促进身心健康。如果为盈利而收藏,或不顺自身条件而东奔西忙,或千方百计必须收得某藏品而后快,以满足强烈的占有欲,则与老年人收藏的正确目的相悖,反而会严重影响老年人的身心健康。

在众多的收藏活动中,集邮是更适宜老年人的一项收藏活动。通过集邮,老年人可以学习古今中外、社会自然诸多知识,获取丰富的精神食粮,更好地认识世界和了解社会。同时,邮票画面设计精巧，色彩美观，千姿百态，具有很高的艺术价值与品位。欣赏邮票，可使老年人获得审美享受，提高艺术修养，消除不良心境和精神压力。通过整理、鉴赏多年收集的邮票，还可活跃思维，增强记忆力，促使老年人更加热爱生活，从而达到延年益寿之目的。

6. 戏曲音乐

戏曲、音乐对于陶冶性情，促进身心健康都有不可言喻的作用。健康优美的音乐能使人精神焕发，心情舒畅。老年人欣赏适宜的音乐（或戏曲），可以丰富情感生活，享受美的乐趣，促进身心健康。美妙的音乐使人体产生和谐的共振，通过中枢神经系统，促进血液循环，增强心脏、肝脏、肾脏的功能，以及胃肠蠕动或消化腺体的分泌，有利于新陈代谢。此外，音乐的节奏、旋律、和声、配器可使欣赏者产生丰富的联想，调节老年人的情绪，使之精神焕发，保持良好心境，忘却生活中的孤寂与烦恼。听音乐、戏曲来陶冶性情和治病健身已经日益为医学界所重视和应用。

7. 旅游出行

游历名山大川，尽享旅游之乐，已经成为当今老年人休闲活动的一个重要选择。外出旅游已经成为老年人的一种时尚追求，特别是发达地区更为明显。很多老年人年轻的时候忙于工作和家庭事务，无暇外出，直至退休终于有了闲暇时间，为了弥补年轻时的遗憾，将出游作为生活当中十分重要的休闲方式。老年旅游可以使老年人开阔心胸、增长知识、锻炼身体，给单调的退休生活增添一抹色彩，可以让老年人在优美的自然环境中得到愉悦，更可以增强老年人的体质，但是在出行线路的选择上应当根据自身的实际情况而定。

（三）保健型文化娱乐项目

1. 跳舞健身

舞蹈是融音乐、运动和娱乐为一体的一项文体活动，老年人经常跳舞既可活跃老年生活，促进人际交往，又可锻炼身体、陶冶性情，有益于身心健康。老年人通过交际舞、老年迪斯科、健身舞，在欢快、悠扬的音乐旋律中翩翩起舞，会使人觉得精神愉快、心旷神怡。在欢乐的气氛中，还可以消除大脑的疲劳和心理的紧张，使全身感到轻松和协调，增强机体新陈代谢，使心跳和呼吸加快，心中输出更多的血液到全身，达到强身健体、延年益寿的目的。

图 2-2-3 老年拐棍舞

当然，老年人的舞蹈不宜是动作强烈的摇滚或青少年喜爱的迪斯科等，而应选择节奏缓慢、曲调优雅、竞争性小、群体性强的适合老年人的舞蹈（见图 2-2-3）。

2. 太极健身

太极拳是中华民族的传统体育项目之一，它汇集了我国古代保健体操之精华，具有健身祛病的功效，是我国宝贵的民族文化遗产，对防治慢性疾病有很好的效果，是非常适合于老年人的一种锻炼项目。练太极拳能改善神经系统的功能，因为它要求人们做动作时精神高度集中，能增强神经对各感官系统的刺激作用。经常练太极拳对心血管系统也有良好的作用，是改善血液循环、消除肝脏瘀血及改善肝脏功能的有效方法。此外，它还有提高呼吸系统的功能，改善消化系统，增强肌肉、骨骼、关节、韧带的活动能力。所以说，练太极拳是特别适宜高龄老人的一项健身运动。老年人可根据个人的体力来调节练拳的时间、次数、动作的快慢等，最好早晚各练一次，每次 10～15 分钟。

3. 散步健身

"饭后百步走,活到九十九。"散步对于老年人来说是最简便易行的健身运动。散步可以祛病强身、延年益寿,对老年人的身心健康是十分有益的。通过散步,可以锻炼下肢肌肉和关节,促进身体的新陈代谢和血液循环,活筋骨,助消化,减脂肪,强心肌,预防心脑血管疾病。到户外散步锻炼,漫步在田野、公园、林间、水畔,沐浴阳光,呼吸新鲜空气,可使人身心放松、神清气爽、怡情养性,有利于老年人的心理健康。目前社会上还流行一种倒退步行,即倒退走,调整了平时很少用的肌肉,使血液循环得到改善,可有效减轻臀背酸痛。

4. 球类运动健身

适合于老年人锻炼的球类运动包括健身球、乒乓球、羽毛球、门球(见图2-2-4)、高尔夫球等,老年人可根据自己的兴趣和爱好加以选择。

5. 保健操健身

老年人长期坚持做保健操,如足部保健操、背部保健操等,可以消除疲劳、解除困顿,宜通经脉,运动内脏,调节六腑,保养精神(见图2-2-5)。

图 2-2-4 门球

适合老年人文化娱乐的项目还有许多,但应当注意,无论选择哪一项活动,都必须以培养性情、充实生活、有益身心为主要目的。如果带有强烈的功利意识,反而有损老年人的身心健康,即便是态度端正、目的正确,在从事自己的兴趣爱好活动时也应讲究"张弛有度",不可"夜以继日""乐此不疲",使身心过于劳累,从而容易导致意外的发生。

图 2-2-5 老年肩颈保健操

当然,不论是哪种类型的文化娱乐项目,对于老年人来说也是扩大人际交往的一种形式。老年人一般都有孤独感,应经常参加一些文化娱乐活动,与活动中的其他人相互沟通,或结为同伴,发展为朋友,就有了更多更深的了解和情感交流,有益于老年人身心健康。

模块四 老年活动策划与组织

▶ 相关知识

老年活动是针对老年人的心理、生理特点,在老年工作者的协助下,在团体、社区、组织内开展的各类活动。

老年活动可分为体育、文娱、艺术、旅游、会议、展销、节庆、公益活动、宗教、社交等。例如,养老机构经常开展的长寿老人生日会、老照片回忆展览、老年棋牌活动、老年人健康教育等活动。再如,结合重大节日开展的中秋赏月活动、重阳登高活动、春节包饺子比赛等;在社区举办老人集体金婚仪式、老年人夕阳红之旅、老年歌舞比赛、老年模特比赛、老年趣味运动会、老年门球赛及大型联欢歌舞会等大型主题老年活动。

策划和组织好老年活动,使老年人享有乐趣、身心得以松弛、情绪得以舒张。通过参与各种活动,老年人得到了更多与他人交流及与外界接触的机会，感受到为他人所接纳，有助于驱除老年人的寂寞、无用和抑郁的感觉，提升他们自身的形象及自我的价值观。

一、老年活动策划

（一）老年活动策划的重要性

1. 老年活动的开展促进身心健康

人到老年，生理特点表现为脏腑、气血、精神的自然衰退，生理功能和形态方面出现退行性变化，机体调控阴阳的稳定性降低。例如，动脉弹性下降、血压升高、消化道的蠕动和分泌功能减弱、尿道括约肌萎缩及免疫能力减弱等，容易导致冠心病、高血压、糖尿病、关节炎等疾病。适当的体力活动可以提高机体新陈代谢的能力，使机体器官功能和肌力增强。适度的体力活动可加大肺活量，促使心肌加强收缩，增加血液供应，促进血液循环；能改善神经系统功能，消除体力劳动所造成的轻度疲劳；能解除神经紧张，促进睡眠。适度的体力劳动，能增强胃肠道分泌和蠕动，提高消化能力，促进食欲。据调查统计，坚持适当体力活动的人比久坐不动的人心脏肌肉发达，心脑血管功能健全，高血压、心脑血管、肥胖等发病率也较低。实验证明，适当的体力活动是预防疾病、延年益寿的重要条件。同时，在参与脑力活动的过程中，老年人不断阅读，反复进行思考、想象、记忆等思维活动，使大脑得到锻炼，加强思维能力，延缓脑细胞的衰老。

2. 老年活动的开展有利于提高老年人调适情绪的能力

随着年龄的增大，老年人情绪波动增大，变得敏感小气，自我封闭意识增强，容易出现失落感、抑郁感、遗弃感、孤独、多疑、烦躁易怒、固执、刻板、保守，甚至产生性格变异。这些不良的情绪，容易诱发老年人的多种疾病，造成对老年人身心的负面影响。参与老年活动，可以使老年人排除焦虑、宣泄不满情绪，促使其勇敢、乐观地面对现实，并释放内在隐蔽感受，提升对社会的适应能力。

3. 老年活动的开展有利于改善老年人人际关系

老年人在退出主流社会后仍然需要社会交往，需要新的良好的信息和情感交流渠道，需要形成一定的社交网络。构建包括伴侣、家庭成员、邻居、同质人群和其他渠道认识的朋友等在内的社会支持网络，可以对老年人及其家庭提供经济上的支持、生活上的照顾、精神上的交流，从而为老年人解决问题、避免冲突开辟了新的路径。通过活动的参与，能增加老年人之间的互动，促进沟通与了解，培养合作精神，学会接纳别人及事物，促进语言及非语言沟通能力，促进老年人人际关系的和谐发展，帮助构建除家属以外的新的社交网络。

4. 老年活动的开展能使老年人在参与的过程中得到自我实现的满足

老年人参加团体活动，可从中感到自己有用、有归属感，在活动中发挥自己的所长，受到尊重，消除老年人的自卑心理，在活动中体现老年人的优势和价值。

生命在于运动，老年人更应保持身体运动，即参加各种老年活动以延缓衰老，促进身心健康，更好地适应社会，从中找到归属感与责任感。老年人害怕孤独、生病，而参加老年活动是此类问题得以解决的最好途径。因此，老年活动的组织和开展，能有效消除老年人的孤独感，增加老年人的成就感，可以让老年人的晚年生活丰富多彩。

（二）老年活动策划的原则

1. 动静相宜

老年活动应以动中取静、修身养性为主，尽量避免剧烈的运动和激烈的竞技。例如，在进行文体型活动策划时,要根据老年人的平衡力、肌力、敏捷性、协调性、柔软度、心肺能力、爆发力、速度等特点,有针对性和适应性地开展活动,动静结合,既适合老年人,不会给老年人带来身体上的压力,又能使老年人得到锻炼,从而改善老年人的身体状况。

2. 娱乐为主

老年活动应当以娱乐、消遣为目的,不要设计竞技性很强的游戏,以免由于成败输赢而对老年人产生心理压力和精神刺激(见图2-2-6和图2-2-7)。

图2-2-6 画画

图2-2-7 老年飞镖

3. 注重传统

老年活动应偏重传统的内容和形式,以挖掘他们积累多年的宝贵经验、技能、专长等民族文化财富,不要标新立异。

4. 精简易玩

老年活动应当简单、容易快速上手,避免程序、命令太多,以及规矩过于复杂,使老年人难于掌握。反之,则会令其产生"我记忆力不行"的感叹而伤其自信心(见图2-2-8和图2-2-9)。

图2-2-8 吹乒乓

图2-2-9 绑腿跑步

5. 安全至上

对老年人而言,在活动策划上,应当估计老年人的身体状况,避免选择危险、刺激的活动。活动过程中的场地、着装、交通等安全问题,也应当充分考虑。

6. 量力而行

当我们掌握了老年人的基本生理及心理状况时,在设计活动时应衡量老年人的能力是否应付得来。把握现有的人力、物力、财力资源,视老年人的多寡而决定举行活动的规模与参与人数等。

（三）老年活动策划的准备工作

1. 调查了解活动对象的实际情况，有针对性地设计活动

在设计活动前，策划者需对老年人的背景、性别、年龄、人数及兴趣有一定的了解，从而设计合适的活动，让不同情况的老年人都能参与。

（1）活动策划应当考虑老年人的年龄　不同年龄的老年人，其在体能及心智衰退程度上不同，因此在指导老年人开展活动时要注意老年人体能上的差异。我们将老年人分为高龄、中高龄和低龄三个不同的阶段，根据每个阶段老年人的特点，有针对性地开展适宜的活动项目。

高龄老人康乐活动：一般针对75周岁以上、年老体迈的老年人，以活动量较少的游戏、交谈、静养、文化创作等形式为佳，也包括带领有障碍的老人进行功能补偿的康复运动。

中高龄老人康乐活动：一般针对65～75周岁、活动能力尚可、无肢体功能障碍的老年人，这类活动的活动量稍大，范围也更广，大多为户外或室内的安全系数高的综合性活动。

低龄老人康乐活动：主要针对65周岁以下且体力、精力仍然很充沛的老年人，除强体力活动之外的一般活动都可以开展。

（2）活动策划应当考虑老年人的性格特点及兴趣爱好　老年人之中既有男性也有女性，他们来自不同的民族、省份，他们在乡村或城市中度过青年期或中年期。他们的文化背景、教育背景和经历了不同年代的社会重大事件，导致他们的经验会有不同，对食物的兴趣也会有很大的差异。对某些老年人有意义的娱乐活动，可能并不能引起另一些老年人的兴趣，甚至可能有不愉快的感觉。因此在设计活动之前，一定要做好活动参与群体的活动兴趣调查，让活动参与对象能最大限度地参与进来。

（3）活动策划应当考虑老年人的身体状况　老年活动的设计必须以老年参与者的身体状况为基础，在开展一些体育活动前，应当对参与的老年人进行身体检查。同时，在活动过程中配备专业的医护团队全程跟随。针对身体或智力有障碍的老年人、病人，应当组织一些只需要用身体上肢便能进行的娱乐活动，尽量通过活动维持其现存的生理机能，并争取恢复一些已丧失的功能。可以借助器具开展活动，特别适用于有肢体残疾、功能障碍的老年人。

（4）不适宜参加活动的老年人　有些老年人的认知水平欠佳，如患晚期阿尔茨海默病或有其他器质性疾病的老年人，因为思维混乱或不能正常与人交流，有严重行为问题，如果参加活动，活动组织者可能无法掌控这些老年人在活动过程中的行为举止，或者如果老年人离开活动现场到其他地方时，无法保证老年人的安全；如果老年人有严重的抑郁症，极度退缩，或者正处于精神疾病发作期，思维或行为活跃，也不适宜参加活动。而且，他们的行为举止对他人会形成干扰或威胁。如果老年人正处于紧急的危机状况中，如被诊断出患致命的疾病，或者经历了创伤性事件，在这些情况下都不适宜参加集体活动。老年人需要等此类事件带来的混乱情绪平复之后，才能摆脱眼前的痛苦，参与集体活动。

2. 策划活动流程

1）商讨并确定主题。

2）拟写策划书，商讨并修改（确定活动时间、地点、活动项目等）。

3）活动经费预算。

4）落实活动经费或确定活动赞助。

5）确定活动的主要参与人员。

6）布置场地。

7）宣传推广。

8）活动进行。

二、老年活动组织

（一）活动前的准备

活动前应做好各种准备工作，并向老年人清楚简明地进行介绍，增强老年人参与的信心。

1. 场地准备

活动举办地址的选择至关重要。为老年人举办活动，尤其是大型活动，如果经费许可，可以选择饭店、会议室、老年活动中心，也可租用学校操场、幼儿园、学校等。开展怀旧主题活动，租用私人会所，组织老年人体验现代生活；租用时髦的老年服饰用品店，举行一场老年人自己制作时装、秀时装的活动；租用艺术剧院、历史遗址、当代风景名胜区，让老年人感受自然之美和历史气息。当然，在经费不允许、条件有限等情况下，可选择相对开阔的、无障碍的室内或室外空间，但场所不宜过于宽广，老年人不像青少年那样有很强的活跃性，要避免产生空荡荡的感觉。当然，场所也不能太小，因为老年人可能坐着轮椅或使用步行器、拐杖等，在足够大的空间内才能活动自如。

老年人活动的地方一定要能方便自如，并备有残疾人卫生间和休息区域。开展室内活动时，一定要事先检查每个地方，如轮椅是否牢靠，光线是否明亮，设备、电线和电缆等是否阻碍通行等。尽量消除安全隐患，确保消防出口、残疾人专用通道出入口安全通畅（见图2-2-10）。如果老年人视力和听力方面有损伤，那么宣传材料要尽可能色彩鲜艳、饱和度高、文字突出，条件许可的话，可为有需要的老年人配备视听辅助器材，安排讲解人员。

图2-2-10 残障通道

2. 时间准备

尽量避开酷暑和严寒的天气，同时要考虑老年人的生活安排和日常作息时间，尽量不打乱老年人的常规生活。一般活动时间不宜过长，应控制在1小时以内。如果超过1小时，应安排中间休息，避免让参加活动的老年人感觉劳累。

（二）活动过程控制

在活动的过程中，组织者要经常以鼓励的言语与行动来关心、支持每一位参与者，让他们时刻有一种被尊重和被重视的感觉，从而以更高的热情投入到活动中去。时刻注意调节气氛，让活动保持一种欢乐、愉快的气氛。对于一个老年人参与的活动，全面投入或为队友打气而带来的欢乐对老年人们来说是非常重要的。对于内向的老年人，我们应主动、热心地与他们一起参与活动，让他们渐渐察觉享乐与游戏在生活中的重要性和必要性。

在一些活动中，可通过一些道具来刺激老年人，尤其是缅怀往事等活动。可在活动中展出一些与过去生活有关的物件，如一件衣服、一段音乐、一张旧报纸、一些与特定历史阶段联系在一起的收藏品、公共事件的照片等，任何能刺激感官的物品都可能比语言更激发老人的回忆。也可以是家庭成员的传记、整理照片送给家庭成员、建族谱或汇编家庭烹饪手册。也可以运用布衣拼贴、雕塑、绘画和其他的艺术形式来装扮老年人的房间，还可以让老年人品尝花茶，为他们养气解郁、舒畅心胸；选用节奏鲜明、优美动听的背景音乐，可使人产生愉悦感，起到调节情绪的作用。

（三）活动结束及评估

精心设计离别活动，组织者可以拍一些活动现场的照片或与活动嘉宾的合影，把照片冲洗出来，放在镜框里，在活动结束时及时送给参与活动的老年人。如果时间不够，可以在活动结束一周内制成活动纪念手册，邮寄或亲自登门拜访送给参与活动的老年人，这样会给老年人留下最温馨充实的活动回忆。

做好活动评估，具体内容包括：

1）活动的内容是否是依据老年人的兴趣及需要确定的。
2）活动的安排有否考虑了以下因素：老年人的年龄、性别、文化、背景及经济差异。
3）活动的意义是否具有一定的弹性范围以满足不同参与者的兴趣与需要，是否容许最大量的参与机会。

带领老年人活动，要时刻注意"老年人"这个角色的特点，使老年人情绪轻松、愉快，使活动有娱乐价值。活动遵守个别化、平等自愿、循序渐进等原则，让每次活动有成效，从每一次活动中吸取经验教训，为下一次活动做必要的指导。

模块五　老年旅游

相关知识

伴随着我国的老龄化，旅游业迎来一股"老年浪潮"，越来越多的老年人选择"走出家门，出去看看"。为了提升老年旅游服务质量，2015年8月11日，我国国务院办公厅发布了《关于进一步促进旅游投资和消费的若干意见》（以下简称《意见》）。《意见》指出，要积极发展老年旅游；加快制定实施全国老年旅游发展纲要，规范老年旅游服务，鼓励开发多层次、多样化老年旅游产品；各地要加大对乡村养老旅游项目的支持，大力推动乡村养老旅游发展，鼓励民间资本依法使用农民集体所有的土地举办非营利性乡村养老机构；做好基本医疗保险异地就医医疗费用结算工作；鼓励进一步开发完善适合老年旅游需求的商业保险产品。

一、老年旅游项目的重要性

（一）开展老年旅游，促进老年人的身心健康

老年旅游的开发，可以促进老年人的身心健康。老年人置身于名山胜水，能呼吸到空气中大量的负氧离子，调节其神经系统和增加血蛋白，加速其肌肉内代谢产物的输送，消除疲劳。同时，还能增加呼吸系统的功能，改善机体对氧气的吸入量和二氧化碳的排出量，促进机体的新陈代谢。此外，旅游、行走既是一种活动方式和交通方式，也是一种使人健康长寿的手段，因为行走可使足底穴位得到按摩，也增强了骨骼与肌肉的力量，改善关节的灵活性和柔软性，提高身体的抗病能力和对外界环境的适应能力。老年人游览时，精神振奋，烦恼、郁闷会烟消云散；休息时，肌肉由紧张

转为松弛，睡眠好，吃饭香，对身体健康有很好的促进作用。对于身体肥胖者，旅游还可以减轻体重。老年人在游览过程中，还能受到阳光的沐浴，从而增强体质，健康长寿。

（二）开展老年旅游，提高老年生活质量

通过大力开发银发旅游，尤其老年人的保健游、养生游，组织老年人到气候宜人的地方休憩疗养，会让他们真切感受到人生的美好。有的老年人感慨置身于名山大川和鸟语花香的大自然中，常常忘记自己的年龄。旅游可以使老年人开阔心胸、增长知识、锻炼身体，给单调的退休生活增添一抹色彩，可以让老年人在优美的自然环境中得到愉悦，更可以增强老年人的体质。在愉悦身心的同时提高健康水平，有效地提高老年人的生活质量。

老年旅游的开发可以弥补老年人晚年生活的失落感，充实精神生活。老年人因为角色转换，活动范围相对缩小，一般只局限于家庭。同时，随着生活水平的提高及空巢家庭的增多，越来越多的子女与老年人分居，这些就更增加了老年人晚年生活的孤寂感和失落感，而现在我国为老年人提供的娱乐场所依旧是公园、社区、老干部活动中心之类的相对比较滞后的产品和服务，不能全面体贴地满足老年人更多融入社会的需求，银发旅游市场的开发能吸引老年人外出旅游，大大提高了老年人与外界接触和交流的机会，能更多地参与到群体活动中，与其他社会成员一起分享社会发展成果，弥补心理上的失落，变"安度"晚年为"欢度"晚年，改善老年人的精神面貌，减轻老年人的心理压力，缓解衰老。

（三）开展老年旅游，发展异地养老，促进养老产业改革创新

通过老年旅游项目的开展，在老年旅游消费者与全国旅游景区景点、宾馆饭店、老年院舍之间架起了一座直接联系和沟通的桥梁，使更多的老年人更快捷、更直接地了解适合自己的旅游产品和目的地，为他们的旅游出行带来实惠、便利、愉快和欢乐，也为众多老年人的旅游式养老开辟了通道。

组织开展老年旅游，可以进一步催生或发展老年人的异地养老。广大老年人通过旅游过程中的观察、认知和比较，选择自己希望去和能够去，并认为最适合自己安度晚年的异地，或者在那里的住养机构做短暂停留，愉快地享受养老服务，度过一段晚年生活中的美好时光。实施带有浓厚旅游色彩和特点的旅游式养老，或是有计划地选择一些中意城市的养老机构做规律性的短期停留；实施动态式养老，或是结合自己身体状况及患病、医疗和保健等方面的需求情况，到旅游时看中的异地老年医疗、康复机构接受医疗卫生服务；实施医疗康复式养老；实施候鸟式养老，即根据气候变化和身体条件选择在南北方的中意城乡轮候修养身心，或是听从儿女与亲朋的建议，安营扎寨移居地等。由此可见，旅游在其中的媒介作用和催化作用是不可低估的。

异地养老打破了传统养老的时空界限，为全社会老年人安度晚年提供更广泛的时空选择，也为更好地解决亿万老年人的养老问题开辟了新的途径，减轻了巨大压力。异地养老可以使养老资源的配置更加适合市场经济发展的客观要求，有利于缩小和消除地区间养老事业发展的不平衡性；异地养老有利于使现有的养老资源充分利用起来，最大限度地发挥出其应有的作用，可以更好地避免有限养老资源的闲置和浪费；异地养老可以通过养老对象的流动迁移和对照比较，通过各地养老机构的观摩、交流、学习、竞争和优化，大幅度提升全国老年服务机构和设施的软件、硬件质量，提升老年服务人员的素质和服务技能；异地养老可以开辟和培育出新一批新兴的养老产业发展基地，造就并形成规模宏大的养老产业链，催生专业化、规范化、标准化的新兴为老服务业，为整个国民经

济发展注入新的生机和活力,为下岗再就业工程的实施做出更大贡献。

二、老年旅游服务与管理

(一)老年旅游服务人员的要求

由于老年旅游者与其他旅游者的差异,老年旅游的服务人员除了应当具备旅游业服务者的基本素质要求、知识要求、能力要求,以及其服务时仪容仪表的总体要求外,还应具备更多专业素养,包括:

1)尊敬老年人,对老人满怀爱心。
2)对老年人因年龄因素出现的某些思维欠敏、动作减缓有着深切的理解。
3)从内心深处愿意关怀和帮助老年人。
4)办事周到,思维细密,既善于工作整体的安排,又善于具体事务的操作。
5)有耐心,不怕麻烦。
6)积极学习并熟悉老年旅游的诸多环节的服务,能够掌握本岗位的老年旅游服务技能。
7)接受老年旅游服务技能的专业培训。

(二)老年旅游服务的具体要求

1. 为老年人打造有针对性的旅游景点,抓好旅游关键环节

(1)打造旅游线路和景点　根据老年人的特点,打造符合老年人特点的旅游线路和景点。要根据老年人的承受能力和爱好设计好旅游线路,规划行程及时间,让老年人既玩得高兴又不致劳累过度。

(2)做好咨询和解释工作　要耐心细致地做好老年人的咨询和解释工作,给他们当好参谋,为他们推荐适合的旅游景点,并将旅游景点的游玩安排表发到每个人手中,提前告知出发时间及集合位置,让他们及其家人提前知道行程安排,做到心中有数。

2. 维护老年人的合法权益,完善各项旅游协议

做好协议签约工作及意外伤害保险等工作。此外,还要做好协议以外的相关问题的协调。例如,有老年优待证的人员怎样处理,随团就餐及景点门票和自费旅游线路如何安排,许多景点没有去成怎么办等问题,应当与旅行社签一个协议外的补充协议,以此来保证旅行社的服务质量,避免旅途中出现协议以外的纠纷而导致不愉快。确保老年人的利益不受损失,出现问题也能有章可循。

3. 随团带队工作人员要做好老年人的各项服务工作

根据报名人数的比例安排随团工作人员带队,随团工作人员要自始至终和旅行社的工作人员一起为老年人做好服务工作。

(1)做好出发前的查体工作,组织好安全知识教育　首先,要让参加旅游的老年人填写游客健康状况调查表,了解其既往病史(包括疾病情况、药物过敏情况等),以确信老年游客自身身体条件是否适合参加本次旅游;若旅游行程线路中有特殊气候(如高温天气)或特殊地域(如高原地区),则需要对游客进行说明,并要求乘客做游前身体检查,做到心中有数,确保老年人旅行中的身体健康。其次,要制作老年旅游者的个人信息卡,将游客的姓名、年龄、紧急联系人姓名和联系方式、病史、过敏药物等情况登记在个人信息卡上,要求游客旅游期间随身携带。最后,应当组织行前说明会,

对老年游客进行安全知识和出现意外的自救和互救的基本常识教育，并注意提醒有慢性病的老年游客随身携带必备药品。

（2）做好旅行前的信息提示工作　出发前应当及时了解旅游途径区域、旅游目的地的天气变化，以及洪涝汛情、地质灾害、交通路况、治安形势、流行疫情等信息，并将这些信息和游览安全提示及时告知老年旅游者。

（3）安排好旅游的交通工具，保证出行安全　无论选择公路、铁路、水路、航空哪种旅游交通方式，承运人及老年旅游的经营和组织单位都要按照有关法律法规的规定，选择状况良好的交通工具，保障老年游客的人身、财产安全。候机、候船、候车等必须有统一明确的位置，领队、导游或其他服务人员必须先期到达等候。出发前应当清点人数，安排老年人有序登机、登船、上车，并在必要时给以恰当的搀扶。无论选择哪种交通方式，均应保证老年游客每人都有合适的座位，做好产生晕机、晕车、晕船时的相应预案。在乘坐旅游大巴、飞机时，要提醒或协助老年游客系好安全带；摆渡或乘船游览时，要提醒或协助老年游客穿好救生衣，注意老年游客（尤其是高龄老人）的座位安排（见图2-2-11）；驾驶人行车时不要开得过快，路况不好或急转弯时应小心慢行（必要时老年旅游的陪同人员应该对驾驶人给予及时的提醒）。车、船的驾驶人应尽量将车、船开到方便游客上下的地方停靠；老年游客上、下车、船时，服务人员和陪同人员应提醒游客带好随身物品，注意安全，并在老年游客上、下车、船的地方进行引导、搀扶，必要时帮助提放行李（见图2-2-12）。

图 2-2-11　老年游客座位安排

图 2-2-12　引导、搀扶老年游客

（4）安排好食宿　要安排好老年人的吃饭和住宿问题，保证住得卫生、吃得安全，要及早了解老年游客的饮食禁忌，并对餐饮供应单位事先说明。尽量选择集体用餐，做既富有当地特色，又要适合老年人胃口的饭菜。旅途中饮食以清淡为主，多吃蔬菜，尽量避免喝饮料和酒，同时注意饭菜要多样化，保证提供热菜热饭和容易咀嚼的较软的易消化食物。

老年人的睡眠质量差，住宿条件不求奢华，但必须保证安静和安全。住宿区内必须具有无障碍通道；房内用具、卧具的配置应符合老年人的需求；住处如无电梯，最好不要超过三层；活动区域的地面应采取铺设防滑地砖、地板等防滑措施，卫生间内尤应注意防滑安全，淋浴器、澡盆等卫浴设备旁均应安装相应的扶手并配备紧急求助按钮。

应当提醒老年游客妥善保管好自己的财务，为了防止游客走错、走失，应每晚查房和晨起点名，并做好当天的工作安排。

（5）安排好旅游行程和时间　依据老年人的特点，与导游协商安排旅游行程和时间。注意节奏不能过快，活动内容不宜太多，尽量不要打破老年人的生活规律，适当休息并按时进餐。每到1～2

个景点，下车后一定要交代游玩时间、集合时间及地点。出行的时间应尽量避开节假日出行高峰期及炎热的季节和寒冷的季节。

（6）做好保健工作　做好老年人的保健工作，随团的医护人员要对身体欠佳和有病的老年人多些照顾和叮嘱，保障老年游客在旅途中的安全，解除老年人及其家属的后顾之忧。

三、老年旅游产业的发展

近年来，我国人口老龄化的趋势，加大了全社会对老年旅游的重视，随着老年人生活水平的提高、社会医疗保障体系的逐步完善，老年人口的健康状况有了很大的改善，这为老年人出游活动提供服务的旅游企业提供了充足的客源，也为老年旅游产业的发展创造了有利条件。

（一）老年旅游市场存在的问题

1. 老年旅游产品开发不足

目前，我国的老年旅游市场中的旅游企业在提供旅游服务等方面远不能满足市场的需求，项目开发不足，而且缺乏科学安排，适合老年人的旅游产品不多，很多旅游景点和娱乐设施都是为中青年或儿童规划设计的，根本不适合老年群体。总的来说，随着经济的发展，社会的进步，目前的许多旅游产品无法满足老年人日益增长的旅游需求。

2. 老年旅游市场服务人员专业性不强

就当前而言，老年旅游市场服务水平相对低端。我国缺少针对老年游专业化的导游，为老年旅游团提供的导游多为青年人，有着年龄代沟，在知识水平、对事物的认知和态度上都存在着很大的差异，交流起来有较多的不便，这是造成服务质量不高的一个原因。

3. 老年旅游市场安全保障力度不够

老年人是个特殊的群体，因为年龄的原因，导致身体功能减弱，所以在旅行时保健、安全问题等配套设施都应该跟上，还应该配备专业的随团医生。然而，部分旅行社对一些国内常规老年团不配备随团医生，即使配备了随团医生，也只能处理一些常见的小病小痛，遇到突发性的病症，仍然束手无策。

4. 老年旅游市场缺乏规范性

老年旅游市场是我国一个起步较晚的市场，目前在管理方面存在较多漏洞与不足，政府和社会对老年旅游市场的关注也不多，加之老年人消费习惯的特点和警惕心理较差，导致老年旅游市场秩序较为混乱。

（二）老年旅游的需求

1. 安全第一

在旅行中，老年人最关心的问题是安全，旅行社最担心的问题也是安全，因此，老年人对旅行中使用的交通工具的要求比较高。在短途旅游中，或者是目的地乘车旅游时，他们希望旅行社所提供的是豪华一点、安全一点的旅游客车；在景点的选择上，他们希望旅行社能够选择相对安全的旅游项目；在整个旅程中，他们希望旅行社能够配备专业的随团医生，避免突发疾病带来的麻烦。同时，他们还希望旅行社能够按照规定，为游客投保旅行社责任险。

2. 旅行社应该有品牌、有信誉

根据市场调查显示，影响老年人出游的第二大问题是：没有一个信得过的旅行社品牌，老年人比较担心旅行社的服务。老年人在体力上无法与年轻人相比，接受信息的渠道也比较简单，他们出行对旅行社的依赖性很大，而且他们的消费具有多元化、个性化的突出特点，因此他们希望旅行社能够站在老年人的角度考虑一下，设计出适合老年人的旅游产品，所以，他们对旅行社的服务质量和诚信都比较关注，品牌信誉较好的旅行社比较吸引老年游客。

3. 行程应当放缓，节奏放慢

老年人由于体力较差，他们不能接受常规行程的速度，他们希望轻轻松松观看各地景色，体会旅游乐趣。因此，他们需要的旅游项目行程缓、节奏慢，比较节省脚力，在选择交通工具上，他们比较喜欢安全、经济、舒适的火车；当然线路较长，为了节省体力和时间，他们也愿意乘坐飞机，他们不喜欢爬山或长距离的行走等消耗体力的旅游项目，比较喜欢"海南游""水乡游"等轻松的旅游项目（见图 2-2-13 和图 2-2-14）。

图 2-2-13　海南游

图 2-2-14　水乡游

4. 住的静，吃的软

老年人的牙齿不够坚固，肠胃比较弱，特别是旅行之中，更应该注意饮食，否则很容易发生水土不服和胃肠疾病，影响行程。因此，他们希望带队者从老年人的角度出发，为他们选择细软清淡的饮食。

同时，老年人对住宿环境要求也特殊，他们不要求住宿环境有多豪华，但必须是干净、舒适、安静的。老年人本身少眠怕吵，而且要保证每天 6～8 小时的睡眠时间，如果休息不好则很难有体力完成整个行程。因此，旅行社必须为老年游客寻找适合条件的住宿环境。

5. 目的地要温暖舒适

老年人出行虽不受时间约束，但是他们既怕冷又怕热，所以，他们对出行目的地的气候要求比较高。因此，老年人在观光旅游中，一般选择三四月份南方春暖花开的季节，或者九十月份气候宜人的时节，但是要避开旅游高峰期。

现在部分有条件的老年人，在冬季最冷的一个月，喜欢到温暖的地方过冬，他们首选海南，但是也有少部分老年人选择出境游，如东南亚一些国家及澳大利亚。而南方城市的老年人在桑拿天时，则喜欢清凉山水游。

6. 出境游也可接纳

由于出境游价格较高，以前选择出境游的老年人较少。随着老年人经济条件的提升，现在有很多老年人都有了出国看看的愿望，也有了这样的经济实力。现在，出境游中老年游客的身影逐渐增加，银发族有越玩越远的趋势。

从东南亚地区到欧洲等，每个出境旅游团都可以看到不少老年人的身影，有些新增旅游目的地国家的首发团，时间排在非节假日，游客中一半是老年人。

（三）老年旅游的发展改革方向

1. 老年旅游产品要"特、专、新、敬"

所谓"特"，就是要把握老年人的特点，要创出"老年之旅"的特色。考虑到老年人的生理、心理特点，线路安排上，要"少走多看"；游览街拍上，要"缓行安全"；价格定位上，要"实在廉价"；活动组织上，要注意老年人之间的沟通与交流，使老年旅游真正成为一种休闲娱乐方式和健康养性的有益活动。

所谓"专"，就是要建设老年旅游的专业社，做好细分市场，真正打响"老年之旅"品牌；要不断丰富"老年之旅"的形式和内涵，以风光游、瞻仰游、生态游、科普游、都市游、农家游、度假游、金婚银婚游等内容，逐步提升"老年之旅"的专业水准；同时，"老年之旅"要长短线路结合，以短线为主，实惠游和豪华游相结合，以实惠游为主，传统游和特色游相结合，以特色游为主。

所谓"新"，就是要使"老年之旅"不断创新，敢为人先，从而使"老年之旅"成为老年游客所钟爱的旅游品牌。

所谓"敬"，就是要强化"敬老爱老"意识，使旅行社成为老年人温馨的"家"。倡导两代人同旅游，为子女提供孝敬父母及与父母加强沟通的机会；开展"寿宴"系列活动，让老年人的生日过得特别舒心、快乐；定期举办老年旅游、摄影沙龙等丰富多彩的活动，让老人们"老有所靠，老有所乐"，从而大力弘扬中华民族"老吾老以及人之老"的优良传统。

2. 构建多元化、网络化的老年旅游服务体系

旅游机构应建立完善的培训系统，使导游具备高水平的业务素质。针对老年旅游团的特点，可选择年龄较大、阅历丰富、有耐心的中年导游，这样可以拉近导游与老年旅游者的心理距离。另外，老年旅游团的领导和导游最好具备一定的医学专业知识。

为了拓展老年旅游市场，提高旅游服务水平，应积极开展合作，在短时间内构建起一个相对健全的老年旅游服务网络体系（见图 2-2-15）。

图 2-2-15　完善的老年旅游服务网络体系

项目三　老龄化社会服务与管理

学习目标

1. 认识到老龄化社会服务与管理的重要性。
2. 了解老龄化社会服务与管理的具体内容与措施。

模块一　老年社会保障

相关知识

社会保障是指国家通过立法，积极动员社会各方面资源，保证无收入、低收入及遭受各种意外灾害的公民能够维持生存，保障劳动者在年老、失业、患病、工伤、生育时的基本生活不受影响，同时根据经济和社会发展状况，逐步增进公共福利水平，提高国民生活质量。老年社会保障是指以国家为主体，通过国民收入的分配与再分配，依法对全社会老年人的基本生活权利予以保障的安全制度。它主要包括老年人社会保险（养老保险和医疗保险）、老年福利、老年社会救助。

一、社会保险

（一）养老保险

养老保险的全称为社会基本养老保险，是国家和社会根据一定的法律和法规，为解决劳动者在达到国家规定的解除劳动义务的劳动年龄界限，或因年老丧失劳动能力退出劳动岗位后的基本生活而建立的一种社会保险制度。养老保险的目的是保障老年人的基本生活需求，为其提供稳定可靠的生活来源。

养老保险是在法定范围内的老年人"完全"或"基本"退出社会劳动生活后才自动发生作用的。所谓"完全"，是以劳动者与生产资料的脱离为特征；所谓"基本"，指的是参加生产活动已不成为主要社会生活内容。其中，法定的年龄界限才是切实可行的衡量标准。

养老保险的主要特点如下：

一是由国家立法，强制实行，企业单位和个人都必须参加，符合养老条件的人，可向社会保险部门领取养老金。

二是养老保险费用一般由国家、单位和个人三方或单位和个人双方共同负担，并实现广泛的社会互济。

三是养老保险具有社会性，影响很大，享受人多且时间较长，费用支出庞大。因此，必须设置专门机构，实行现代化、专业化、社会化的统一规划和管理。

目前，世界各国实行的养老保险制度有三种模式：

1. 传统型养老保险制度

传统型养老保险制度又称为与雇佣相关性模式或自保公助模式，最早为俾斯麦于1889年所创设,后被美国、日本等国家所采纳。个人领取养老金的工资替代率,然后再以支出来确定总缴费率。

个人领取养老金的权利与缴费义务联系在一起,即个人缴费是领取养老金的前提,养老金水平与个人收入挂钩,基本养老金按退休前雇员历年指数化月平均工资和不同档次的替代率来计算,并定期自动调整。除基本养老金外,国家还通过税收、利息等方面的优惠政策,鼓励企业实行补充养老保险,基本上也实行多层次的养老保险制度。

2. 国家统筹型养老保险制度(分为两种类型)

1)国家统筹型养老保险制度的一种类型是福利国家所在地普遍采取的,又称为福利型养老保险,最早为英国创设,如今适用该类型的国家还包括瑞典、挪威、澳大利亚、加拿大等。

该制度的特点是实行完全的"现收现付"制度,并按"支付确定"的方式来确定养老金水平。养老保险费全部来源于政府税收,个人不需要缴费。享受养老金的对象不仅仅为劳动者,其包括社会全体成员。养老金保障水平相对较低,通常只能保障最低生活水平而不是基本生活水平,如澳大利亚养老金待遇水平只相当于平均工资的25%。为了解决基本养老金水平较低的问题,一般提倡企业实行职业年金制度,以弥补基本养老金的不足。

该制度的优点在于运作简单易行,通过收入再分配的方式,对老年人提供基本生活保障,以抵消市场经济带来的负面影响。但该制度有明显的缺陷,其直接的后果就是政府的负担过重。

由于政府财政收入的相当一部分都用于了社会保障支出,而且要维持如此庞大的社会保障支出,政府必须采取高税收政策,这样就加重了企业和纳税人的负担。同时,社会成员普遍享受养老保险待遇,缺乏对个人的激励机制,只强调公平而忽视效率。

2)国家统筹型养老保险制度的另一种类型是苏联所在地创设的,其理论基础为列宁的国家保险理论,后为东欧各国、蒙古、朝鲜及我国(经济体制改革以前)所采用。

该类型与福利国家的养老保险制度一样,都是由国家来包揽养老保险活动和筹集资金,实行统一的保险待遇水平,劳动者个人无须缴费,退休后可享受退休金。但与前一种不同的是,适用的对象并非全体社会成员,而是在职劳动者,养老金也只有一个层次,未建立多层次的养老保险,一般也不定期调整养老金水平。随着苏联和东欧国家的解体及中国进行经济体制改革,采用这种模式的国家越来越少。

3. 强制储蓄型养老保险制度

强制储蓄型养老保险制度主要有新加坡模式和智利模式两种。

1)新加坡模式 新加坡模式是一种公积金模式。该模式的主要特点是强调自我保障,建立个人公积金账户,劳动者由于在职期间与其雇主共同缴纳养老保险费,劳动者在退休后完全从个人账户领取养老金,国家不再以任何形式支付养老金。个人账户的基金在劳动者退休后可以一次性连本带息领取,也可以分期分批领取。

国家对个人账户的基金通过中央公积金局统一进行管理和运营投资,是一种完全积细小的筹资模式。除新加坡外,东南亚、非洲等一些发展中国家也采取了该模式。

2)智利模式 智利模式是一种强制储蓄模式。该模式尽管也强调自我保障,也采取了个人账户的模式,但与新加坡模式不同的是,个人账户的管理完全实行私有化,即将个人账户交由自负盈亏的私营养老保险公司负责管理,劳动者在享有养老金的最大回报率的同时享受养老金最低保险制度。该模式于20世纪80年代在智利推出后,被拉美一些国家所效仿。强制储蓄型的养老保险模式最大的特点是强调效率,但忽视公平,难以体现社会保险的保障功能。

（二）医疗保险

医疗保险是指通过国家立法，按照强制性社会保险原则，以及"以收定支，收支平衡，略有结余"的筹资原则，运用医疗资金，保证人们公平地获得适当的医疗服务的社会保险制度。换言之，医疗保险就是当劳动者生病或受到伤害后，由国家或社会给予的一种物质帮助，即提供医疗服务或经济补偿的一种社会保障制度。老年医疗保险是指国家和有关部门必须建立多种形式的医疗保险制度和制定医疗保险办法，保障老年人的基本医疗需要、医疗照顾和医疗待遇。

目前世界上主要存在以下四种医疗保险模式：

1. 国家医疗保险模式（以英国为代表）

国家医疗保险（也称政府医疗保险）是指由政府直接开展的医疗保险事业，主要通过税收形式筹措医疗保险基金，并采用国家财政预算拨款的形式将医疗保险资金通过医疗保险机构分配到医疗机构，由医疗机构向居民直接提供免费或低价格的医疗服务，以保障本国居民获得医疗保健服务的一种医疗保险形式。其主要特征为：

1）医疗保险基金主要来自于税收，并以国家预算拨款的形式分配给医疗保险机构。

2）政府卫生部门直接参与医疗服务的计划、管理、分配与提供，医疗机构的建设与日常运行经费往往通过财政预算下拨给政府主办的医疗机构，或者政府通过合同的方式购买民办医疗机构或私人医生提供的医疗服务。在政府主办的医疗机构中，医生及有关工作人员均享受国家统一规定的工资待遇。在这种医疗保险模式下，医疗服务的提供具有国家垄断性。

3）卫生资源的配置具有较高的计划性，市场机制的作用往往难以发挥。

4）医疗保险的覆盖人群通常是本国的全体居民，他们可以享受到免费或低收费的医疗服务，体现了社会分配的公平性和福利性。

这种形式医疗保险的优点：一是由于资金是由政府提供的，因此政府可以根据其投入量来控制医疗费用的总量；二是由于免费向居民提供医疗服务，因而可以保障居民能够公平地获得基本的医疗服务，使他们的健康有了保证。

但是，在这种医疗保险模式下，由于医疗服务的高度计划性，通常导致卫生资源的配置效率较低，医疗机构在微观运行上缺乏活力，医疗机构的服务提供效率也较低，往往居民对医疗服务的需求不能够得到满足，并且供需双方都缺乏费用意识，存在着不必要的医疗支出。

2. 社会医疗保险模式（以德国为代表）

社会医疗保险是国家通过立法的形式强制实施的一种医疗保险形式，是社会保险系统的一个子系统。社会保险制度为被保障对象提供两个方面的保障：一是当被保险人因年老丧失工作能力、死亡、疾病、孕产、工伤或失业时，向被保险人偿付一定数量的现金，补偿其由于上述原因而导致的收入损失；二是为被保险人提供服务，主要是指住院、医疗保健、康复服务等。前者是一种"收入补偿"制度；后者直接提供服务或为所提供的服务支付费用，因而是一种"受益"制度。

社会医疗保险采用多方筹资的方式，资金主要来源于雇主和雇员，按单位工资总额和个人收入的一定比例进行筹措，政府酌情给予补贴。由于是通过法律强制实施的，因而筹资能够得到保证。政府并不直接出面管理社会医疗保险，而是由一个社会机构来执行。

社会医疗保险的主要特征是：

1）医疗保险资金的筹集可以得到法律的保证。

2）保险金由医疗保险机构统一筹集、管理与使用，以达到互助共济的目的。

3）大多数国家医疗保险基金管理的基本原则是：以支定收，以收定付，力求当年收支基本平衡，属于现收现付制，因而一般无积累。

4）社会医疗保险所提供医疗服务的内容各不相同，主要取决于各国或各地区的经济发展水平及医疗服务提供水平。

5）所提供的医疗服务通常不是全部免费的，被保险人需自付一部分医疗费用，这样可以通过增加个人的费用意识来约束医疗服务的需求方。

6）社会医疗保险对被保险人的医疗保障方式一般分为两种：一是向病人直接提供免费或部分免费的医疗服务，二是病人在支付了医疗费用之后由社会保险机构给予补偿（报销）。

7）通过对医疗服务提供者采取不同的支付方式，来调节医疗服务提供者的行为。

3. 商业医疗保险模式（以美国为代表）

商业医疗保险是由保险公司承办的一种医疗保险形式。其筹资不是强制性的，而是由投保人自愿选择保险项目，并自愿交纳相应的医疗保险费。

商业性医疗保险的主要特征为：

1）社会人群通过自愿的方式参加保险，共同分担经济损失。

2）保险人与被保险人签订合同，缔结契约关系，双方履行权利和义务。

3）商业医疗保险对被保险人的医疗保障方式一般分为两种：一是向病人直接提供免费或部分免费的医疗服务，二是病人在支付了医疗费用之后由商业保险机构给予补偿。

4）医疗保险作为一种特殊商品，其供求关系由市场进行调节，保险机构根据社会的不同需求开展业务。

5）医疗保险机构大多以营利为目的，但也有一些非营利的保险组织，如美国的蓝盾和蓝十字。

4. 储蓄医疗保险模式（以新加坡为代表）

储蓄医疗保险筹集医疗保险基金的形式既不是强制性地纳税或缴纳医疗保险费，也不是自愿购买医疗保险，而是依据法律规定通过储蓄形式强制性地筹集医疗经费的一种医疗保险形式。

这种医疗保险的主要特点是采用了"纵向"积累的方法，与社会医疗保险的"横向共济"财务模式有所不同，因而这种医疗保险模式具有其独到之处：

1）由于是以储蓄为基础，患者要用自己的钱支付医疗费用，因而有利于提高个人的费用意识和责任感，促使人们更审慎地利用医疗服务，避免对医疗服务的过度利用，从而减少浪费，控制医疗费用的增长。

2）由于采取的是"纵向"积累的方法，因而能够解决老龄人口筹集医疗费用的问题，即每一代人的医疗保健费用问题由本代人来解决，从而避免出现医疗费用的代际转移问题。

拓展阅读

我国的医疗保险模式

目前，我国应用最广泛、覆盖人群最广、绝大多数城乡居民都能够共同享有的医疗保险制度主要有三种，分别是城镇职工基本医疗保险制度、新型农村合作医疗制度和城镇居民基本医疗保险制度。

1）城镇职工基本医疗保险制度是根据财政、企业和个人的承受能力，保障职工基本医疗需求的社会医疗保险制度，实行属地管理，基本医疗保险费由用人单位和职工双方共同负担。城镇职工基本医疗保险实行社会统筹和个人账户相结合制度。

2）新型农村合作医疗制度覆盖辖区内的农业人口（含外出务工人员），是由政府组织、引导和支持，农民自愿参加，个人、集体和政府多方筹资，以大病统筹为主的农民医疗互助共济制度。

3）城镇居民基本医疗保险制度覆盖辖区内未纳入城镇职工基本医疗保险的非农业户口城镇居民，是以没参加城镇职工医疗保险的城镇未成年人和无业城镇居民为主要参保对象的医疗保险制度。城镇居民基本医疗保险以家庭缴费为主，政府给予适当补助。

二、老年福利

老年福利是以老年人为特殊对象的社会福利项目，是指国家和社会为了发扬敬老、爱老的美德，以安定老年人生活、维护老年人健康、充实老年人精神文化生活为目的而采取的政策措施和提供的设施和服务。老年福利是养老保险的延续和提高，在保障老年人基本物质生活需要，解决好"养"的基础上，进一步满足老年人精神文化生活的需要，努力实现"老有所养、老有所医、老有所为、老有所乐"，具有十分重要的意义。为了保障老年人的合法权益，发展老年事业，弘扬中华民族敬老、爱老的美德，第八届全国人民代表大会常务委员会第二十一次会议通过了《中华人民共和国老年人权益保障法》，自1996年10月1日起施行，使老年人的权益保护和福利增进有了法律规定。尽管这个法律并不是专门的老年人福利法，老年人福利的范围也可能超出这个法律，但是无论如何它是老年人权益保护和福利增进的基本法。

（一）老年福利的内容

1. 老年人福利津贴

老年人福利津贴是一种普遍养老金计划，这些计划为所有超过规定年龄的社会成员提供养老金，而不管他们的收入、就业状况或经济来源如何。这种发放方式使获得养老金成为公民的一种平等权利。老年人福利津贴的发放从高龄老人开始，先发放高龄津贴，有条件时再逐步扩大发放范围以至所有退休老人。随着我国社会经济的不断发展，老年人福利津贴应当作为一种全民性的制度建立起来，并不断扩大覆盖范围，提高津贴标准。

2. 社会养老

老年人能否按照自己的意愿选择他们认为合适的生活方式，是衡量老年人生活质量的一个重要指标。养老方式主要有两种，即家庭养老和社会养老。随着人口老龄化的加剧，再加上家庭的日益小型化和核心化，传统的家庭养老方式越来越不足以承担起养老的重任，因此，家庭养老必然向社会养老过渡。而社会养老则是由国家和社会为所有老年人提供生活保障及必要的福利设施和服务，承担起养老的主要责任。

3. 老年人保健

国家和社会有责任为老年人提供健康照顾，使其健康长寿。老年人保健是一个系统工程，涉及多个方面的内容，如：建立医疗机构为老年人提供医疗服务；建立老年公寓、疗养院、日间护理中心等，改善老年人的生活环境；建立适合老年人活动的体育设施，组织老年人进行体育活动，增强老年人的体质。

4. 老年福利机构

国家鼓励和扶持社会组织或个人兴办各种老年福利机构，如老年福利院、敬老院、老年公寓、老年医疗康复中心、老年俱乐部、老年文化活动中心等。这些福利机构的设立，为老年人陶冶情操、驱除孤独、促进身心健康发挥了重大作用，满足了老年人的各种生理和精神需要，使他们能够愉快地安享晚年。

（二）老年福利的形式

我国的老年福利主要有三种形式：

1. 收养性福利

收养性福利的主要职能是收养无家可归、无依无靠、无生活来源的孤寡老人。在经济条件比较好的地区，也开始出现了自费收养，主要收养一些由其单位或亲属承担费用的老人。收养性的福利机构包括养老院、托老院、老年公寓和福利院等。

2. 娱乐学习性福利

娱乐学习性福利的主要职能是为老年人提供各种文化娱乐性服务，面向所有老年人。娱乐学习性福利机构主要包括老年大学、老年活动中心等。同时，根据不同地区的不同情况，可以组织老年人郊游等休闲娱乐活动。

3. 保健服务性福利

保健服务性福利主要是为老年人提供一些生活和健康方面的服务，面向全社会的老年人。这类机构主要包括老年医疗康复中心、老年医院、老年咨询中心、老年交友中心等。

（三）老年福利存在的问题及解决对策

1. 老年福利存在的问题

1）城镇统一、规范的养老保险体系和农村以土地保障、家庭保障、社会扶持相结合的农民养老保障体系尚待完善，城镇化过程中老年人的养老保障问题是一个亟待解决的课题。

2）以社区服务为依托的老年照料体系尚不健全，"四、二、一"家庭结构的出现对老年人福利的社会化运行提出了更高的要求。

3）满足老年人需要的福利机构尚不完备，民间力量兴办老人福利机构的做法尚未在全国展开。

4）以社区卫生服务为基础的城镇老年人医疗保健服务体系和农村老年医疗保健服务体系尚不健全。

2. 老年福利问题的解决对策

1）在城镇，加快建立统一、规范、完善的养老保险体系。在农村，逐步建立和完善土地保障、家庭赡养和社会扶持相结合的农民养老保障体系。有条件的地方可以实行针对老年人的集体福利制度。

2）完善和推进城镇职工基本医疗保险制度，积极发展多种形式的补充医疗保险，逐步建立起多层次的医疗保障体系。加强社区老年卫生工作，重视健康教育和预防保健，努力改善老年人的医疗卫生条件。

3）营造全社会尊重、理解、关心和帮助老年人的社会环境和舆论氛围，丰富老年人的闲暇生活，大力发展老年教育，提高老年人的精神文化生活质量。

4）加快老年福利的法制化建设，制定有关法律法规，在全社会强化维护老年人权益的法律意识，帮助老年人学法、守法、懂法，依法维护自身的合法权益。

三、老年社会救助

社会救助是指国家和其他社会主体对于遭受自然灾害、失去劳动能力或其他低收入公民给予物质帮助或精神救助，以维持其基本生活需求，保障其最低生活水平的各种措施。老年社会救助是社会救助的一部分，是需要区别于整体而进行单独重点研究的一部分。依据我国社会救助的现有法律和实践分析，

老年社会救助是根据社会经济发展水平，为老年群体实现最起码的生活需求标准划定一条维持最低生活水平的保障线，当任何一个老年人生活遇到困难，并且收入水平低于最低生活保障线时，都有权利通过申请程序得到国家和社会按照法定标准提供的现金、物质或其他任何形式的救助以帮助老年人脱离困境。

老年人社会救助主要包括以下内容：法律救助、经济救助、生活救助、心理救助等。老年群体在面对很多问题后都需要得到法律救助，如老年人的赡养问题及在社会获得生存发展的合法地位问题等，只有在更广泛的范围内健全法律救助机制，才能合理解决老年群体的问题，维护老年人的基本权利和社会和谐。

老年社会救助的原则可以从不同层次和角度进行分析，主要有：

1）政府为主，市场为辅的原则。市场经济的发展无法避免地造成贫富差异的现实，而市场经济本身无法改变和克服，因此只有国家和社会采取适度的干预和指导政策才能缩小贫富差距。而政府是实施老年社会救助的主导力量，老年社会救助是政府应该承担的义务，也是政府进行科学干预、追求正义的体现。宪法的规定就明确了政府在开展老年社会救助的过程中发挥主导作用，完成主要任务，而企业、机构和慈善团体等各种社会力量和市场机制的结合，相对于政府的主导作用，就作为老年社会救助的次要方面进行开展。

2）维持最低生活水平原则。保障救助对象的生存是维持最低生活水平原则的内容，也是老年社会救助的最基本目标。老年社会救助的首要任务就是保障受助群体的最低层次的生活需求，在这个目标实现的基础上促进其进一步发展；并不是在开始的阶段就负担受助群体生活和发展的所有费用。老年社会救助制度所划定的救助标准最低，属于最低层次的社会保障制度。

3）平等原则。社会救助权作为一项基本人权，不仅要保证每一位社会成员都能平等地享有这项权利，更要保证享有社会救助权的受助对象依据平等的救助标准。一旦某位社会成员的经济生活状态无法维持国家划定的最低生活保障标准，就能够利用社会救助的法定程序自行申请国家和社会对他们实施救助，在通过审核程序后获得相应的帮助和支持。政府在实施老年社会救助的过程中依据的单单是法律划定的最低生活保障线，而最低生活保障线的划定标准也并没有因为部分社会成员的身份差别或某些公民的职业不同而进行区别对待，更没有地区或性别等方面的歧视现象。只要社会成员的生活难以为继而陷入贫困的境地，都平等享有接受政府救助的权利，也都平等地享受标准一致的救助内容。在老年社会救助制度面前，人人平等。

4）公民自愿原则。鼓励公民积极自主自愿地帮助其他社会成员，鼓励社会组织借助自身的资源优势对弱势的老年群体进行救助。在全社会开展敬老、助老的教育活动，抵制社会转型过程中出现的扭曲的价值观。通过良好社会风尚的确立，进一步传承和发扬善待老人、孝敬老人的优良传统。每位公民都可以参加公益活动、慈善活动，都可以有渠道向弱势的老年群体提供救助，帮助老年人脱离困境。公民的自愿参与对国家的老年社会救助项目起到了辅助作用。

模块二　老年人与法律

▶ 相关知识

人口老龄化不仅是个人和家庭的现实问题，它涉及政治、经济、文化、社会等领域。积极应对人口老龄化关系到国计民生、民族兴衰和国家的长治久安。根据社会发展的需要及老年人的特点，我国于 2012 年 12 月 28 日第十一届全国人民代表大会常务委员会第三十次会议上修订通过了《中华人民共和国老年人权益保障法》（以下简称《老年人权益保障法》），并于 2013 年 7 月 1 日开始正式实施。老年人权益保障是指老年人依照国家法律法规所享有的各种权利和利益的总称，它包括广大老年人与其他年龄群体共同享有的政治、经济、文化等方面的普通的权利和利益。该法规定了老年人依法享有的主要权益如下：

一、从国家社会获得物质帮助的权利

《老年人权益保障法》第 3 条规定："国家保障老年人依法享有的权益。老年人有从国家和社会获得物质帮助的权利，有享受社会服务和社会优待的权利，有参与社会发展和共享发展成果的权利。禁止歧视、侮辱、虐待或者遗弃老年人。"例如，离退休老年人的养老金领取；孤寡老人的社会福利救济；交不起医药费时可减免；请求法律救援、减免诉讼费用等。

二、享受赡养与抚养的权利

目前我国老人养老主要依靠家庭，家庭成员应当尊重、关心和照料老年人。赡养人应当履行对老年人经济上供养、生活上照料和精神上慰藉的义务，照顾老年人的特殊需要。赡养人是指老年人的子女及其他依法负有赡养义务的人。赡养人的配偶应当协助赡养人履行赡养义务。赡养人应当使患病的老年人及时得到治疗和护理；对经济困难的老年人，应当提供医疗费用。对生活不能自理的老年人，赡养人应当承担照料责任；不能亲自照料的，可以按照老年人的意愿委托他人或者养老机构等照料。赡养人应当妥善安排老年人的住房，不得强迫老年人居住或者迁居条件低劣的房屋。老年人自有的或者承租的住房，子女或者其他亲属不得侵占，不得擅自改变产权关系或者租赁关系。老年人自有的住房，赡养人有维修的义务。赡养人有义务耕种或者委托他人耕种老年人承包的田地，照管或者委托他人照管老年人的林木和牲畜等，收益归老年人所有。赡养人不得以放弃继承权或者其他理由，拒绝履行赡养义务。赡养人不履行赡养义务，老年人有要求赡养人付给赡养费等权利。赡养人不得要求老年人承担力不能及的劳动。家庭成员应当关心老年人的精神需求，不得忽视、冷落老年人。与老年人分开居住的家庭成员，应当经常看望或者问候老年人。用人单位应当按照国家有关规定保障赡养人探亲休假的权利。经老年人同意，赡养人之间可以就履行赡养义务签订协议。赡养协议的内容不得违反法律的规定和老年人的意愿。基层群众性自治组织、老年组织或者赡养人所在单位监督协议的履行。

三、享有社会保障权利

老年人依法享受基本养老保险制度和医疗保险制度，享受最低生活保障的老年人和符合条件的低收入家庭中的老年人参加新型农村合作医疗和城镇居民基本医疗保险所需个人缴费部分，由政府给予补贴。对经济困难的老年人，国家给予基本生活、医疗、居住或者其他救助。老年人无劳动能力、无生活来源、无赡养人和扶养人，或者其赡养人和扶养人确无赡养能力或者扶养能力的，由地方各级人民政府依照有关规定给予供养或者救助。对流浪乞讨、遭受遗弃等生活无着的老年人，由地方各级人民政府依照有关规定给予救助。地方各级人民政府在实施廉租住房、公共租赁住房等住房保障制度或者进行危旧房屋改造时，应当优先照顾符合条件的老年人。国家建立和完善老年人福利制度，根据经济社会发展水平和老年人的实际需要，增加老年人的社会福利。国家鼓励地方建立 80

周岁以上低收入老年人高龄津贴制度。国家建立和完善计划生育家庭老年人扶助制度。农村可以将未承包的集体所有的部分土地、山林、水面、滩涂等作为养老基地,收益供老年人养老。老年人依法享有的养老金、医疗待遇和其他待遇应当得到保障,有关机构必须按时足额支付,不得克扣、拖欠或者挪用。国家根据经济发展以及职工平均工资增长、物价上涨等情况,适时提高养老保障水平。老年人可以与集体经济组织、基层群众性自治组织、养老机构等组织或者个人签订遗赠扶养协议或者其他扶助协议。负有扶养义务的组织或者个人按照遗赠扶养协议,承担该老年人生养死葬的义务,享有受遗赠的权利。

四、享受社会服务的权利

居家的老年人可享受地方各级人民政府和有关部门提供的生活照料、紧急救援、医疗护理、精神慰藉、心理咨询等多种形式的服务。对经济困难的老年人,地方各级人民政府应当逐步给予养老服务补贴。地方各级人民政府和有关部门、基层群众性自治组织,应当将养老服务设施纳入城乡社区配套设施建设规划,建立适应老年人需要的生活服务、文化体育活动、日间照料、疾病护理与康复等服务设施和网点,就近为老年人提供服务。发扬邻里互助的传统,提倡邻里间关心、帮助有困难的老年人。鼓励慈善组织、志愿者为老年人服务。倡导老年人互助服务。各级人民政府应当根据经济发展水平和老年人服务需求,逐步增加对养老服务的投入。各级人民政府和有关部门在财政、税费、土地、融资等方面采取措施,鼓励、扶持企业事业单位、社会组织或者个人兴办、运营养老、老年人日间照料、老年文化体育活动等设施。地方各级人民政府和有关部门应当按照老年人口比例及分布情况,将养老服务设施建设纳入城乡规划和土地利用总体规划,统筹安排养老服务设施建设用地及所需物资。非营利性养老服务设施用地,可以依法使用国有划拨土地或者农民集体所有的土地。养老服务设施用地,非经法定程序不得改变用途。政府投资兴办的养老机构,应当优先保障经济困难的孤寡、失能、高龄等老年人的服务需求。国务院有关部门制定养老服务设施建设、养老服务质量和养老服务职业等标准,建立健全养老机构分类管理和养老服务评估制度。各级人民政府应当规范养老服务收费项目和标准,加强监督和管理。养老机构应当与接受服务的老年人或者其代理人签订服务协议,明确双方的权利、义务。养老机构及其工作人员不得以任何方式侵害老年人的权益。有关部门应当将老年医疗卫生服务纳入城乡医疗卫生服务规划,将老年人健康管理和常见病预防等纳入国家基本公共卫生服务项目。鼓励为老年人提供保健、护理、临终关怀等服务。国家鼓励医疗机构开设针对老年病的专科或者门诊。医疗卫生机构应当开展老年人的健康服务和疾病防治工作。加强老年医学的研究和人才培养,提高老年病的预防、治疗、科研水平,促进老年病的早期发现、诊断和治疗。国家和社会采取措施,开展各种形式的健康教育,普及老年保健知识,增强老年人自我保健意识。

五、享受社会优待的权利

县级以上人民政府及其有关部门根据经济社会发展情况和老年人的特殊需要,制定优待老年人的办法,逐步提高优待水平。对常住在本行政区域内的外埠老年人给予同等优待。各级人民政府和有关部门应当为老年人及时、便利地领取养老金、结算医疗费和享受其他物质帮助提供条件。各级人民政府和有关部门办理房屋权属关系变更、户口迁移等涉及老年人权益的重大事项时,应当就办理事项是否为老年人的真实意思表示进行询问,并依法优先办理。老年人因其合法权益受侵害提起诉讼交纳诉讼费确有困难的,可以缓交、减交或者免交;需要获得律师帮助,但无力支付律师费用的,可以获得法律援助。鼓励律师事务所、公证处、基层法律服务所和其他法律服务机构为经济困难的老年人提供免费或者优惠服务。医疗机构应当为老年人就医提供方便,对老年人就医予以优先。有条件的地方,可以为老年人设立家庭病床,开展巡回医疗、护理、康复、免费体检等服务。提倡为老年人义诊。提倡与老年人日常生活密切相关的服务行业为老年人提供优先、优惠服务。城市公共交通、公路、铁路、水路和航空客运,应当为老年人提供优待和照顾。博物馆、美术馆、科技馆、纪念馆、公共图书馆、文化馆、影剧院、体育场馆、公园、旅游景点等场所,应当对老年人免费或者优惠开放。农村老年人不承担兴办公益事业的筹劳义务。

六、享受参与社会发展的权利

老年人可以通过老年人组织,开展有益身心健康的活动。老年人和老年人组织有权向国家机关提出老年人权益保障、老龄事业发展等方面的意见和建议。老年人参加劳动的合法收入受法律保护。任何单位和个人不得安排老年人从事危害其身心健康的劳动或者危险作业。老年人有继续受教育的权利。

七、享受法律保护

老年人合法权益受到侵害的,被侵害人或者其代理人有权要求有关部门处理,或者依法向人民法院提起诉讼。老年人与家庭成员因赡养、扶养或者住房、财产等发生纠纷,可以申请人民调解委员会或者其他有关组织进行调解,也可以直接向人民法院提起诉讼。干涉老年人婚姻自由,对老年人负有赡养义务、扶养义务而拒绝赡养、扶养,虐待老年人或者对老年人实施家庭暴力的,由有关单位给予批评教育;构成违反治安管理行为的,依法给予治安管理处罚;构成犯罪的,依法追究刑事责任。家庭成员盗窃、诈骗、抢夺、侵占、勒索、故意损毁老年人财物,构成违反治安管理行为的,依法给予治安管理处罚;构成犯罪的,依法追究刑事责任。侮辱、诽谤老年人,构成违反治安管理行为的,依法给予治安管理处罚;构成犯罪的,依法追究刑事责任。养老机构及其工作人员侵害老年人人身和财产权益,或者未按照约定提供服务的,依法承担民事责任;有关主管部门依法给予行政处罚;构成犯罪的,依法追究刑事责任。

模块三 老龄政策

▶ 相关知识

为了能够更好地改善保障老年人的生活、健康、安全及参与社会发展的条件,实现老有所养、老有所医、老有所为、老有所学、老有所乐的美好愿景,在努力探索和解决我国老龄化社会现象的过程中,老龄政策逐步丰富和完善,并为促进和谐社会的发展奠定了基础。

一、老龄政策的界定

老龄政策是国家干预人口老龄化过程,调整人口老龄化与经济、社会、文化、政治发展的矛盾而采取的公共政策的总和。

二、老龄政策的类型

根据现有研究可将我国老龄政策按内容、行政和部门三个标准划分。

（一）老龄政策的内容层次

从老龄政策的内容上看，可以划分为四个层次：

1. 战略型老龄政策

战略型老龄政策包括老龄事业发展的宗旨和目标的设想，与我国战略计划相联系，换句话说，也就是现在国际组织和国家政府所要制定的行动建议、发展纲要和五年规划等，如《国务院关于加快发展养老服务业的若干意见》（国发〔2013〕35号）。

2. 立法型老龄政策

立法型老龄政策包括法律的制定及其贯彻实施的条款、规定和准则等，如《中华人民共和国老年人权益保障法》及各省（自治区、直辖市）贯彻落实《中华人民共和国老年人权益保障法》的实施办法，如《上海市老年人权益保障条例》。

3. 项目型老龄政策

项目型老龄政策包括项目的设计、提供服务的机构和计划实施方案等，如欧盟助老援华项目、"社区老年福利服务星光计划"等。

4. 操作型老龄政策

操作型老龄政策包括人力资源政策、资金预算、限定进行操作的机构（或组织）及与行政工作有关的政策范围，如《关于建立经济困难的高龄、失能等老年人补贴制度的通知》《黑龙江省养老机构设立许可实施细则》等。

（二）老龄政策制定的行政层次

从行政体系上看，老龄政策的制定可分为四个层次：社会老龄政策、国家老龄政策、省（包括自治区、直辖市）老龄政策、县（市）及以下老龄政策。从全球化的发展趋势来看，联合国和国际组织的老龄政策文件具有超国家的性质，它对于一个国家的社会经济福利能够产生重要影响，同时对于各国具有一定的指导和约束功能；国家内的老龄政策具有较强的约束力。从宏观—中观—微观的层次来看，国际和国家的老龄政策一般为原则和指导思想，县（市）及以下指定的老龄政策具有较强的可操作性，省（包括自治区、直辖市）老龄政策介于二者之间。

（三）老龄政策的部门分类

制定老龄政策的职责分布在各个部门涉及的成员单位，如人力资源和社会保障部负责养老保险制度、医疗保险、农村养老保险、企事业退休人员社会化管理等政策的制定、完善和落实；民政部负责城乡最低生活保障、社会救助制度、五保供养条例、社区老年福利服务星光计划等政策的制定和落实；国家卫生和计划生育委员会负责城镇社区卫生服务、农村卫生服务体系、新型农村合作医疗等政策的制定和落实；司法部负责老年法律服务工作等政策的制定和落实等。

三、相关老龄政策

我国政府历来关心老年人问题，新中国成立以来，在保障老年人生活、维护老年人权益、救助贫困老年人等方面做了大量工作。特别是"十二五"以来，我国进入了人口老龄化快速发展期，人口老龄化形势日益严峻，党中央、国务院高度重视老龄工作，全社会更加关注老龄事业。2013年7月1日修订的《老年人权益保障法》颁布（2015年4月24日进行了第二次修正），《国务院关于加快发展养老服务业的若干意见》和《国务院关于促进健康服务业发展的若干意见》发布，与此同时各地、各部门都进一步加大了老龄工作的力度，老龄事业也逐渐呈现出前所未有的良好局面。

（一）《国务院关于加快发展养老服务业的若干意见》的理解

2013年8月16日，国务院总理李克强主持召开国务院常务会议，研究确定深化改革加快发展养老服务业的任务措施。会议提出，到2020年全面建成以居家为基础、社区为依托、机构为支撑的覆盖城乡的多样化养老服务体系，把服务亿万老年人的"夕阳红"事业打造成蓬勃发展的朝阳产业，使之成为调结构、惠民生、促升级的重要力量。根据国务院常务会议精神，《国务院关于加快发展养老服务业的若干意见》（国发〔2013〕35号，以下简称《意见》）提出了加快发展养老服务业的总体要求、主要任务和政策措施，将为破解养老难题、拓展消费需求、稳定经济增长发挥重要作用。

1. 制定《国务院关于加快发展养老服务业的若干意见》的意义

一是积极应对人口老龄化的要求。我国是世界上唯一一个老年人口超过1亿人的国家，也是发展中国家中人口老龄化最严峻的国家。截至2012年年底，我国60周岁以上老年人口已达1.94亿人，2020年将达到2.43亿人，2025年将突破3亿人。随着人口老龄化程度的不断加深，养老服务需求不断增加，解决好老有所养问题日益紧迫地摆在了各级党委和政府的面前。

二是推进经济持续健康发展的需要。养老服务业涉及长期照料、医疗康复、居家支持、精神慰藉乃至饮食服装、营养保健、休闲旅游、文化传媒、金融地产等方方面面，蕴含着巨大的老年消费市场。发展养老服务业是应对老龄化问题的长久之计，也是当前扩内需、增就业的巨大潜力所在。

三是解决当前养老服务业突出矛盾和问题的需要。近年来，我国养老服务业快速发展，以居家为基础、社区为依托、机构为支撑的养老服务体系初步建立，老年消费市场初步形成，老龄事业发展取得显著成就。但总体上看，养老服务和产品供给不足、市场发育不完善、养老服务的扶持政策不健全、体制机制不完善、城乡区域发展不平衡等问题还十分突出。解决好当前养老服务领域的突出矛盾和问题，进一步加快发展养老服务业已成为全社会的共同呼声。

2. 《国务院关于加快发展养老服务业的若干意见》的主要内容

第一部分是总体要求，在指导思想上进一步明确了充分发挥政府作用，通过简政放权，创新体制机制，激发社会活力，充分发挥社会力量的主体作用，健全养老服务体系，满足多样化养老服务需求，努力使养老服务业成为积极应对人口老龄化、保障和改善民生的重要举措，成为扩大内需、增加就业、促进服务业发展、推动经济转型升级的重要力量。在原则上提出深化体制改革、坚持保障基本、注重统筹发展、完善市场机制等原则，强调转变政府职能，激发各类服务主体活力，加大政策支持和引导力度，政府在保障基本养老服务方面要发挥主导作用，市场在资源配置上发挥基础性作用，逐步使社会力量成为提供养老服务的主体，支持家庭、个人承担应尽责任。在发展目标上提出到2020年养老服务覆盖所有居家老年人，全国社会养老床位数达到每千名老年人35~40张，产业增加值在服务业中的比重显著提升，全国机构养老、居家社区生活照料和护理等服务提供1000万个以上就业岗位。

第二部分是主要任务，对当前和今后一个时期主要任务做了部署，明确了政府、基层组织和社会力量在发展养老服务业中的作用，并体现在具体的任务措施中。在统筹规划发展城市养老服务设施方面，提出地方对新建城区和新建居住（小）区要按人均用地不少于0.1平方米的标准配套建设养老服务设施，与住宅同步规划、同步建设、同步验收、同步交付使用，老城区和已建成居住（小）区要限期通过购置、置换、租赁等方式开辟养老服务设施。在发展居家养老服务网络方面，提出政府要支持建立以企业和机构为主体、社区为纽带、满足老年人各种服务需求的居家养老服务网络。在加强养老机构建设方面，强调支持社会力量举办养老机构，在资本金、场地、人员等方面进一步降低门槛，简化手续。在加强农村养老服务方面，提出要健全服务网络，完善农村养老服务托底的措施，将所有农村"三无"老人全部纳入五保供养范围，健全农村五保供养机构功能，支持乡镇五保供养机构成为区域性养老服务中心，依托行政村、较大自然村，利用农家大院等建设日间照料中心、托老所等互助性养老服务设施。在繁荣养老服务消费市场方面，要求各地引导养老服务企业和机构优先满足老年人基本服务需求，拓展适合老年人特点的各种养老服务和消费产品。提出各地要鼓励发展养老服务中小企业，扶持发展龙头企业。在推进医疗卫生与养老服务相结合方面，要求各地促进医疗卫生资源进入养老机构、社区和家庭，提出探索医疗机构与养老机构合作新模式，建立社区医院与老年人家庭医疗契约的服务关系。

第三部分是政策措施，在现有政策的基础上，从六个方面提出了一些新的有针对性和操作性的政策措施。在完善投融资政策方面，要求通过完善扶持政策，吸引更多民间资本，培育和扶持养老服务企业和机构发展。在完善土地供应政策方面，提出各地要落实好将各类养老服务设施建设用地纳入城镇土地利用总体规划和年度用地计划，可将闲置的公益性用地调整为养老服务用地。在完善税费优惠政策方面，要求各地在落实好现行税收优惠政策的基础上，对非营利性养老机构建设要免征有关行政事业性收费，对营利性养老机构建设要减半征收有关行政事业性收费，对养老机构提供养老服务也要适当减免行政事业性收费，养老机构用电、用水、用气、用热等按居民生活类价格执行。在完善补贴支持政策方面，要求各地加快建立养老服务评估机制，建立健全经济困难的高龄、失能等老年人补贴制度。在完善人才培养和就业政策方面，要求有关部门支持高等院校和中等职业学校增设养老服务相关专业和课程，依托院校和养老机构建立养老服务实训基地，对符合条件的参加养老护理职业培训和职业技能鉴定的从业人员按规定给予相关补贴，在养老机构和社区开发公益性岗位，吸纳农村转移劳动力、城镇就业困难人员等从事养老服务。在鼓励公益慈善组织支持养老服务方面，提出引导公益慈善组织成为发展养老服务业的重要力量。探索建立健康老人参与志愿服务的工作机制，建立为老志愿服务登记制度。支持社会服务窗口行业开展"敬老文明号"创建活动。

第四部分是组织领导。提出了健全工作机制，对各有关部门的职责提出了要求。明确国家选择有特点和代表性的区域进行养老服务业综合改革试点。强调对服务质量、安全、价格等方面加强行业监管工作，并明确督促检查的责任部门和要求。

从上述内容可以看出，《意见》着重统筹把握了以下四个关系。

一是兼顾事业和产业。《意见》既对开发老年用品产品、培育养老产业集群提出要求，又对建立健全社会养老服务体系提出要求；既注重发挥市场在资源配置中的基础性作用，大力发展方便可及、价格合理的养老服务和产品，又注重发挥政府主导作用，着力保障经济困难的孤寡、失能、高龄等老年人的服务需求，保障人人享有基本养老服务。

二是兼顾当前和长远。《意见》既提出了当前一些亟待解决的任务，也明确了到2020年发展的阶段性目标，还提出了管长远、管方向的四项原则，努力做到既立足当前，又着眼长远。

三是兼顾中央和地方。《意见》既对地方各级政府的责任做了规定，也对中央政府的扶持政策做了规定。同时，将地方反复证明是成熟的政策上升为全国普遍性政策，对一些有待探索的经验，《意见》也给各地留下了创新、创造的空间。

四是兼顾城镇和农村。《意见》坚持城乡统筹的原则,既对完善城镇养老服务业提出了具体举措,也对推进农村养老服务发展做出了明确部署,为破解农村养老服务难题提供了方式和方法。

(二)《国务院关于促进健康服务业发展的若干意见》的理解

2013年8月28日,国务院总理李克强主持召开国务院常务会议,研究部署促进健康服务业发展。会议认为,促进健康服务业发展,重点在增加供给,核心要确保质量,关键靠改革创新。一要多措并举发展健康服务业。放宽市场准入,鼓励社会资本、境外资本依法依规以多种形式投资健康服务业,加快落实对社会办医疗机构在社保定点、专科建设、职称评定、等级评审、技术准入等方面同等对待的政策,使社会力量成为健康服务业的"劲旅"。统筹城乡、区域健康服务业资源配置,促进均衡发展。二要加快发展健康养老服务。加强医疗卫生支撑,建立健全医疗机构和老年护理院、康复疗养等养老机构的转诊与合作机制。发展社区、农村健康养老服务。三要丰富商业健康保险产品。支持发展与基本医疗保险相衔接的商业健康保险,鼓励以政府购买方式,委托商业保险机构开展医疗保障经办服务,使面向全民的"健康网"更加牢固。四要培育相关支撑产业,加快医疗、药品、器械、中医药等重点产业发展。提升中医药医疗保健服务能力。壮大健康服务人才队伍,鼓励社会资本举办职业院校,规范并加快培养护士、养老护理员、康复治疗师、小儿推拿师等从业人员。会议要求,要加大价格、财税、用地等方面的政策引导和支持,简化对老年病、儿童、护理等紧缺型医疗机构的审批手续。要切实加强健康服务业市场监管,健全退出机制,提高服务质量和安全水平,努力实现人民群众对健康、长寿、幸福的美好期待。

1. 健康服务业的界定

健康服务业以维护和促进人民群众身心健康为目标,主要包括医疗服务、健康管理与促进、健康保险及相关服务,涉及药品、医疗器械、健身产品等支撑产业。它对于满足人民群众多层次、多样化的健康服务需求,提高服务业水平,促进经济转型升级和形成新的增长点具有重要意义,见图2-3-1。

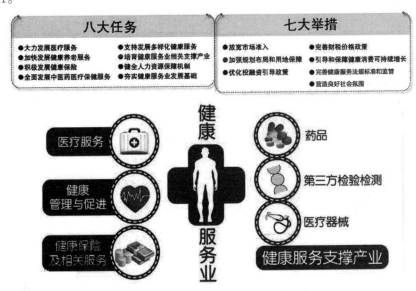

图2-3-1 健康服务业

2. 《国务院关于促进健康服务业发展的若干意见》的主要内容

一是总体要求：以邓小平理论、"三个代表"重要思想、科学发展观为指导，在切实保障人民群众基本医疗卫生服务需求的基础上，转变政府职能，加强政策引导，充分调动社会力量的积极性和创造性，大力引入社会资本，着力扩大供给、创新服务模式、提高消费能力，不断满足人民群众多层次、多样化的健康服务需求，为经济社会转型发展注入新的动力，为促进人的全面发展创造必要条件。到2020年，基本建立覆盖全生命周期、内涵丰富、结构合理的健康服务业体系，打造一批知名品牌和良性循环的健康服务产业集群，并形成一定的国际竞争力，基本满足广大人民群众的健康服务需求。健康服务业总规模达到8万亿元以上，成为推动经济社会持续发展的重要力量。

（1）医疗服务能力大幅提升　医疗卫生服务体系更加完善，形成以非营利性医疗机构为主体、营利性医疗机构为补充，公立医疗机构为主导、非公立医疗机构共同发展的多元办医格局。康复、护理等服务业快速增长。各类医疗卫生机构服务质量进一步提升。

（2）健康管理与促进服务水平明显提高　中医医疗保健、健康养老以及健康体检、咨询管理、体质测定、体育健身、医疗保健旅游等多样化健康服务得到较大发展。

（3）健康保险服务进一步完善　商业健康保险产品更加丰富，参保人数大幅增加，商业健康保险支出占卫生总费用的比重大幅提高，形成较为完善的健康保险机制。

（4）健康服务相关支撑产业规模显著扩大　药品、医疗器械、康复辅助器具、保健用品、健身产品等研发制造技术水平有较大提升，具有自主知识产权产品的市场占有率大幅提升，相关流通行业有序发展。

（5）健康服务业发展环境不断优化　健康服务业政策和法规体系建立健全，行业规范、标准更加科学完善，行业管理和监督更加有效，人民群众健康意识和素养明显提高，形成全社会参与、支持健康服务业发展的良好环境。

二是主要任务：《国务院关于促进健康服务业发展的若干意见》明确了今后一个时期发展健康服务业的八项主要任务——大力发展医疗服务；加快发展健康养老服务；积极发展健康保险；全面发展中医药医疗保健服务；支持发展多样化健康服务；培育健康服务业相关支撑产业；健全人力资源保障机制；夯实健康服务业发展基础。

模块四　老年社会工作

相关知识

随着我国老龄化的加剧，我国的养老问题，特别是老年人照顾问题面临着极其严峻的考验。为了能够让社会更加和谐地发展，我国提出了"健康老龄化"的口号，为了这个目标，除了政府的福利政策制定、福利事业投入及老年人自身的努力和争取之外，各种相关的社会组织和团体也应该为老年人能够更加健康、科学地度过晚年提供形式多样和完善有效的服务。依据发达国家的经验来看，其中一种重要的服务力量和有效的服务形式就是老年社会工作。

一、老年社会工作的概念、服务目标与服务对象

（一）老年社会工作的概念

老年社会工作就是针对老年问题而产生的一种专业服务活动。从社会工作专业的角度而言，老年社会工作是指受专业训练的社会工作者在专业的价值理念指导下，充分运用社会工作的理论和方法，为生活中遭受各种困难而暂时丧失社会功能的老年人解决问题、摆脱困境并同时推动更多的老年人晚年获得进一步发展的专业服务活动。这一定义明确指出以下几点内容：

1）老年社会工作是一项价值理念支配下的活动，在开展老年社会工作过程中时刻需要秉持社会工作对人的信念及专业的基本原则。

2）需要在理论的指导下运用专业的方法为老年人提供服务，从而提高服务质量。

3）老年社会工作的最终目标是挖掘老年人的潜能，从而提高老年人的能力和促进他们的发展。

（二）老年社会工作的服务目标

根据上述定义，可以将老年社会工作大致分成以下几个目标：

1）调试老年人的生活环境，协助老年人适应不良社会环境，如有关经济、疾病、家庭关系、孤独等问题，使老年人能够欢度晚年。

2）促进老年人人际关系和谐发展，鼓励老年人参与社会活动，如老年教育、老年娱乐团体等，使老年人与他人形成互动关系，满足其精神生活的需要。

3）协助老年人增强个人能力，预防生理或心理功能的迅速退化，如老年人营养指导、卫生健康知识指导、心理调适等，帮助老年人的身心健康发展。

4）帮助老年人充分利用各种社会资源，包括亲人、朋友、社区等所拥有的资源，还包括国家、政府、企业及各类非营利组织等提供的资源。

（三）老年社会工作的服务对象

根据现有的研究，可将老年社会工作的服务对象划分成三类。

1. 以被服务的人来划分

（1）遭遇困难的老年人　遭遇困难的老年人主要包括遭遇到经济保障、生病就诊、身心健康、人际关系等困难的老年人。如果老年人要求帮助或有接收帮助的意愿，那么他们就将成为服务对象。

（2）老年人的家庭成员　目前，我国的主要养老模式仍然是居家养老，老年人在与家庭其他成员生活在一起的时候，难免会出现问题。例如，久病卧床的老年人的照顾问题、虐待老年人的问题等，那么，不管是老年人还是其家人都可能成为服务对象。

2. 以老年人问题的种类来划分

1）长期患病、身体机能衰退或残疾的老年人。

2）经济困难、无法正常生活的老年人。

3）无法正常适应正常生活的老年人。

4）人际关系紧张的老年人。

5）受到虐待或遗弃的老年人。

6）丧失重要亲人的老年人。

3. 以老年人的需要来划分。

（1）需要解决各种困难的老年人　根据社会工作的本质来看，那些有具体困难需要获得帮助的老年人是老年社会工作的服务对象。

（2）需要获取个人发展的老年人　随着社会经济的发展，人们的生活水平逐步提高，老年人的精神需求也随之提高，那么，老年社会工作应该给老年人提供继续教育的机会，组织老年人开展各种能满足其需求的活动并给予专业的指导和协助，与此同时，为老年社会工作的发展提供一个广阔的空间。

二、老年社会工作的基本原则和实务原则

（一）老年社会工作的基本原则

作为一种专业服务活动，老年社会工作除遵循一般社会工作的道德原则外，由于老年人具有独特的生理和心理特点，还应遵循自身独特的道德原则和要求。

1. 老年人幸福原则

幸福是人生的追求，"幸福是人生中永恒性的成就"。老年人幸福是指老年人在物质和精神上获得满足的心理体验，是实现人生目标的快乐满足心态，是生命价值和生存意义的实现。可以把老年人的幸福简单地划分为物质幸福、社会幸福和精神幸福。物质幸福是指老年人的物质需要和生理需要得到满足，健康长寿；社会幸福是指老年人平等享受权利和自由，得到归属和爱的满足；精神幸福则是指老年人审美需要和自我实现需要的满足。老年人的物质幸福、社会幸福和精神幸福三者紧密联系在一起。老年社会工作要重视老年人的物质幸福，倘若老年人的物质幸福得不到保障，社会幸福和精神幸福也终究会成为泡影。但老年社会工作绝不能仅仅止步于实现老年人的物质幸福，而应进一步追求实现老年人的社会幸福和精神幸福。物质幸福、社会幸福和精神幸福的实现，才是老年人幸福的最终实现。

2. 家庭代际平等原则

孝道是我国传统家庭养老的伦理根基，延续至今，始终影响着人们的养老观念，制约着社会的养老模式。改革开放后，我国的家庭关系发生变化，代际关系重心下移，老年人不再是家庭与社会舞台的主角。家庭代际关系变化引发了家庭伦理的变化：家庭代际趋向平等，理性的契约交换与血缘、亲情的情感相交织。与此相适应，老年社会工作应遵循家庭代际平等原则。老年社会工作者应辅导老年人认同家庭代际关系与代际伦理的变化，并且根据这些变化营建适合老年人的养老支持网络；应帮助老年人认识到只有在物质、劳务方面适宜投入，在精神、情感方面主动交流，积极调适家庭关系，改善家庭环境，才能获取物质和精神回报，心灵才能有所寄托；还应帮助老年人在解决困难中克服自怨自艾情绪，树立自强精神，珍惜自我价值。

3. 代际公正原则

公正是现代社会核心价值之一。老年社会工作遵循的代际公正原则可以分为三个层次：

一是代际平等，即老年人平等参与政治、经济和文化各项事务，平等分享社会发展的各项成果。

二是代际互惠，即老年人和年轻人之间的互助、互利、互赢。

三是代际补偿，即通过国民收入再分配，老年人获得经济补偿。很多老年人的经济收入处于相对下降的态势，成为贫困发生率较高的群体。给予低收入或无依靠的老年人一定的经济补偿，是宪法赋予老年人的基本社会经济权利，也是政府及相关社会组织应履行的社会责任。老年社会工作者应呼吁全社会保障老年人的地位和权利，呼吁政府给予老年人特殊的政策关怀，将贫困老年人尤其是农村的贫困老年人作为国民收入再分配的重点关照对象，切实保障他们的生活水准。

（二）老年社会工作的实务原则

社会工作是一个过程，在这个过程中，社会工作者既要用社会工作的价值观来指导工作，也要运用专业的社会工作实务原则来规范社会工作行为，从而保证服务质量。

1. 接纳

接纳要求老年社会工作者在处理老年人遇到的问题时，要承认问题的合理性，理解老年人的境遇，尊重老年人的选择，而不是简单粗暴地指责。无论老年人的人品、态度如何，问题、困难怎样，更不论其种族、民族和宗教信仰，只要老年人求助，社会工作者就要予以接纳，并提供专业服务。接纳的道德规则有重要意义，这是由老年人自身特点及面临问题的特殊性决定的。一生经历已在许多老年人身上"钙化"成某种固定的思维模式和行为模式，难以改变。老年社会工作者在接触老年人之前，如果戴上"老顽固"的有色眼镜，或者在服务过程中从这种判断出发，必然会"拒老年人于千里之外"，难以与老年人进行有效沟通，更谈不上解决老年人的问题和困难。

2. 信任

信任是老年社会工作者与老年人应该建立的一种基本关系，是老年社会工作顺利开展的前提。得不到老年人的信任，老年社会工作者就难以开展工作。历经沧桑的老年人一般不会轻信陌生人，要取得老年人信任，老年社会工作者首先要信任老年人，相信老年人是愿意也是能够解决问题的，他们的"固执己见"，大多因为没有认识到改变的必要，看不到改变带来的希望，或者因自身条件而畏惧改变。但是，老年人凭借一生积累的知识和经验，一旦清楚了其中的道理，就会配合老年社会工作者实现改变。认识老年人的这一特点是社会工作者信任他们的基点，也是实施改变的起点。

3. 尊重

对老年人的尊重是老年社会工作应遵循的基本道德规则和方法。年龄和阅历优势，使老年人自然会产生得到尊重的需求。老年社会工作者如果认为自己是掌握专业知识的专家，老年人仅仅是需要自己帮助解决困难的受助者，自己可以居高临下，发号施令，就容易引起老年人反感。同时，老年社会工作者也应看到，老年人在心理定势上具有两重性，既有要求受尊重的"强势"一面，也有自卑的"弱势"一面。而且，现代社会对青年的器重使老年人极易产生一定的"精神疲乏感"，常常表现为无用感和排斥感、内心空虚感和厌烦感、孤独感和害怕。这就要求老年社会工作者在尊重老年人的同时，也要推动老年人成为精神强者。

4. 关怀

关怀是老年社会工作者应具有的基本的道德情感和行为。关怀是一种出于仁慈、同情、爱和责任而产生的对某人境遇的关注、担心、挂念、体贴和照顾。在老年社会工作中，关怀将老年社会工作者、老年人及其子女、社区、社会等在道德情感上连接起来，从而形成以解决老年人困难为目标的道德行为共同体。社会工作者对老年人的关怀是出于专业的道德要求和基本责任；子女对老年人的关怀是出于对父母生养的感恩之情与孝亲责任；亲属、朋友、邻居对老年人的关怀是基于共同生活和交往而逐渐形成的，如柏拉图所说的友善或善意的爱；政府与社会组织对老年人的关怀是出于对公民、组织成员的社会职责；公众对老年人的关怀是发自内心的仁爱或博爱，如孟子所讲"老吾老以及人之老"。老年社会工作者将这几种关怀整合起来，形成对老年人的关爱体系。

5. 保密

保密原则是指保守与案主有关的秘密资料。在老年社会工作中，老年社会工作者应该遵守一些保密规定：

一是基于一些强制性的专业需求，老年社会工作者可以同他人分享老年案主的秘密，如一位老年人因为与家人发生矛盾冲突，将想要离家出走的想法告诉社会工作者，那么社会工作者可以将此秘密分享给老年案主的家人，并完全告知案主，在特定情境下保密是有限制的，也会合理使用这些资料以达到帮助老年人的目的。

二是如需录音、记录或准许第三者观察他们的活动，老年社会工作者必须事先征得案主的同意方可进行。

6. 案主自决

案主自决是指在实践中，案主自由地做选择、做决定的权利和需要。此原则同样适用于老年社会工作实务领域，从而帮助老年案主能够有所改变，并能负责地行使自己的权益，不过老年社会工作者在具体操作过程中需要考虑老年案主的特殊因素。

三、老年社会工作的常用方法

（一）个案工作

老年人的个案辅导包括老年人个人的辅导、老年人家庭的辅导及个案转介的服务。当前较为常用又有效的辅导技巧是"怀旧"和"生命回顾"两种方法。

"怀旧"是一种记忆活动，透过资料及经验的记录和取出，事件被"重新创造"，自我也被"重新创造"。而每一次重新创造和建构的过程，都能够让参与者的自我影像更加清晰，让参与者和一起参与怀旧的他人更认识自己和更能清楚地"看见"自己。更多的"看见"也让怀旧的参与者变得更坚强，更能面对生活中的一些挑战。

"生命回顾"基于怀旧的往年经历，但它较"怀旧"更为全面及完整，因为它要求社会工作者协助老年人详细及有系统地将其一生的经历倾诉出来，其中包括成功与失败的时刻，以及老年人对一生的看法。"生命回顾"是老年案主对自己一生所做出的整合及总结，有助于他们接纳老年的来临，使他们认识到自己生命的意义及贡献。

（二）小组工作

小组工作是透过有意图性的小组经验来提高个人的社会运作功能，使案主能更好地处理个人、群体及社区的问题。老年人小组工作就是通过精心设计的主题小组，协助老年人获得相关的知识、技能及问题解决的方法，提高他们的自信心，从而更好地度过晚年生活。当前开展的较为普遍的老年人小组主要是治疗性的小组、社交小组、康乐小组、休闲技艺小组及老年人互助小组。

1）治疗性的小组主要是将受到情绪困扰或受到其他障碍的同质的老年案主组成小组，由社会工作者对小组动力的掌握，将组员的问题普及化，通过各组员间的互动和支持，协助组员认识到问题解决的方法，从而达到治疗的目的。

2）老年人同样具有社交的需求，虽然他们住在机构之中，但他们同样渴望能够获得他人的认可，拥有自己的交际圈。因此，社交小组就是为了满足老年案主这方面的需求而成立的。社交小组主要是社会工作者协助组员学习社交的技巧，增进彼此的认识，拓宽组员的交际圈。

3）康乐小组的目标是提供令人享受和锻炼的活动，主要是社会工作者设计各种娱乐性的小组活动，满足组员的康乐性需求。例如，社会工作者教老年人玩"哈哈功"、学唱老歌等活动。

4）休闲技艺小组的目标是在享乐的同时完善一套技巧，其主要是一种技艺培训小组，协助组员获得某种技艺。例如，社会工作者组建手工艺小组、太极拳小组等。

（三）社区工作

1. 开展大型活动

开展大型活动有助于建立养老机构的形象，同时也有助于机构及社区了解社会工作的成效。通常开展的大型活动有举办主题展览活动、策划老年人的比赛活动、举办有关老年人问题的研讨会、出版院方刊物等。

2. 社区教育及宣传的工作

老年社会工作者还可以就如何消除老年歧视，向社区澄清错误的老年标签，推广老年照护的经验，以及鼓励社区支持养老机构的工作，进行积极倡导，努力为老年人营造一个关怀的环境。

案例思考

张先生是某外企公司的部门主管，年轻有为，至今仍独身一人，他的工资很高，但工作非常忙，几乎没有时间在家里与父母共处，而仅有的几次回家，家里总是争吵声不断，有时是父母两人争吵，有时是张先生为维护母亲与父亲发生争吵。

情景一：

今天正好是母亲的生日，张先生在百忙之中抽出时间回家给母亲过生日，高高兴兴地拎着大蛋糕，怀揣着给母亲准备的生日礼物。打开家门时，却看到母亲正坐在一片狼藉的屋里抹眼泪，张先生不禁怒从中来。正要找父亲去理论，却被母亲拦下来："儿子，别跟他吵了，坐下来陪妈说说话。"

原来，正当母亲高高兴兴地准备晚餐迎接儿子回来时，父亲莫名其妙地就发火了："不就是儿子回来吗？有必要那么隆重吗？"

母亲还是难以掩饰内心的高兴："就是儿子要回来了，就是要隆重。"

父亲似乎被刺激到了一般："你们母子俩现在是不服管了，就算是我退休回家了，你们也要听我的！"他似乎根本就不知道今天是妻子的生日，他在乎的只是自己在家里的领导地位。

母亲一听他要管母子两人，不免想到以前自己一个人带着孩子时的艰辛情景，心里突然腾起一把火："管？你就知道工作、厂子，你什么时候管过我们母子？有本事你继续管你那些工人呀？"

一提到退休的事情，父亲就异常恼怒，不知道说什么了，于是开始砸房间里的东西，边砸边骂："你以为我想退休啊？你以为我想待在家里呀？我就是退休了，又怎么样？我在家里待着了，又怎么样？"

母亲从来没见过父亲这般架势，有些着急了，又不知道怎么劝阻。慢慢地，父亲累了，就回房坐着去了，母亲则在杂乱的客厅里抹眼泪。

情景二：

一个周日的上午，张先生在家休息，还没起床的他听到客厅里父亲暴怒的声音："牛奶是凉的，让我怎么喝？不知道我肠胃不好吗？"张先生赶紧起床，走出房间打开房门，正看到母亲准备拿牛奶去加热，此时，父亲突然把大家的早餐都掀翻在地，母亲吓傻了一般，呆呆地站在那里，父亲仍不肯罢休："早餐都不知道怎么准备，能干吗呀？"

母亲一下子就火了："我什么都不会干，你倒是干呀，几十年了你为这个家干什么了？整天就知道工厂、工人。现在倒好了，退休了，让你工厂里的那些人养你呀？你还回来干吗？"

这下子父亲更加不能忍受了："我在工厂里辛苦操劳，还不是为了多挣钱，让你和儿子过得好？"母亲对他的强词夺理不予理睬，开始收拾房间。张先生一看好好的早餐被父亲摔在地上，小声嘀咕着："不想吃早餐，也不能不让别人吃呀！"

母亲的不理睬和张先生的小声嘀咕惹得父亲更加愤怒了："小兔崽子，把你养这么大就是让你顶嘴的？"张先生不甘示弱："养？你什么时候养过我？什么时候管过我？从小到大都是我妈在为我操心。你到哪里去了？老了，退休了，回家来指挥我妈了。有本事你别回来呀！"

父亲听到张先生的这番话，差点气晕过去。母亲夹在父子两人中间也不知道如何是好，眼泪扑簌簌地落下来。张先生不忍心让母亲流泪，扶着母亲回到卧室里："妈，走，不理他，让他一个人过。"

据张先生说，这样争吵的情景在家里时常发生，他现在很担心父母的关系，尤其担心母亲在家里被父亲欺负，自己不但帮不上忙反而常常会让父母吵得更凶，实在没有办法了，希望有人可以帮助解决家里的问题。

请同学们思考一下：如果你是一名服务在该社区的老年社会工作者，你会怎么处理这件事情？

模块五 老年社区服务与管理

➡ 相关知识

近几年来，我国提出的开展老年社区服务工作已成为社会保障事业中的一门新课题，它是人类文明进步的标志，是城乡社区对老年人实施服务的好形式，体现了社会主义制度的优越性，是社会发展的必然结果。

一、开展老年社区服务的意义

为了弄清这个问题，首先需要弄清什么是老年社区服务。所谓老年社区服务，就是老年人的生活服务基本上脱离了国家机关和事业单位及企业单位，也基本上脱离了家庭，在城市基本由街道、居委会来管，在农村基本由乡和村来管。开展老年社区服务，其重要性体现在以下四点：

（一）老年人群的需要

随着我国科学技术、卫生医疗水平的提高，人民生活条件的改善，人的寿命越来越长，老年人的队伍越来越庞大，22世纪将出现人口老龄化的高峰，为占总人口10%以上的老年人服务，将成为一个全社会所关心的问题。老年人需要有一个服务组织为他们提供各种服务活动。

（二）家庭的需要

在社会主义计划经济条件下，整个社会缺乏竞争力，人们安于现状，吃大锅饭的人多。家庭成员有时间照料老年人的生活，老年人也得到了满足。但计划经济向市场经济过渡后出现了许多新情况、新问题，如在市场经济条件下，社会成员的分工出现了重新组合的趋势，按劳取酬的社会主义分配原则逐步得到体现，生活节奏加快，家庭成员日常对老年人照顾的时间太少。因此，家庭成员需要有一个为老年人服务的群众组织——老年社区服务组织，使家庭成员有更多的时间投入到社会主义市场经济建设这个大潮之中，以争取到更多的个人收益，实现自我的人生价值。

（三）有助于经济发展和社会安定

开展老年社区服务所产生的经济效益和社会效益是无可估量的。一是可以解除双职工家庭工作的后顾之忧，子女安心工作，提高工作效率，减少误工、事假时间，增加社会劳动工时，增加社会财富；二是通过社区服务、邻里关心、相互照料，可以使社区成员之间的人际关系融洽，有利于创建和谐的社会风气，有利于社会安定。

（四）有助于青少年的成长

尊老爱幼是中华民族的传统美德，开展老年社区服务正体现了这一传统美德，全社会都来关心老年人、尊重老年人、帮助老年人，让老年人在有生之年安享人生的幸福晚年，这是全社会的职责，也是老年人所企盼的。而老年人也希望在有生之年里，为社会再做一些贡献，愿为社会主义两个文明建设献计献策。所以，在开展老年社区服务中，可依靠老年人，组织有丰富人生经历的老党员、老干部、老工人等参加社会主义精神文明建设，让他们到各中小学校和企业单位进行"讲传统、学历史、育新人"的传统教育活动，使青少年在思想上牢记我党的光辉历史，在行动中珍惜当今社会主义的幸福生活，使他们热爱祖国、热爱人民。只有这样，才能有助于青少年一代的茁壮成长。

二、社区、社区服务和老年社区服务

（一）社区和社区服务

社区的概念最先源自于西方国家。在1887年德国社会学家滕尼斯的著作《共同体与社会》中首次将社区概念引入社会学界。在这本书中，他用社区和社会两个概念来说明社会变迁的趋势，社会是个人保持独立人格而通过契约与他人形成联合的群体形式和相互关系，社区是建立在个人以成员身份归属于集体的共同生活的基础之上形成联合的群体形式和相互关系。随着社会学从欧洲传入北美，美国的查尔斯·罗密斯把滕尼斯的社区译成英文"Community"，随后美国著名社会学家帕克放弃了滕尼斯赋予社区的特殊意义，转而强调社区的区域特征。他认为"社区就是居住在某一特定地域中的一群人，他们的生活围绕着日常的互动模式而组织起来"。

实际上，社区概念的提出在我国已经有数十年的历史了。早在1933年，我国著名社会学家费孝通就提出了"社区"的概念，并认为"社区是具体的，在一个地区上形成的群体"。改革开放后，社区概念再次进入我国社会学的研究领域。我国学术界一般按社区所处地域范围的不同将其划分为乡村社区和城市社区。其中，城市社区是指由某一范围的城市居民连同他们的社会活动、社会关系、组织制度、社会文化和社会心理等方面构成的地域性的共同体。

总的来说，城市社区主要有以下几种主要功能：

1）社会服务功能。
2）人的社会化功能。
3）社会参与和社会民主功能。
4）社会控制功能和社会稳定功能。

社区服务是指在政府的统一规划和倡导下，以社区组织为依托，以生活在一定社区地域内的个体成员为对象，通过社区成员之间的互助性服务，解决本社区的社会问题。

（二）老年社区服务

老年社区服务是一种由家庭、近邻、社区所组成的综合性的支持老年人社会生活的服务，能够使老年人不脱离他所生活和熟悉的社区，在社区内接受服务，满足各种需求。全国老龄办、民政部、财政部第四次中国城乡老年人生活状况抽样调查显示：老年人精神文化生活与时俱进，而且老年人闲暇生活更加注重品质和时尚。截至2015年，88.9%的老年人经常看电视或听广播，20.9%的老年人经常读书或看报，20.7%的老年人经常种花养草或养宠物，13.4%的老年人经常参加棋牌活动。2015年，有5.0%的老年人经常上网，在城镇老年人中这一比例为9.1%。虽然旅游已成为老年人休闲生活的新选择，但所占比例不太高。这说明大多数老年人的日常活动是在居住社区的范围之内。社区老年服务具有感情交流、组织服务等功能，实行社区居家养老，既可保留家庭养老享受到亲情的传统和优点，又可减轻儿女的负担，使老年人的生活得到较好的照料，弥补家庭养老的不足；还能方便老年人接触社会，享受友情和邻里之情，适应了老年人的生活习惯，满足了老年人的心理需求，有助于老年人身心健康，并使老年人安度晚年。

1. 老年社区服务的内涵

1）老年社区服务是一个社会服务网络。这个网络包括家人、邻居、朋友、社工、志愿者、各种民间团体、政府有关部门等。这些人、机构、政府构成了社区内的老年服务网络。

2）老年社区服务是一个长期的过程。社会工作者需要结合有关人士和有关组织在深入调查研究的基础上调动社区资源，有步骤、有计划地提供服务。这种服务不是一蹴而就的，而是随着服务对象需求的变化不断调整的、长期的社会服务过程。

3）老年社区服务是专业化的社会工作方式。它不是慈善基础上的社会救济，也不是某一时段内的"送温暖工程"，而是专业的社会工作者通过社会工作的理念和方法，去发动社区群众，建立社区网络，从而提供所需要的服务。

4）老年社区服务有其特定的服务对象。它不是对所有的社区成员都提供服务，而只针对老年人及其家庭照顾者。它提供各种服务满足老年人的精神和物质需求，缓解家庭照顾者的压力。

5）老年社区服务具有明显的"地域性"。它的服务主要是提供给本社区的成员，它的资金主要来自于本区域内的有关职能部门。利用社区资源做好老年人的工作，是在保持原有服务管理关系的基础上，以社区党组织为依托，以社区服务管理为载体，通过建立老年人工作专项部门、社区、家庭、单位相结合的新型服务管理体系，为老年人"四就近"提供方便（见图2-3-2）。

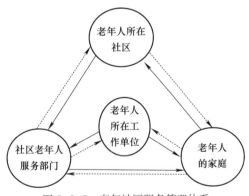

图 2-3-2　老年社区服务管理体系

2. 老年社区服务的主要内容

（1）贫困老人慰问和物资援助　逢年过节，各级老龄问题委员会和退休职工管理委员会配合社区有关部门上门慰问老人，尤其是对那些特困老人捐钱捐物和发放困难补助。

（2）老人各项有关权益的争取　一些涉老机构专门在社区设立法律咨询部门或设专人接受老人的咨询，为老人寻求资源或在财产、房屋、经济、婚姻等方面为老人争取相关权益。

（3）老人文体康乐活动的开展　在各级涉老机构的组织下，以社区为单位，组织老人积极参加健康有益的体育、健身、文娱和康乐活动，以充实自己的晚年生活。

（4）老年社区照顾　老年社区照顾是指老年人在专业人员的指导帮助下，在他所生活和熟悉的社区里接受服务。

三、老年社区管理

伴随着国民经济的快速发展，以及工业化的深入和城市化进程的加快，我国的社会结构面临着深刻的变革，社会体制处于转型时期，单位制的逐步消失，使大量的"单位人"逐步转变为"社区人""社会人"，同时下岗失业人员、老年人等弱势群体的出现，使得社区所承担的服务担子日益加重，面对社区居民不同层次的需求，必须改变原有的"大政府小社会"的服务提供模式，积极建设社区服务中心，招募非营利社会工作机构（简称社工机构）进驻社区，引进专业社工队伍，提供专业化的社区服务，以回应社区居民逐渐多样化的需求。但是鉴于我国当前的整体经济水平，社区服务中心想要更好地发挥社工机构的作用还有一段很长的路要走。

社区服务中心开展老年社区管理包括以下工作内容：

1. 建立关系

社区服务中心可以借助老年社会工作者这支专业人才队伍走访社区内的各个部门或机构，如街道民政部门、退休工人管理机构、居民委员会、社区社会工作站及其他与社区发展相关的社团和社区资源单位等，并尝试与各部门的负责人或行业专家、学者建立良好的社会关系。

2. 社区评估

社区评估主要是先进行社区调查，了解社区在老年生活、照顾、医疗、教育、沟通等方面存在的问题、可利用的社区资源，以及提供老年居民相关服务的社区组织等，在充分调查和评估的基础上，确定老年社区工作开展的方向和服务的内容与项目。具体来说，社区评估和社区分析需要涉及以下几方面的内容，这些内容对开展老年社区工作至关重要。

一是社区环境分析：包括社区内涉及老年人生活、休闲和活动的社会、人文与自然环境等。

二是社区老年人口分析：包括老年人口总数、年龄结构、性别结构、学历状况、退休之前的职业状况等。

三是社区老年社会问题分析：主要是指在社区范围内影响到老年生活和活动的带有全局性的问题，如老年人的经济保障问题、老年人的就医保障问题、高龄老人的照顾问题、老年人的家庭关系问题、各类老年人的违规行为（包括偷窃、欺骗、性犯罪、自杀、斗殴等）、老年人闲暇时间活动安排问题，以及老年人的精神健康问题等。

四是老年人各类需要分析：包括服务对象要求服务的种类、项目、形式、数量及其服务收费标准、时间安排等。

五是社区促进老年人良好生活和资源的分析：包括各类机构资源的存量、权属及运用等。

3. 社区发展计划

社区发展计划主要是根据社区调查和评估所得到的资源与结论，拟订老年社区工作的方案，划分工作的方法与步骤，并为有效社区资源做好准备。一个有效和良好的老年社区工作服务与发展计划，必须考虑社区老年居民在生活、教育、休闲、活动、交往和发展等多方面的愿望与需要，而且具有适合性、可行性及可接受性。

4. 社区活动

将社区评估、社区发展计划的结果正式纳入行政运作，付诸实践。实施的过程包括开会讨论、协调有关单位、争取经费或其他资源支持，多方面宣传以争取社区老年居民的积极参与。

项目四　老龄产业经营与管理

老龄产业是为老年群体和准备步入老年的群体提供对应产品和服务的相关产业链的综合产业，大致包括老龄用品业、老龄服务业、老龄住宅业和老龄金融业四个有机组成部分。其中，老龄金融业除了为老年人提供相应的理财金融服务以外，还为其他人群提供预备式的老年期金融服务。

相对于目前的经济和社会发展来看，当前我国的老龄产业发展是比较滞后的。发展老龄产业对于全面提升老年人的生活质量，让老年人有保障、健康、安全、有尊严地生活，与全社会共享改革开放的成果具有十分重要的意义。我国连续多年的经济快速稳定增长及社会的和谐稳定为发展我国的老龄产业提供了良好的发展空间和环境。老龄产业是一项涉及多种行业的庞大系统工程，对于我国发展战略性新型产业起到积极的促进作用。

学习目标

1. 了解老龄产业经营与管理的主要内容。
2. 了解老龄产业经营与管理的现状与发展。

模块一　老龄金融业

相关知识

老龄金融业是老龄产业的核心，未来也是整个中国金融体系的重要组成部分。在老龄化加速发展的前提下，大力发展老龄金融业，不仅关系到老年群体的生活质量，也有利于金融业乃至整个宏观经济的健康运行。

一、老龄金融业的概念

老龄金融业是一个比较新的提法，《中国老龄产业发展报告（2014）》中将老龄金融定义为"与养老有关联的储蓄投资机制"，具体是指全体公民终身理财和退休后收入保障相关的金融服务，以及支持老龄事业和产业发展的相关金融服务等，主要包括社会基本养老保险、企业年金、商业养老保险、养老储蓄、住房反向抵押贷款、养老信托、养老基金等金融服务方式。

二、当前我国老龄金融业的发展现状

（一）老龄金融对老龄产业的有效支撑不足

1. 居民的高储蓄率和个人养老低储蓄之间的矛盾

目前，我国国民储蓄率在全球排名靠前。一方面，我国的高储蓄率主要缘于政府和企业的储蓄比重不断提高，而居民储蓄则仅占GDP的20%左右。并且，随着我国经济的发展，居民的贫富差距在不断拉大，在这20%的居民储蓄中，很大的一部分属于少数的高收入人群，大部分低收入人

群的储蓄相对较少。根据对我国居民可支配收入结构的分析，人均储蓄水平较低，远远不能满足养老的需求，通过储蓄来养老的愿望也就根本无法实现。总而言之，我国居民虽然储蓄率很高，但是人均储蓄率分布并不均匀，对于大多数国人来说，个人养老储蓄并不能满足其预期的养老愿望。

另一方面，高储蓄率带来了低消费率，长此以往，作为拉动经济增长的三驾马车之一，消费始终不能与进出口和投资均衡发展。大多数居民并不旨在追求货币增长，而是一种预防性的积累行为，因而具有一定的刚性，这便是造成被动储蓄增加的重要因素。并且，用高额储蓄的方式降低未来养老时风险的行为，实际上也是在制约我国经济的发展，并且储蓄高额资金本身就面临着货币贬值等风险。这也是我国养老亟须解决的问题。

2. 养老金金融的服务费用过高，服务项目缺乏合理性

目前，我国的养老金金融服务费用较高，在基本养老保险费的支取方面存在不少问题，比较突出的是跨地提取的问题。越来越多的老年人随子女迁居到非户口所在地，跨地支取养老金需要收取高额手续费，这是非常不人性化的。国务院办公厅 2009 年 12 月 28 日转发了人力资源和社会保障部、财政部《城镇企业职工基本养老保险关系转移接续暂行办法》（以下简称《办法》），要求各省、自治区、直辖市人民政府，以及国务院各部委、各直属机构，结合实际，认真贯彻执行。《办法》从 2010 年 1 月 1 日起施行，旨在切实保障参加城镇企业职工基本养老保险人员的合法权益，促进人力资源合理配置和有序流动，保证参保人员跨省流动及在城镇就业时基本养老保险关系的顺畅转移接续。从远期看，实现全国范围内的养老金融一体化是我们亟待解决的问题。

3. 养老金构成的三大结构严重失衡

根据人力资源和社会保障部养老保险司的界定，我国养老保险由三大支柱组成。第一支柱是强制性社会保险，属于基本养老保险；第二支柱是以企业年金为代表的企业补充养老保险；第三支柱是以商业养老保险为代表的个人储蓄性养老保险，它是根据个人经济状况，自愿参加的一种补充保险形式。只有三者相互配合，共同发挥作用，养老保障体系才得以不断完善并充分运转。

有数据显示：我国第一支柱——强制性社会保险的年末结余基金约占我国养老金储备的 90%；第二支柱——企业补充养老保险的年末结余基金约占我国养老金储备的 10%；第三支柱——个人储蓄性养老保险的发展则较慢，其养老保险的补充地位并未显现，甚至很多人并不了解这种养老保险。基于上文我们看到，我国的养老保险体制几乎是在"一条腿走路"，并且完全依仗政府的强制性社会保险制度，从而造成的后果是第二、三支柱起到的作用甚微。

与我们不同的是，大部分的发达国家，第二、三支柱才是国民养老金的核心部分。新加坡是个人储蓄性养老保险的典型代表国家，它实行的是以个人账户为基础，政府强制雇主和雇员共同供款、实行公共管理的个人储蓄制度，在社会保障体系中主要强调个人的责任。有数据显示：经济合作组织 34 个成员国第二、三支柱之和平均约占养老金储备的 80%。我们发现，只有解除国家对基础养老金的过分依赖，同时协同配合第二、三支柱的发展才能为老年人群提供全方位的养老保障。

通过国内外养老保险体系的对比可以看出，我国现在存在着"第一支柱独大"的不良局面，同时企业和老年人群缺乏对养老金体系的充分了解和主动为自己争取福利的积极主动性。针对我国养老金体系的结构失衡问题，我国养老保险制度亟须通过制度创新和市场运作来发展和壮大另外两大支柱，才能减少对于基础养老的过重依赖，充分发挥养老金体系的整体功能。

4. 流动人口的养老保险转移接续难，城乡差距大

《城镇企业职工基本养老保险关系转移接续暂行办法》（以下简称《办法》）对上述部分问题进

行了政策应对,《办法》规定"参保人员跨省就业,除转移个人账户储存额外,还转移12%的单位缴费"。这样,单位缴费的大部分随跨省流动就业转给了转入地,减轻了转入地未来长期的资金支付压力;单位缴费的少部分留给转出地,用于确保当期的基本养老金支付。对回乡后不再返城就业的农民工,《办法》规定的总原则是:其在城镇参保缴费的记录和个人账户全部有效;如果累计缴费年限满15年或以上,在达到国家法定退休年龄后,可以同城镇职工一样计发基本养老金;如果没有满足规定条件,也可以把城镇参保的相关权益记录和资金转到新型农村社会养老保险体系。总之是不让他们的权益受损。

长期以来,中国基本养老保险参保人员跨地区转移接续养老保险关系,只转移个人账户储存额,不转单位缴费,长期支付的资金压力较大。如果让流动就业的参保人员自己往返不同地区办理基本养老保险关系转移接续手续,费时费力。关于农民工养老保险在城乡间的具体衔接政策,我国现已出台《城乡养老保险制度衔接暂行办法》,方便了群众。

(二)我国老龄金融业发展尚处于起步阶段

随着我国经济的进一步发展,银行、保险、基金、证券等金融机构已经意识到人口老龄化带来的机遇与挑战。总体而言,以养老储蓄为代表的传统老龄金融服务在银行类老龄金融产品中依然处于主流地位。就保险类老龄金融产品而言,由于基本养老保险具有强制性、互济性、普遍性的特点,该项制度执行情况较好,能够保障退休人员的基本养老需求。企业年金可以为国家基本养老保险提供有力的补充,根据国际经验,企业年金可以成为养老保险体系的"第二支柱",也能够在养老保险体系中发挥不可替代的作用。商业养老保险是老龄金融市场的重要组成部分,许多保险公司已经推出大量商业养老保险产品。

1. 基本养老保险、个人商业养老保险和企业补充养老保险发展喜忧参半

当前,我国养老保险主要由三个部分组成:基本养老保险、个人商业养老保险、企业补充养老保险。

(1)基本养老保险 2016年,我国城乡居民社会养老保险参保人数为8.71亿人。社会统筹与个人账户相结合的基本养老保险制度是我国在世界上首创的一种新型的基本养老保险制度。这个制度在基本养老保险基金的筹集上采用传统型的基本养老保险费用的筹集模式,即由国家、单位和个人共同负担;基本养老保险基金实行社会互济;在基本养老金的计发上采用结构式的计发办法,强调个人账户养老金的激励因素和劳动贡献差别。因此,该制度既吸收了传统型的养老保险制度的优点,又借鉴了个人账户模式的长处;既体现了传统意义上的社会保险的社会互济、分散风险、保障性强的特点,又强调了个人的自我保障意识和激励机制。

2009年国务院办公厅发布《国务院关于开展新型农村社会养老保险试点的指导意见》,决定开展新型农村社会养老保险试点。我国历史上第一次为60岁及以上农民提供国家普惠式的养老金,基础养老金标准为每人每月55元,地方政府可根据实际情况适当提高。2014年2月7日,国务院总理李克强主持召开国务院常务会议,决定依法合并新型农村社会养老保险和城镇居民社会养老保险,在全国范围内建立统一的城乡居民基本养老保险制度,并在制度模式、筹资方式、待遇支付等方面与合并前的新型农村社会养老保险(以下简称新农保)和城镇居民社会养老保险保持基本一致。采取个人缴、集体助、政府补等基金筹集方式,中央财政按基础养老金标准对中西部地区给予全额补助,对东部地区给予50%的补助。这是我国社会保障制度的又一重大改革举措。

改革开放以来,我国大量农村劳动力向着城市转移,农村老龄化现象变得日益严重。相关数据

显示,当前我国农村的老龄化问题比城市更为严重。而且随着农村年轻劳动力向着城市转移,农村传统的家庭保障功能也受到削弱。另外,随着农村人口结构的变化与家庭承包土地数量的普遍减少,以及土地被征用与开发的增多,土地对于农村老年人的保障功能不断受到削弱,已有越来越多的农村老年人难再依靠土地养老。在这种情形下,正如有关专家所指出的,有必要建立制度化的养老保障制度,以弥补农民家庭保障与土地保障的不足。从这个意义上说,推行新农保制度首先是为了更有效地应对日益严峻的农村养老问题。

（2）个人商业养老保险 老年人是最需要保险的群体,老年人保险市场需求潜力巨大。目前,许多保险公司为老年人提供了形式多样的养老保险产品,如人寿保险、健康和意外保险、财产保险、养老金及相关保险辅助服务（保险咨询）等。部分商业保险公司开发了多款老年人保险产品。

总体来看,当前我国商业养老保险呈现出"两多两少"的特征。第一多是"品种多"。我国个人商业养老保险可谓品种繁多,适用于各类不同风险偏好、财务状况的投资者。第二多是"门槛多"。要想加入养老保险,需先完成保险公司要求的评估报告,其涉及内容从家庭收入到家族病史,事无巨细。要完成这份报告并被评估为理想的被保险人也并不容易,很多投资者因此被拒之门外。第一少是"参与人数少"。由于商业保险业发展相对较晚,老年人对其认知度较低,参与比例整体很低。第二少是"监管少"。由于保险信息不对称,保险公司为争取客户而违规操作,法律纠纷时有发生,保险业的自律性和监管力度广受质疑。

（3）企业补充养老保险 企业补充养老保险又称企业年金,是指企业及其职工在国家政策的指导下,在依法参加基本养老保险的基础上,根据自身经济实力自愿建立的旨在为本企业职工提供一定程度退休收入保障的非强制性补充性养老金制度。劳动和社会保障部在2004年前后出台了《企业年金试行办法》和《企业年金基金管理试行办法》。2011年2月23日颁布的新《企业年金基金管理办法》,对我国企业年金制度的规范化运作具有重要的指导意义。当前我国的企业年金产品都以企业年金集合计划产品的形式出现,具有高效率、低成本、规模效益三大优势。

总体来看,企业年金并不是一项纯粹的养老筹资工具,对于建立计划的企业来说,在我国现有的社会保障、税收等制度的框架下,它在降低企业成本、激励员工等方面的优势令其成为企业提高自身竞争能力、实现人力资源优化配置的良好市场工具。目前,我国企业年金的主要作用和功能可以概括为三个方面:一是分配功能,既具有国民收入初次分配性质,也具有国民收入再分配性质;二是激励功能,企业年金计划可以为职工年金个人账户提供资金,有利于调动职工的劳动积极性和创造力,稳定职工队伍,增强企业的凝聚力和市场竞争力;三是保障功能,可以提高职工养老金待遇水平,弥补由基本养老金替代率逐年下降而造成的职工退休前后的较大收入差距,为职工退休后的高质量生活提供保障。

2. 养老信托业务亟待创新

根据资金来源的不同,养老信托可以分为养老金信托、财产信托（养老资产信托）、遗嘱信托三种形式。其中,养老金信托是主要形式。对比国际经验,开展养老信托业务离不开良好的制度环境、监管环境和资本市场环境,而随着我国的发展,我国在养老金信托方面已经进行了一些积极探索。

总之,信托作为专注于资产管理的金融产品,其诸多特性都符合我国养老的需求。未来应充分利用信托的产品特性,用其保证国家与个人的养老资金安全,增强养老资产的保值与增值能力。同时,还可以进一步利用信托产品良好的组合特性,运用信托进行跨市场和跨行业投资,如设计商业养老保险信托、人寿保险信托、财产传承信托等产品,优化养老资产配置,提高养老资产收益,降低风险。

3. 银行业老龄金融产品推陈出新

养老储蓄具有操作简便、安全、稳定等特点,一直在我国老龄金融中占据相当大的比重。养老储蓄的简便性体现为"三省":省心、省时、省力。无论是对老年人来说还是对工作繁忙的中年人来说,储蓄都是非常省心的,不用研究复杂的金融产品和债券组合,只需要定期将钱转入储蓄账户即可,不会涉及复杂的操作。而且随着近年来地方银行的兴起及网上银行的大规模发展,能办理储蓄或转账的银行网点随处可见,更不必说足不出户的网上操作,这些有利条件都使养老储蓄成为人们养老的首选金融产品。养老储蓄的安全稳定体现在其低风险上。众所周知,储蓄没有损失本金的风险,并且能得到固定收益。老年人因其收入较低,收入来源少,风险承受能力比较差,都倾向于选择低风险的保本型金融产品。但是低风险也往往和低收益相连。养老储蓄是大部分人目前主要的养老理财产品,呈现出养老储蓄"范围广、比例高"的局面。据不完全调查,我国有近90%的老年人都选择储蓄养老,较为常见的形式是一年定期这样的短期储蓄,以备不时之需。但应该看到,养老储蓄,尤其是定期储蓄存款,具有流动性和灵活性较差的缺点,大规模储蓄不利于老年人应对突发疾病等急需使用大笔资金的情况,因为储蓄金往往有规定期限,提前支取会损失利息。不少老年人甚至将所有收入都投入储蓄,这实在是一种低效的理财方法,这也从另外一个侧面反映了我国养老产品的单一和低效。

随着人口老龄化程度的加深,各大银行以传统的养老储蓄为依托,积极创新,相继推出了形式多样的老龄金融产品。2012年,上海银行设老龄金融部,专门为养老金客户服务。一方面,采取免除或降低养老金客户的各种费用等优惠措施、培训使用新型ATM软件、宣传金融业务;另一方面,还推出"养老无忧"和"日新月溢"系列两款养老专属理财产品、养老金客户专属的借记卡——"美好生活卡"。2013年,上海银行在50家支行试点养老金融特色服务,对环境设施、产品配置、金融服务、流程制度等方面进行适老化调整和差异化设置,突出体现老年人专属特色,引入多款养老专属产品,如长期看护险等养老特色保险,优选定制类、代理类养老特色理财产品系列,为中高端老年客户试点首发金卡,赠送首批老年客户意外伤害保险等,打造值得老年客户信任的"金融超市",为老年客户搭建"一站式"养老综合服务平台,以满足老年人多元化金融需求。

银行基于"养老"理念推出了系列产品,这一方面体现出传统金融业的人口意识,但另一方面我们也要看到,在现阶段许多银行仅是就概念而炒作,所谓的养老专属理财产品与普通的理财产品并无实质性的区别。更重要的是,在银行业急剧转型的过程中,贷款利率已经放开,存款利率市场化改革指日可待,以存贷差为依托的传统银行业务面临深刻挑战。在此背景下,要应对金融人口的大幅增长,面向全体公民老年期的养老准备需求,建立长效机制,开发适销对路的老龄金融产品,还需要银行业从战略上做好准备,从策略上做好安排。

4. 养老证券投资环境不容乐观

由于老年人特殊的投资需求和风险偏好,相对于基金、信托等理财产品而言,直接股票证券投资在养老金融产品序列中相对缺乏前景,但在投资结构与特征方面,债券市场存在一定的发展机会。目前已经上市的养老基金和信托产品中,部分资金投向股票、国债等证券市场,但因为有特殊的收益要求,风险相对较高的股票投资比例并不是很高。目前,学界和业界有部分人士呼吁实现养老资产的证券化,通过建立养老基金运作实体,实现养老资产的证券化,并成立信用评级制度,为养老资产的证券化产品提供担保。

5. 养老基金产品开发艰难

我国老龄化问题日趋严重,凸显出养老理财市场的巨大需求。基金公司从2012年开始纷纷试水养老基金理财产品,涉及公募基金、专户定投产品等多个领域。

总体来看,目前在养老金融产品方面,基金公司相较于银行、保险公司等更具有专业性与灵活度,但从渠道营销和品牌影响力来看,养老理财市场中基金公司还处于相对劣势。而且必须认识到,基金公司目前存在盲目扩张规模的短视行为,从养老基金理财产品的现状看,大部分打着"养老"的牌子,但实质上仍然只是一个大众化的理财产品,并没有有针对性地对持有人未来的养老需求进行长期规划和安排,无法真正满足老年人的养老需求。

模块二 老龄用品业

相关知识

我国拥有世界上最大的潜在老龄用品市场,而且这个市场在不断扩大。2025年,我国老年人口将突破3亿人。高龄老年人口、失能老年人口及患有慢性病的老年人口规模非常大,并且在持续增长,这些老年人口对康复辅具、保健用品、医药用品等老龄用品有着较强的刚性需求,消费需求潜力巨大。老龄用品业产业链长,覆盖领域广,涉及长期照料、医疗康复、营养保健、饮食服装、休闲旅游、文化传媒、日常居家等方方面面,为扩大内需,促进消费,发展实体经济提供了广阔的市场空间。

一、老龄用品的定义和分类

《中国老龄产业发展报告(2014)》对老龄用品的定义如下:以老年人为主要消费人群的任何器械、器具、用具和物品,包括所需的软件,以满足老年人因残障、疾病、体弱或其他特殊的身体、心理特点而产生的对物品的特殊需求。老龄用品属于"物"的范畴,这是与老龄服务的根本性区别。老龄用品业是指从事老龄用品生产、销售和提供相关服务的经营性行业,属于实体经济,是老龄产业的重要组成部分。

在西方国家的老龄用品市场中,商品按照不同的用途大致可以分为以下几大类:日常生活用品、食品、医药、医疗器械、保健产品、无障碍设施及设备、文化用品、休闲娱乐产品。这些老龄用品在设计上突出了方便、安全、实用及针对性强等特点。

(一)服装

穿衣是衡量老年人生活自理能力的一项重要指标,不少老年人在穿衣方面感到吃力或存在不同程度的困难,甚至完全需要别人帮忙,而专门为这些老年人生产的服装在穿戴方法及纽扣或拉链的缝制位置上进行了改进,由此减小了老年人在穿衣方面的动作幅度,为不少老年人解决了一个日常生活中的难题。

(二)餐具

一些老年人因年龄或健康原因会出现手脚不灵活、行动不方便的情况,以至于直接影响他们每日用餐。一些便于老年人抓握、重量轻、材质坚固的餐具便在老年市场上应运而生,其中包括防滑桌布、方便刀叉、大手柄水杯和不易摔碎的盘子等，见图2-4-1。

图2-4-1　老年餐具

（三）食品

吞咽困难在高龄老人中是一种常见现象，许多老年人因此患有营养不良症。由美国开发的一种方便吞咽困难的老年人群食用的营养食品已在美国和英国市场上市。医药及医疗器械是在老年市场中所占份额最大、产品种类最多的商品。巨大的市场需求及商业价值使得该行业在整个老龄产业中成为发展速度最快、规模最大的一个行业。

（四）保健产品

保健产品种类繁多，如对某些疾病具有预防保健作用的服装、药物牙膏、抗衰老化妆品、药枕等。另外还包括专门为老年人设计生产的纸尿布（裤）、电动按摩仪器、健身器械等。

（五）无障碍设施及设备

无障碍设施及设备对于保障老年人尽可能长时期地保持自理生活能力是十分必要的。例如，适合老年人使用的厨卫设备、起居室及卧室的设备或家具；楼梯升降机；弹射式座椅；自动调节式睡床等。另外还有许多与无障碍设计住宅相配套的一些设备，如居室内采用的声控照明系统，可以让室内灯随着门铃或电话铃声同时亮起。目前在西方国家老年住宅内部，此类设施随处可见，极大方便了老年人的日常生活，特别是对独立生活的老年人发挥了很大作用（见图2-4-2～图2-4-4）。

图2-4-2　室内楼梯助行辅具

图 2-4-3 卫生间无障碍设计

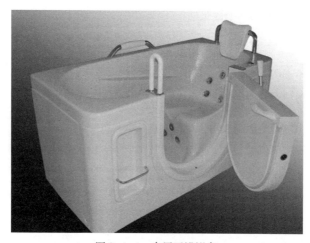

图 2-4-4 专用卫浴设备

（六）文化用品及休闲娱乐产品

针对老年人的文化用品种类繁多，如专门为老年人出版的各种刊物，不仅内容上有很强的针对性，而且在印刷方面也采取了字大行稀的印刷方式，以方便老年人阅读。另外，还有各种针对老年人的教材和计算机软件等。老年用品市场上可以见到为各种不同需要的老年人制造的玩具，如根据老年人身体条件设计的健身器材、棋牌类玩具等。近年来，各国还配合老年人旅游项目的迅猛发展，研制出适合老年人旅游用的专用系列产品。

二、老龄用品消费

在引导消费和指导消费方面，西方老年产品市场做得很成功，其一致认为对市场的培育实际上也是对消费群体的培育。商家通过各种传媒宣传自己的产品和服务，采取多种形式为老年消费者提供方便快捷的销售服务。在英国任何一个地方，老年人可以足不出户通过电话或互联网为自己订购一张可调式电动床，并且享受免费送货上门服务，这种服务可以在一年365天中的任何一天的任何时间提供（见图2-4-5）。在美国，老年人通过计算机或刊物了解全美国任何一家养老院的详细资料，如该养老院的位置、收费情况、规模、服务项目、目前入住状况，甚至还包括每周的食谱等信息，这样一来就大大方便了老年人。所有围绕市场营销策略而提供的这些信息和服务对促进老年人的消费发挥了重要作用。

图2-4-5　国外老年用品网站

老年消费者是老年用品市场的主体。因此，考察老年用品市场成熟与否不仅要看老年市场的供应状况，还要看老年人作为消费者对这些商品的认知程度及购买力。西方国家在开发老年用品市场过程中把市场调研放在了十分突出的位置。市场调研的内容主要包括：对整个市场规模的预测、老年消费者需求状况、消费心理、消费习惯及消费能力等。在掌握上述市场咨询的前提下，提高对整个市场的掌控能力。

▶ 拓展阅读

老年人是否"囊中羞涩，舍不得花钱"

从总体上看，发达国家的老年人具有较高的购买力。以日本为例，根据调查资料显示，2002年日本60岁以上老年人每户的平均净存款额为2412万日元，其中千万日元户占总数的66.8%。相比之下，30岁和40岁的每户平均存款额分别为119万日元和263万日元，这说明日本老年人在个人消费能力方面优于年轻人。

美国旧金山一家市场调查公司调查发现，以往认为老年消费者"囊中羞涩，舍不得花钱，总在期待针对老年人的折扣"的观点已经陈旧了。事实上，老年消费者远较通常想象的富有。大多数老年消费者经常把钱花在自己身上，有冲动性购买倾向，而且偏爱价格不菲的名牌。在美国，据《幸福》杂志社调查，包括固定资产和金融资产在内的每户资产额，以户主年龄在55～65岁的家庭为最高,其平均拥有存款为6.5万美元。购买新车者中的35%,在餐馆用餐者中的25%,参加国内旅游团者中的32%都是60岁以上的老年人。美国退休年龄平均为62岁,他们中的大多数在退休后会继续工作一个时期,尽管他们的退休金比工资要少40%,但由于还有养老金再加上子女长大成人,住房贷款已经偿还完毕,所以他们在经济上远较中年人和青年人富裕。而美国老年人的价值观念是:与其将财产留给后代,莫如使自己晚年生活得更舒适些。因此,他们舍得花钱。正因为这样,现在美国以这些具有巨大消费潜力的老年人为对象的电视广告在急剧增多。美国的一家广告公司的一位调查员得出这样的结论:过去电视广告总是针对青年人和职业妇女,即使是以老年人作为消费对象的广告,屏幕上出现的也多是中年人和青年人,如今在电视广告上登台亮相的不仅有妙龄女郎,而且还有不惑之年的中年妇女和满头银丝的老太太。在法国,过去广告公司把老年消费者定位在传统的咖啡、果酱及奶酪等,而现在祖父母却成为迪士尼、麦当劳的促销对象。一些时装家专门请打扮入时的老年人为新潮时装做推销广告。西方经济发达的国家为老年人提供的吃、穿、用等商品琳琅满目,无奇不有。在美国、意大利、法国等国家目前已大批生产适合老人胃口、易于消化的食品,一些厂家还生产出适合糖尿病患者、高血压患者和动脉硬化患者食用的食品。在英国,一家慈善机构邀请了一批著名的设计专家设计了多种方便老年人或残疾老人使用的生活用品,如坐式淋浴设备、可调节的淋浴喷头、可升降的床、各种形状适合行动不便的老年人使用的餐具、容易穿脱的衣服、可升降的椅子、塑料量杯等,这些专为方便老年人使用而设计的生活用品,给老年人的生活带来了许多方便。在日本,市、町、村向65岁以上卧床的老年人提供特殊生活用品,如:①特殊用床,这种床可以随意调节高度、倾斜度,还有安全防护装备;②特殊床垫,这种床垫可以保持恒温、干燥;③特殊浴盆,这种浴盆可以任意升降;④特殊尿袋;⑤体位变换器;⑥紧急通报装置;⑦火灾警报器;⑧自动灭火器等。

近年来,在老年用品市场上,适合老年人的玩具日渐增多。随着人类寿命延长,退休后的闲暇生活越来越长,如何度过这漫长的岁月,成为人们关注的问题。在西方玩具市场,玩具已经不再是儿童的专利了,许多玩具是专为老年人设计的,专供老年人玩。玩具的类型十分丰富,有专供娱乐的消闲型玩具,还有嗜好型、装饰型和体育锻炼型玩具。这些玩具无疑给那些时间充裕且生活寂寞的老年人带来了返老还童的乐趣。

三、老龄用品业的发展现状

(一)社会消费环境更加成熟

"未富先老"下的快速老龄化是我国人口老龄化的重要特征,目前我国老年人口的整体收入水平不高,消费能力有限。同时,整个社会对老龄用品的了解认知还处在一个初期阶段,老龄用品业发展最关键的环节在于扩大需求、培育良好的社会消费环境。

老年人的收入水平直接影响老年人群对老龄用品的消费意愿和能力。我国基本养老保险制度已经实现全覆盖,随着经济社会的持续发展,老年人的收入水平也会水涨船高。2014年全国老龄办发布的《十城市万名老年人居家养老状况调查》显示,老年人月均离(退)休金达到2532.8元。老年人收入水平的内部差距比较大,中高收入老年群体的收入水平和消费能力是比较高的。随着需求量的提升,老龄用品销量逐步形成规模,就会降低生产成本和产品单价,进一步刺激老年消费市场。

目前,养老服务已经引起政府、市场、社会的广泛重视和关注。当然现阶段,人们更注重硬件设施的建设及软性服务的配套,但是随着养老服务的深入发展、社会养老护理理念的提升,人们会越来越认识到康复辅具的配置和使用是保障服务质量所不可或缺的。建立长期照护保障制度已经提上了政策议程,这将对释放老年人对康复辅具的广泛需求具有巨大的推动作用。

（二）市场供给不断扩大

目前，老年服饰用品的供给不断扩大，适合各种老龄的家居日用品不断出现在市场上。老年电子产品、电动交通工具等产品的供给也日趋丰富。不少企业推出了适合老年人的专款手机，而且通过添加紧急呼叫、助听等功能，老年人手机越来越多地被应用到了老年人照护中。在互联网、物联网技术环境下，随着智慧养老、远距医疗、远程照料等新型服务形态的出现，越来越多的智能化科技老龄产品将出现在老年人日常生活中。江苏省常熟市正在建设"全国老龄智能科技产业园"，其中一个主要区域就是老龄智能科技产品生产基地。

越来越多的国内康复辅具生产企业逐步意识到老年人市场及国内市场的重要性，通过加强研发、扩大产品种类、建立销售渠道等各种形式积极拓展老龄用品市场。以前，我国的康复辅具相关企业的传统产品主要为假肢、轮椅、矫形器三大件，产品主要面向残疾人，销售渠道主要依托残联系统订单式采购及对外出口。国外六大助听器企业都已经在我国开办生产厂家，铺设销售渠道，占据了我国助听器市场的很大份额，对国内企业和民族品牌造成了很大冲击。手动轮椅、助行器材等老龄用品由于技术门槛较低，产品同质性强，准入和监管机制不完善，市场竞争更为激烈。

国内老龄用品销售企业也在不断发展壮大。例如，北京一家较早从事开发和销售老年生活及康复护理用品的企业，近年来业务也在不断拓展，在北京市有多家连锁店，并为老年人提供电话、网络订购服务及用品租赁服务。

（三）行业协会作用日益突出

行业协会在产业发展中具有重要的推动引导作用。为了推动老龄产业的发展，经国务院批准，中国老龄产业协会于2010年正式成立（见图2-4-6）。作为全国性的行业管理组织，中国老龄产业协会自成立以来，在引导行业发展、提升行业素质、维护会员权益和行业利益方面做了大量工作。中国老龄产业协会下设老年用品专业委员会。

图2-4-6　中国老龄产业协会网站

其他相关行业协会还包括中国康复辅助器具协会和中国保健协会等。中国康复辅助器具协会是受民政部委托，管理全国康复器具行业的具有独立法人资格的行业组织。中国保健协会是由中国健康产业内具有代表性的大中型企业为核心组成的行业机构，在法律规范、产品研发、市场管理、行业自律及标准化建设等各个方面成为代表行业公信力的权威机构（见图2-4-7和图2-4-8）。

图2-4-7　中国康复辅助器具协会网站

图2-4-8　中国保健协会网站

我国海峡两岸的产业交流活动越来越紧密,中华两岸辅具产业交流协会的成立,推动了两岸生活辅具业者进行相关产品推广及技术交流与合作。中国老龄科学研究中心成立了养老品牌实验室,旨在收集养老企业品牌信息,发掘、评估优秀养老企业品牌,编制养老品牌发展报告、打造引领我国老龄产业的品牌企业。

(四)市场需求日渐增强

老龄用品业的市场需求正在逐步扩大。我国老龄用品的市场规模非常巨大,而且随着经济的持续快速发展、社会保障制度的不断完善、老年人的经济保障水平不断提高,老年人及其家庭的消费观念也在不断升级。《2013年中国老年消费者权益保护调查报告》显示,食品、日用品、医疗是老年消费群体的三大主要消费需求点,同时服装、餐饮、旅游、营养保健、娱乐健身正成为老年消费群体的新增需求点。21.9%的老年人平常会服用保健品,其中经常服用的占到了10.5%,这一比例随着年龄增长和收入的提高呈现明显的上升趋势。近七成服用者的保健品是自己购买的。

老龄保健品、康复辅具、医疗器械市场首先感受到了老年人需求增强带来的影响。老年人对保健品的购买热情,带动了保健食品和保健用品的销售,当前关键问题是要加强市场监管,保障保健品市场的健康和可持续发展。随着老年人对互联网接受和使用程度的不断加深,老年人对老龄用品的消费需求将得到大幅提升和有效释放。《2013年中国老年消费者权益保护调查报告》显示,互联网成为老年消费者获取消费信息的第三大渠道,通过网络订购旅游产品、购买保健品在老年消费者中悄然流行。

大城市的老年家庭对老龄用品的需求更为旺盛。相关研究调查显示:27.3%的老年家庭买过老年人用的水杯、假牙收纳杯、药品收纳盒等用品;35.7%买过轮椅、拐杖、助行器、助听器等用品;17.3%买过坐便椅、浴用椅、护理床等用品;34.2%买过老年手机,13.3%购买过其他电子产品。近八成(78.0%)的老年家庭买过按摩器具、血压计、保健床上用品等保健用品。

可以预见,老年人需求的增加和细化,将有效推动老龄用品的设计、生产和销售,将会有越来越多的企业开始重视开发专供老年人使用的商品和服务,将其从普通的商品和服务中细分出来。而且不断扩大的供给也会进一步带动和刺激新需求的产生。

四、老龄用品业发展的主要问题

(一)市场定位模糊,行业发展不平衡

老龄用品业涉及所有老年人,而且涵盖了老年人生活的方方面面,种类繁多,包罗万象。由于老年人需求强度的不同,老龄用品业内的各子行业的发展并不均衡。与老年人生活密切相关的老龄康复辅具用品、老龄护理用品、老龄保健用品市场比较活跃,产品种类比较多,社会认知度较高,科技含量也在逐步提高。而老年文化用品、老年日用品市场相对冷清,行业发展较慢。而实际上,随着老年人经济实力的增强,以及消费观念的转变,一部分老年人,特别是相对年轻的老年人、城市老年人对化妆品、抗衰老产品及电子产品等存在着较强的购买欲望和支付能力。

老龄用品存在市场细分不足、定位模糊的问题。老年群体是个性特征很强的群体,企业应在充分了解老年人需求的基础上,分析不同收入、不同经济状况、不同教育程度的老年人的不同特点,有针对性地开发设计老年产品,从而进一步细分老年用品市场,丰富老龄用品的种类。

（二）行业监管缺位，市场秩序不规范

老龄用品行业监管缺位，行业标准缺失。尤其是在老年保健品行业，在利益的驱使下，存在多头管理和乱发证的情况。由于只审批不监管，缺乏必要的行业标准，保健品市场鱼龙混杂，一些违法生产的伪劣产品流入市场，整个市场较为混乱。

（三）专项产业发展规划缺失，扶持政策不到位

老龄用品业的发展缺乏中长期专项产业发展规划。我国老龄用品业的整体发展尚处于起步阶段，要开拓潜在的巨大市场、有效衔接市场供给与需求，需要有科学的中长期专项发展规划做指导，明确老龄用品业的发展目标、重点发展领域和主要任务等。然而，目前我国老龄用品业尚处于分散型、自发型、盲目型的状态，缺乏整体布局和系统性规划，制约了整个行业的进一步发展。

此外，老龄用品业的扶持政策还很不完善。国家目前已经出台一系列促进老龄产业发展的政策文件，其中也包含了老龄用品业，但是这些政策多是一些原则性的要求，缺少具体的配套措施，在落实和实际操作层面还存在很多问题。目前，康复辅具中只有轮椅免税，其他的产品都不免税，税收优惠范围有待扩大。

（四）营销力度不足，产品服务不配套

老龄用品企业重产品销售、轻配套服务，重产品研发、轻用户反馈的问题还比较突出。老龄用品不同于一般的产品，不仅要重视销售前的宣传推广，更要注重售后的使用指导及维修服务。只有这样，才能有效地提高老年人对产品的认知和接受程度，逐步培育稳定的消费群体。老年群体的消费具有典型的"两面性"：一方面既是消费谨慎群体、心理脆弱群体，对购买产品和服务持十分谨慎的态度，对产品的实用性、服务的可靠性和价格的合理性都有较高的要求；另一方面又是情感依赖和相对稳定的群体，一旦接受和习惯了某种产品和服务，就不易改变。

老龄用品营销力度不足、供求信息不对称，这是制约老龄用品业良性发展的瓶颈。从实际调研中发现，相当一部分老年人对老龄用品具有强烈的需求，但是现实情况是老年人或其家庭成员缺乏好的途径和平台去了解老龄用品，也不清楚各种用品的功能和用途。老龄产品宣传和展示平台的缺乏，制约了消费者对老龄用品的认知，从而直接抑制了消费。许多生产企业都强烈意识到这个问题，有的还自己出资建立产品展示或推广中心，加大营销力度。但事实证明，依靠单个企业的力量是行不通的。一方面产品种类不全，难以形成规模和影响力；另一方面企业难以长时间承受高昂的场地与营销费用，这类推广展示中心多为昙花一现。

（五）研发创新乏力，科技含量比较低

我国老龄康复辅具产品的科技含量总体较低，具有自主知识产权的产品较少，自主研发的产品主要停留在技术含量较低的中低档产品上。虽然近年来，国内出现了一批智能假肢、护理机器人、智能化康复训练设备等高科技研发成果，不仅功能上达到了国际水平，而且成本远远低于进口产品，但很多成果仅处于样机阶段，并未实现产业化和推广应用。以轮椅车为例，我国已经成为世界上最大的生产国，年产量在400万辆以上，但产品的科技含量总体较低，性能单一，缺乏创新，高端产品主要被国外公司垄断。

老龄用品创新乏力、科技含量较低的状况，究其原因主要有如下几点：一是老龄用品基础科学研究比较薄弱；二是企业知识产权难以得到保护，直接打击了企业投入研发的热情；三是需求导向

出现偏差。产品的研发不仅需要企业重视产品质量和功能,也需要用户对此有积极的要求和反馈。而目前大部分老年人选择老龄用品首先看重的是价格,其次才是品质,这就导致有些质量不佳、功能不完善的产品的市场占有率反而高,也导致老龄用品厂家缺乏技术创新的动力。

五、老龄用品业发展的新趋势

(一)蕴藏巨大潜力的市场机会

老年人健康状况和功能障碍的差异影响到老年人对各类老龄用品的需求。而我国老年人口,尤其是高龄、失能及患慢性病的老年人口的快速增长,将会对康复辅具、护理产品、医疗器械、药品及保健品等产生巨大的需求。而且,老年人自身收入水平的提高、消费观念的转变,将促使潜在需求转变为实际的购买行为,推动老龄用品市场蓬勃发展。2020年失能老人预计将达到5000万人,假设根据失能老人平均每人每年需要500元的康复辅具产品来做一个粗略的保守估算,2020年康复辅具类产品的市场潜力将达到250亿元。

到2020年,我国将有2000多万失禁老人,随着失禁老人数量的增长,对成人纸尿裤、护理垫等护理产品的需求也将持续增加。老年人对行动类辅具产品的需求量也很大,到2020年,我国有各类行动障碍的老年人将超过3000万人。此外,我国老年人整体的视力和听力状况较差,老龄视、听辅具的市场潜力十分巨大。到2020年,我国将会有1.3亿老年人出现视力或听力障碍。随着健康标准的提高和人们对生活质量要求的提高,老年人对视、听辅具的需求也将逐步增强。

我国养老机构的提速建设必将大大促进老龄用品业的发展。《"十三五"国家老龄事业发展和养老体系建设规划》提出护理型床位占当地养老床位总数的比例不低于30%。养老机构特别是护理型养老机构对于护理床、沐浴类辅具、行动辅具、护理用品、康复器材等老龄用品的需求很大,并且具有购置和使用科技含量较高、价格较昂贵设备的资金实力和服务保障。

综上所述,进入老龄社会后,随着我国居民整体生活水平的提高,老年人对于生活质量的要求也在不断提升,老龄用品将逐步成为老年人日常生活中不可缺少的必需品,老龄用品业也将逐步成为老龄产业当中一大增长点。

(二)国外企业的加入将加剧行业竞争

消费者需求的多花样和高标准将促使老龄用品业市场竞争更加激烈。随着我国老年人收入水平的提高,他们对生活质量的期望会越来越高,对老龄用品的要求也会越来越高。在选择老龄用品时,消费者不会只比较价格,还会对产品的设计、质量、功能等提出更高的要求。

随着人口老龄化进程的加快,我国市场的巨大潜力越来越被世界各国尤其是跨国企业所关注,并成为被争夺的新兴市场。国外企业进入国内老龄用品市场,也会加剧市场竞争,国内企业必将遭遇资金实力雄厚、品牌成熟的外资企业的严峻挑战,各路资本和企业角逐我国老龄用品市场的竞赛将日趋激烈。随着行业标准的完善及市场监管的强化,行业的准入门槛将越来越高,老龄用品业的竞争将会越来越激烈,不合格的产品只能退出市场,不合格的企业也只能逐渐被淘汰。

(三)老龄用品业将迎来行业的黄金发展期

我国的老龄用品行业将进入细分产品、深耕市场的阶段。随着老龄社会的进一步发展,老年人及其家庭的消费观念也将不断改变,对各类老龄用品的需求也将逐步全面释放。老年消费群体是一个异质性很强的群体，需要的产品种类众多、层次多样。老龄用品业细分市场潜力很大，仅康复辅具这一大类就可以涵盖上万种产品。现阶段我国老龄用品行业的发展还很不平衡，与国外相比，某些领域的老龄用品的发展更为滞后，如抗衰老化妆品、老龄家具、老龄卫浴用品等。以老年家具市场为例，近年来，我国的家具市场趋向细分化，已经出现诸如儿童家具等专业家具，但市场上还没有专门面向老年人设计的家具品类，如适合老年人在家使用的升降床、硬度适中的沙发等。

（四）国家层面的创业与创新思潮将席卷老龄用品业

在激烈的市场竞争条件下，科技创新将日益成为我国老龄用品业发展的驱动力。科技可以提升人的能力、改善健康状况和生活品质。老龄科技在国外已经有二十多年的研发历史。老人福祉科技属于跨领域的应用研究，设计开发适老化的产品、服务与环境，旨在提升老年人的健康、社会参与和独立生活的能力。国内目前对老人福祉科技的应用研究也日益增多，科技养老、智慧养老等概念不断出现，诸多高科技产品和服务将陆续出现。"智慧住宅"将是未来老人福祉科技一个重要的发展领域，以科技方式建构友善的居住环境，让环境和各种装置依据使用者的需求被控制。与此同时，各种服务型机器人（如清洁机器人、轮椅机器人、机器宠物、教育机器人）也逐渐被应用到老年人生理功能的辅助和心理慰藉上。为提升老龄用品的科技发展水平，我国已经制定《全国康复辅具科技发展中长期规划纲要（2009—2020年）》等科技发展规划。

服务创新是老龄用品业发展的一大驱动力。企业要想在未来激烈的市场竞争中占据优势，不但要比产品，更要比配套服务。企业要有高度的用户参与意识，最好是在产品研发、设计阶段就要重视使用者（包括医护人员、子女、照护者、老年人）的实际参与，以了解老年人的真实特点和需求。

（五）集群化的老龄用品业越发成熟

与其他行业一样，未来我国将形成区域性的老龄用品产业集群。老龄用品产业集群作为老龄用品研发、生产和销售活动所在的集聚体，有利于建立以企业为主体、市场为导向、产学研用紧密结合的技术创新体系，促进科技成果快速转化，形成区域和品牌效应，最终取得市场优势。各种老龄用品设计创新基地、产业园区的出现，将进一步推动老龄用品产业的发展。

今后应通过加大科技支撑力度、深化行政审批制度改革、产业政策引导等综合措施，发展老龄用品产业集群。鼓励各地结合本地实际和特色优势，合理定位、科学规划，在土地规划、市政配套、机构准入、人才引进、执业环境等方面给予政策扶持和倾斜，打造老龄用品产业集群，探索体制创新。

六、发展老龄用品业的对策建议

作为老龄产业的重要组成部分，处于初级发展阶段的老龄用品业需要政策组合拳的强有力扶持和引导，才能更加健康有序地发展，实现创新链、服务链、资金链与产业链的融合。

（一）政府加强对行业规划及扶持政策的制定

从政府的角度来讲，应尽早出台强有力的配套扶持政策，推动老龄用品业的发展。老龄用品业投入大，见效慢，很多产品具有一定的福利性，收益低但社会效益好，因此，应尽快出台分类指导并具可操作性的老龄用品业优惠政策，包括产业内不同行业发展所需的财政、税费减免、信贷优先、融资、简化申报审批手续等具体优惠政策。相关部门应尽快研究制定产业中长期发展规划，完善老龄用品业的产业政策，弥补市场缺陷，有效配置资源，引导和规范老龄用品业的发展，打造民族企业和民族品牌。借鉴国外发达国家的有益经验，如美国的《辅助科技法》和日本的《福利用具研究开发普及促进法》，适时开展行业法制建设，保障行业的可持续、健康发展。

对老龄用品业的发展应实施平台战略。平台的参与者、使用者越多，产业链越长，平台越具有价值。要汇集多方力量，合力搭建集研发、展示、营销、物流于一体的老龄用品集成平台。具体运作上，可以采用"政府搭台，企业唱戏"的方式，即由政府来统一规划和提供场地，邀请正规老龄用品生产厂家来入驻，具体的经营和服务工作由企业负责。这样能够帮助广大老年人及其家人更方便地了解和体验老龄用品，有效提升社会大众对老龄用品的认知。

（二）重视老年人长期照护和康复辅具消费之间的关系

长期照护保障制度的缺位已经成为制约老龄用品业发展的瓶颈。只有建立起制度化的筹资机制，才能解决老年人在经济上的后顾之忧，才能逐步改变他们的消费观念，逐步释放广大老年群体的购买力，进而促进老龄用品业的发展。逐步建立长期照护保障制度，促进老龄用品业的长足发展。建立长期护理保险制度需要一个过程，目前亟须试行购买和使用康复辅具的补助办法。同时，应鼓励和支持各地社区居家养老服务中心或社区日间照料中心开展康复辅具租赁服务。

（三）激发和整合行业资源，加强对老龄用品的知识产权保护

国家应建立并完善相关标准。首先，要逐步建立老龄用品，特别是那些对老年人健康和安全影响较大的产品的质量标准体系，保障产品质量，规范市场行为。其次，在建设养老机构时，要制定康复辅具、护理用品等必要老龄用品的配套标准，推动服务的规范化，促进老龄用品业的发展。

加大市场监管力度，建立完善的市场准入和产品认证制度。相关部门及行业协会应加大对老龄用品市场的监管力度，对于没有生产资质的用品厂家要严厉打击，坚决杜绝不合格产品流入市场、破坏市场秩序，从源头上维护消费者和合法企业的正当权益。

（四）加强老龄用品相关企业的核心竞争力，促进创新链与产业链的融合

为了推动老龄用品产业链的完善、形成产业集群，应积极实施老龄科技兴业战略，围绕行业创新的关键问题，开展基础研究、产品开发、产业化推广等方面的合作，突破产业发展的技术瓶颈，形成"产、学、研、用"紧密结合的创新链与产业链的融合，最终提升行业的核心竞争力，占领产品研发及产业化的制高点。

当前我国老龄用品业的发展已经滞后于发达国家，面对国际大公司的进入，国内老龄用品业亟须强化基础科研力量，培养专业化人才。建立以企业为主体，产、学、研、用紧密结合，市场化、多元化科技开发和促进成果转化的有效机制，大力推动老龄用品产业技术进步。

在研发中，通用设计是老龄用品发展的一个重要趋势。因为若一项产品能被老年人安全、便利地使用，则它也必定适合其他年龄层的使用者，这样就可以扩大使用对象、扩大产品市场，实现规模化生产。

（五）培育扶持龙头企业，着力打造民族品牌

出台有针对性的扶持政策，着力培育民族品牌，确保国内消费者提供质优价廉的老龄用品。目前，某些老龄用品行业（如助听器）的国内市场已基本被外国公司所垄断，民族企业举步维艰。这就迫切需要政府从研发、生产、销售等环节加以扶持，支持国内老龄用品制造企业的发展。例如，以政府购买或政府补贴购买的形式来推动民族品牌的发展，将提高老年人福利水平与支持民族企业

发展相结合,以实现"双赢"。

积极倡导国内企业树立诚信形象,靠诚信打造龙头企业。以龙头企业带动整个用品行业的发展,不断提高各类产品的质量和服务水平,最终实现整个老龄用品业的快速发展。

模块三 老龄服务业

▶ 相关知识

一、发达国家老龄服务业概述

(一)发达国家老龄服务业的基本情况

在发达国家,尤其是在欧美福利型国家,其社会保障和社会福利都比较完善,大都包括社会保险、社会救济、社会福利及其他特别补助项目,保障了国民从摇篮到坟墓的种种需求。随着人口老龄化的快速发展,这些国家对老年人的社会福利投入更是逐渐增大,如美国每年用于老年人的社会福利费用约1550亿美元,占整个财政预算的14%。近年来,由于福利负担的逐渐加重,很多福利型国家开始鼓励老年人留在家中和社区中养老,大力支持社会力量参与社区服务,社区为老服务更是得到进一步发展。

发达国家的社区发展已有上百年历史,在社区为老服务和管理方面积累了比较丰富的经验。总的来说,这些社区都有完备的设施、周到的服务,包括针对社区居民的各种情况和需求所提供的品目繁多的服务项目,尤其是社区为老服务方面,更有着各种各样满足老年人生活、休闲、学习、娱乐、医疗等方面的服务。近年来,随着经济发达国家人口老龄化,特别是人口高龄化的程度进一步加深,不断增加的公共开支让政府感到不堪重负。面对这种情况,各国政府开始重新反省曾经让他们引以为傲的福利政策并开始采取一系列的改革措施以缓解压力。其中最突出的矛盾就是机构化养老问题。机构化养老所产生的最大的负面社会效应就是让老年人过早离开家庭,离开自己的亲人和熟悉的环境而住进养老机构。很多老年人对养老机构的过度依赖意味着政府在机构养老方面的巨大投入。20世纪80年代,西方学者提出"让老年人回归家庭"的理念,认为让老年人在自己的家里接受服务既可以减轻对养老机构的过度依赖,同时对改善老年人的生活品质也有重要意义。如今"就地养老",即居家养老的理念开始越来越多地被发达国家接受,并由此开发了很多社区为老服务项目,如日间照料、家政服务、长期看护、送餐服务和上门医疗服务等。

(二)发达国家老龄服务设施建设

国外较为成功的老年人综合社区的生活设施配套都比较齐全,小区内水、电、煤气供应充足,通信畅通,污水和垃圾能系统处理,交通便捷,医疗保健良好,一般能做到小病、常见病不出小区。此外,公共活动设施考虑得也比较周到。很多小区公寓的底层不安排住户,用作社区内社会组织、教育中心或老年人的工作或活动场所,还有专门的娱乐、休闲和锻炼、康复的公共场所与设施等。

(三)发达国家老龄服务项目

发达国家老龄服务项目是以基本生活需要为重点,以各种服务为手段,充分满足老年人的各种需求。内容包括被照顾者的衣、食、住、行、医、乐等各方面的需求。例如，德国的社区服务包括做饭、料理家务、饮食起居、采购、咨询、探望、陪同外出、出租轮椅、流动图书馆、游览、日间护理、娱乐及康复治疗。法国已有 900 个地区制订了专门的社区服务计划，社区提供的服务包括老年人登门医疗服务、送饭、维修、家务、聊天、佣人上门服务等。日本的社区服务包括派遣家庭服务员，其任务是护送老年人看病、料理家务、购物、养护委托、电话咨询及家庭护理等。英国的社区活动中心则是由英国地方政府出资兴办的，具有综合性功能的社区服务机构。它按照社区居民的一定数量、规模设置，工作人员为政府雇员。社区活动中心主要设有老年人服务、残疾人服务和学龄前儿童服务等。老年人服务包括为本社区内居住的老年人提供一个娱乐、社交的场所，对那些行动不便的老年人则定期用车接到中心参加活动。

（四）发达国家老龄服务业的主要特点

总的来看，发达国家的社区老龄服务已经发展得相当成熟，概括起来，主要有以下四个特点：

1. 政府的宏观职能凸显，服务机构的社会化程度高

发达国家在社区服务管理体制方面，从管理机构到具体运行都突出其社会性，即社会工作社会办。政府主要实施宏观管理，具体运作由民间组织来实施。例如，英国利物浦市社区服务的管理体制，除市政当局设有社会服务部外，在市、城镇还设有群众性的志愿者服务协会，服务协会下设办公室，具体分工负责老年人护理和生活扶助、成人安置及智力障碍者、残疾人工作安置及社区服务规划等各项任务。非政府组织在开展社区服务方面成为英国社区服务发展的主流。美国社区服务和社区养老主要依靠社会中介组织的有效服务和管理。目前，美国社会中介组织共有 100 万个左右，遍布美国大小城市的社区内。社会中介组织的普遍产生和蓬勃发展，使美国政府的管理模式逐步走向了"小政府、大社会"的境界。政府的职能是宏观管理，社会中介组织是具体的组织者和运作者，两者之间是合作伙伴关系。政府对批准后成立的社会中介组织，从财税政策上给予极大的支持。

2. 整体服务水平的专业化程度高

发达国家强调按个人要求设置服务设施和服务项目，根据不同类型的服务开展不同的工作，解决各类不同对象的问题，让每个人的潜能都能得到充分发挥。以美国为例，社区养老服务业从保障的性质划分，可分为综合性、医护性、生活性、娱乐性、学习性服务；从服务方式划分，可分为上门、户外、直接、间接服务；从服务对象划分，可按年龄、身体状况、经济条件不同细分；从时间划分，可分为短期型、长期型、白昼型、全日型。各类社区根据上述分类分别设置相应的服务设施、服务项目。总之，社区服务设施、服务项目十分细致，专业性很强。其次是服务人员专业化。在发达国家和地区，社区工作者是一项专门的职业，占社会就业人员的 30%，据悉，国外每千人中就有 6 个社区工作者。从事社区工作的人员要经过严格的训练或接受专门化的教育，并经过大量的社会实践训练，经考核获得相应的资格证书之后，方可上岗从事社区工作。此外，发达国家在社区工作中还非常注重人才储备，在许多大学都设有社会工作专业，为社区组织培养、输送专业人才，如日本就在某些高等学校设立福祉相关的课程，训练学生护理老年人和残疾者。这种人才储备为发达国家从机构养老模式向社区养老服务模式转化提供了所必需的专业人才资源，从服务人员到服务项目都体现了社区服务的专业性。

3. 鼓励民众参与为老的志愿者活动

志愿者队伍是发达国家社区服务的一个重要方面，许多国家都积极鼓励人们到社区去做志愿者。

在发达国家，社会服务团体和企业、个人积极参与社区发展和老年人的服务管理，成为社区服务发展的重要因素。从20世纪60年代开始，德国要求青年人必须到社区去服民役，在养老院、医疗院、环境保护站、社区救济站、残疾人护理处进行社区服务工作，时间为12个月。通过服民役，使他们在上学期间或走上工作岗位之前，了解社会和群众的生活疾苦。据美国负责全国社区服务的机构（CNCS）2006年发布的一项关于全美50个州社区服务概况的报告中指出，2005年有超过6540万名美国人参与了不同类型的社区志愿者服务。志愿人员每周至少无偿为社区服务4小时。在一些城市中，学生若希望获得中小学文凭，必须参加75小时的社区服务工作，服务内容包括照顾老年人、儿童、残疾人、病人及为居民进行生活服务等。有的国家还采用"时间储蓄"的方式，即把人们做志愿者的时间记在时间储蓄卡上，待他们年老时再无偿提供给他们同等时间的服务。因此，志愿者服务在发达国家相当普遍，大部分人们都曾经为社会提供过志愿服务。

4. 弱化福利色彩，产业化趋势明显，购买者与生产者分离

20世纪80年代以来，发达国家对社会福利采取了一些改革措施，改革的主要做法是把社会福利推向社会，把权力下放给地方，再由地方政府委托给私人团体、慈善团体、教会和个人来办，政府给予适当的资助，以减轻国家财政负担。社会福利向产业化转变是顺应了20世纪80年代全球性社会福利改革的大趋势。"产业化""民营化"是这次改革的主要方向和模式，即政府将社会福利的供给完全或部分转移到社会和民营部门，同时引进市场经营规则，以价格机能调解供需矛盾，在重视社会效益的同时，重视运营成本的核算，最有效且合理地利用社会服务的资源。因此，在这种背景下的社区服务，已逐渐由以往的福利性转向了产业化，私立机构开始逐渐成为服务供给的主题，慈善事业也逐渐增加了商业色彩，营利性的福利服务机构、设施渐渐增多，服务者需要付费来购买服务。在此过程中还有一个现象，就是所谓的购买者与生产者分离，也就是政府通过购买契约或委托契约来购买民间机构、慈善机构所提供与生产的社会福利，从而来减轻政府的福利负担。

二、我国老龄服务业概述

我国的老龄服务业从20世纪80年代起步，经过30多年的发展已初具规模。目前，大部分的大中城市初步形成了以设施服务、定点服务和上门服务为主要服务形式，以生活照料、医疗保健、心理保健、文化娱乐、参与社会及权益保护为主要服务内容的社区养老服务格局。广大农村的敬老院、老年活动中心日渐增多，为老服务的范围不断扩大，服务水平普遍提高。但发展还很不平衡，许多地方的老龄服务尚未起步，即便是经济发达地区，服务设施还不能满足老年人多层次的需求。随着我国社会经济迅速发展和人民生活水平的稳步提高，我国的老龄服务业必将越来越受到政府和社会的重视，得到蓬勃发展。

（一）我国老龄服务业的发展过程

老龄服务来自于群众，起始于基层。群众性的敬老活动——"孤老包户组"，早在20世纪80年代初就在上海出现了。当地的街道干部从邻居自发的供养和护理孤寡老人的行动中受到启发，及时把群众中自发形成的助老活动组织起来，使之变成自觉的有组织的制度化活动。街道居委会根据双方自愿就地就近的原则，把同孤老为邻或相近的居民以3~5人为一组，成立"孤老包户组"，把对孤老的供养和护理任务分配到户，包户到人。街道居委会还发动附近的房管所、粮站、煤店、副食店、菜市场、浴池、医院等行业，上门为孤老服务。这项助老、敬老活动受到老年人和广大群

众的称赞和支持,渐渐推广起来。与此同时,其他一些大中城市也组织了"学雷锋小组""青少年服务队",以及其他为老服务组织,发动和组织青少年、学生和群众对自理生活有困难的老年人、烈军属实行定时、定点、定内容的服务。广大农村的许多地方为"五保户"成立了"五保小组",专门为老年人挑水、做饭、打扫卫生、拆洗衣服和被褥等。星期天、节假日,组织学生、青年人到敬老院看望老人,送去关怀,送去温暖,以助老、养老、敬老为荣,成为一种社会风尚。

与其他服务行业相比,我国的老龄服务事业是一项才开始发展的新工作,它的发展不是孤立的,而是有着深刻的社会背景,与人口、经济体制等重大问题的变化发展紧密联系。首先,老龄服务业的发展与我国人口老龄化的迅速发展密切相连。我国21世纪面临的重大任务是:到21世纪中叶,在经济和社会发展方面达到中等发达国家水平,同时保持经济、社会、人口、环境的可持续协调发展。人口问题是一个重大的问题。庞大的老年群体和众多的高龄老人不仅需要大规模的经济保障,也需要大量的日常生活照料,这为发展老龄服务业奠定了基础。其次,经济体制改革迫切需要社区承担起养老责任。经济体制改革的深化,要求企业加快改革的步伐,并要求建立和完善社会保障制度与之相适应。过去,计划经济时期的企业履行社会的许多职能,随着社会主义市场经济的建立,逐渐地要分离给社会。一些退休的老年人从"单位人"转变为"社会人",他们平时遇到的许多生活问题渐渐地依靠社会来解决。以往的"有事找单位",逐步改变成了"有事找社区"。再次,家庭养老功能趋于弱化,需要老龄服务业的开展。高龄和带病老年人的生活照料需要家庭和社会来承担。随着市场经济的发展,社会运转频率明显加快,年轻人出行多,在家少,照料老年人的机会大大减少。家庭的小型化,"四、二、一"家庭的增多,更使这一照料需求与照料供给的矛盾日趋尖锐。另外,空巢家庭(子女不在老人身边)也在逐渐增多,进一步弱化了家庭的养老功能。这一客观现实迫切要求社区加强老年人的照料服务功能,弥补家庭养老功能的严重弱化。所以,我国的老龄服务事业的发展有着浓厚的时代背景和社会基础,它是社会主义市场经济和人口老龄化、家庭小型化发展的必然结果和客观要求。

(二)建立和发展老龄服务业的指导思想和基本原则

(1)指导思想　高举中国特色社会主义伟大旗帜,全面贯彻中国共产党第十八次全国代表大会和中国共产党第十八届中央委员会第三次、四次、五次、六次全体会议精神,深入贯彻习近平总书记系列重要讲话精神和治国理政新理念新思想新战略,认真落实党中央、国务院决策部署,统筹推进"五位一体"总体布局和协调推进"四个全面"战略布局,牢固树立和贯彻落实创新、协调、绿色、开放、共享的发展理念,坚持党委领导、政府主导、社会参与、全民行动,着力加强全社会积极应对人口老龄化的各方面工作,着力完善老龄政策制度,着力加强老年人民生保障和服务供给,着力发挥老年人积极作用,着力改善老龄事业发展和养老体系建设支撑条件,确保全体老年人共享全面建成小康社会新成果。

(2)基本原则

以人为本,共建共享。坚持保障和改善老年人民生,逐步增进老年人福祉,大力弘扬孝亲敬老、养老助老优秀传统文化,为老年人参与社会发展、社会力量参与老龄事业发展和养老体系建设提供更多更好支持,实现不分年龄、人人共建共享。

补齐短板,提质增效。坚持问题导向,注重质量效益,着力保基本、兜底线、补短板、调结构,不断健全完善社会保障制度体系,促进资源合理优化配置,强化薄弱环节,加大投入力度,有效保障面向老年人的基本公共服务供给。

改革创新,激发活力。坚持政府引导、市场驱动,深化简政放权、放管结合、优化服务改革,

不断增强政府依法履职能力,加快形成统一开放、竞争有序的市场体系,保障公平竞争,改善营商环境,支持创业创新,激发市场活力。

统筹兼顾,协调发展。 坚持把应对人口老龄化与促进经济社会发展相结合,促进老龄事业发展和养老体系建设城乡协调、区域协调、事业产业协调,统筹做好老年人经济保障、服务保障和精神关爱等制度安排,实现协调可持续发展。

(三)当前我国老龄服务的方式和内容

辽阔的国土,多元的文化,使我国的老龄服务方式和内容十分广泛,归纳起来主要有以下几个方面:

1. 日常生活照料服务

日常生活照料服务的目标群体是所有困难的老年人,服务内容包括家庭饭桌、做家务、代购物品、帮助出行、小时工、家庭保姆和协助联系老年人的亲属等,这是目前开展得最为广泛的服务项目。

2. 老年健康护理

老年健康护理的目标群体是空巢家庭中的老年人和孤寡老人,以老年公寓和日间托老所为组织依托,为身边无子女或子女工作特别忙的老年人提供日间的常规照料服务。在大多数地区,这项服务尚处于起步阶段。

3. 老年人合法权益的维护

《中华人民共和国老年人权益保障法》颁布实施之后,部分地方为配合宣传,成立了一些维护老年人合法权益的服务组织,当老年人的合法权益受到侵害时,其代表老年人出面与有关组织联系,提供法律援助。就全国范围而言,这方面的服务尚在摸索阶段。在部分农村,由地方老龄机构和村老年协会出面,帮助老年人和子女签订"赡养协议书",规定子女的赡养义务。老年人与子女出现赡养纠纷时,他们出面进行调解,维护老年人的合法权益。

4. 老年人再就业和文化娱乐等体现老年人价值的服务

(1)老年再就业服务中心 目标群体是低龄老人,为他们发挥自己的经验和知识提供就业咨询。

(2)文化娱乐 目标群体是所有老年人,社区提供活动场所和必要的活动经费,如老年活动中心、老干部活动中心等。室内设有座位,有茶、棋牌,条件好的,还有电视、报纸,也有的请剧团、歌舞团献艺表演,极少数活动中心还提供午餐服务,承担起托老所的部分作用。同时,有些社区还组织老年人成立自己的娱乐活动群体,如老年人时装队、老年歌舞队等,活跃了老年人的精神文化生活。

(3)终生教育 老年大学既是老年人扩大自己知识的课堂,同时也是老年人进行社会交往的场所。目前,全国已经有15000多所老年大学(学校),先后有60多万老年人参与老年大学的各种学习项目。老年大学的课程基本上围绕着丰富老年人晚年生活而设置,包括健身舞、书法、绘画、烹调、音乐等内容。

5. 其他服务

在部分大城市,近年来兴起了一些特色服务。例如,最具代表性的是"临终关怀"服务。为生命垂危的老年人提供病危前后的护理服务,让老年人能够在生命的最后阶段体验人间的关爱。此外,还有志愿人员的为老服务。由社区组建的"社区服务志愿者小组",在调查的基础上为志愿服务人员安排具体的服务对象和服务内容。老年公寓服务是将有一定生活自理能力,并有一定经济收入的老年人集中收养在一起,社区为他们提供群体性的服务。

（四）我国老龄服务业的发展目标和方向

2013年发布的《国务院关于加快发展养老服务业的若干意见》，为我国的现代养老服务业发展提出了指导思想、基本原则、发展目标、主要任务，以及配套的政策措施。民政部门也相应提出了今后几年的养老产业发展目标，规划目标是家庭养老、社区养老和机构养老的老龄人口各占比重分别约为90%、7%和3%，当前还是以家庭养老为主。

近年来，我国修订了《中华人民共和国老年人权益保障法》，从家庭赡养与扶养、社会保障、社会服务、社会优待、宜居环境、参与社会发展等方面保障了老年人的合法权益，让老人"体面养老"。一是建立完善老年福利制度。对于无劳动能力、无生活来源、无法定赡养人的老年人，政府负责保障他们的基本生活，并提供无偿的养老服务。26个省份出台了高龄补贴制度，20个省份针对经济困难的老年人建立了养老服务补贴制度。二是探索以居家为基础、社区为依托、机构为支撑的社会养老服务体系。鼓励、支持专业服务机构及其他组织和个人，为居住在家中的老年人提供生活照料、紧急救援、医疗护理、精神慰藉、心理咨询等多种形式的服务。三是初步形成政府指导、社会支持、民间参与的养老服务设施多元化投资格局。将养老服务设施纳入城乡社区配套设施建设规划，建立适应老年人需要的生活服务、文化体育活动、日间照料、疾病护理与康复等服务设施和网点，就近为老年人提供服务。在财政、税费、土地、融资等方面采取措施，鼓励、扶持企事业单位、社会组织或个人兴办、运营养老、老年人日间照料、老年文化体育活动等设施。四是逐步提升基础保障能力。建立健全养老服务人才培养、使用、评价和激励制度，依法规范用工，促进从业人员劳动报酬合理增长，发展专职、兼职和志愿者相结合的养老服务队伍。

（五）我国老龄服务业发展面临的挑战

1. 人们的观念认识尚未到位

一是老年人及其子女传统的养老观念尚未改变，绝大部分老年人习惯于独居或空巢生活，他们的子女不愿意老人进行社会化养老。二是社会上对"孝"的理解存在一定的误区，认为社会养老助老是子女不孝、不尽责的表现。三是一些职能部门和社区管理部门对开展社区养老助老服务的重要性与迫切性尚未引起足够的重视。城市社区养老服务没有形成良好的社会氛围，以至于社会、家庭、老人自身对社区养老并不十分清楚和了解，不利于养老工作的顺利开展。以上因素在一定程度上导致了社会力量对此项工作的认知度不高，难以吸引社会资源投资养老服务业，不利于社区养老服务的多元化、市场化。

2. 资金投入不足

近年来，虽然各地对社区老年事业的投入在逐步增加，但由于我国老龄化加速，养老需求日益增长，各地涉老资金投入仍显不足，社区老年基础设施依然薄弱。社区居家养老的资金来源主要是财政拨款，政府是资金投入的唯一渠道，但用于社区居家养老的资金投入有限，而社区居家养老服务在很多环节都需要大量的资金，资金供给明显不足。另外，由于社会养老意识尚未形成气候，养老产业仍处于萌芽阶段，民间资金涉足不多，民办养老助老机构数量少、档次低。

3. 专业工作人员素质不高

目前，各地社区养老机构中的服务人员大多没有受过专业训练，缺乏专业性的老年护理、老年心理等知识，服务质量难以到位。同时，社会上对养老服务工作还存在一定的偏见，认为老龄服务工作地位低、待遇差，并且辛苦，致使愿意涉足这一行业的人员不多。

4. 志愿者队伍没有形成

要做好社区老年工作，仅依靠政府部门和社区工作人员是不够的，还要借助于各种社会力量，

尤其是庞大的志愿者队伍。但是从目前的情况来看，社区服务志愿者人数偏少，参与度不高，这不仅影响了养老助老服务的质量，也制约了老龄事业的发展。

（六）我国老龄服务业发展的建议

1. 发挥政府的主导作用，加大老年工作的资金投入

在社区老龄服务的发展过程中，政府的作用相当重要。可以说，如果没有政府的高度重视和大力支持，根本就不可能建立起一个良好的社区老年服务体系。特别是在资金投入问题上，如果资金得不到保证，社区老年服务的硬件设施就无法建设和维护，服务的队伍就难以扩大，服务的水平也就难以提高。为此，可以考虑将发展老年福利服务事业的资金列入政府的财政预算。

2. 建设专业性的老年社工队伍和社区志愿者队伍

养老服务涉及生活照料、精神慰藉、心理调适、康复护理、临终关怀、紧急救助等方面，从业人员需具备较高的职业道德和过硬的专业技能。为此，一方面大中专院校要优化专业设置，加快相关专业的人才培养。另一方面要加强对原有非专业社工人员的教育培训，提高其素质与能力水平。此外，在社区老年服务中志愿者的作用相当重要，为此，政府及相关部门要加大宣传和扶持力度，鼓励更多的人员加入志愿者队伍。

3. 整合利用社区资源，积极开展老年活动

除了加大政府投入，社区要注重对辖区内各类资源的整合利用。可加强与辖区内企事业单位的交流合作，鼓励其在条件允许的情况下，将活动场所向社区老年人免费开放。为了丰富老年人的文化生活，可组建老年业余文体队伍，积极举办文艺会演、体育健身、知识讲座、心理减压等活动，还可开设社区老年课堂，以满足老年人开发智力、充实知识、陶冶情操、强健身心的需要，使老年人老有所学，学有所得。

4. 探索有效的平台载体，加强社区养老助老服务

社区要根据老年人的不同需要，全方位地提供不同层次的养老助老服务，如为老年人服务的老年照料站可以考虑以娱乐、休闲、医疗服务为一体。也可以探索市场化运作方式，引入市场力量建设居家养老服务照料中心。

5. 培育和发展非营利老年服务组织

在当今市场经济体制下，社区老年服务提倡走社会化道路，政府可以通过培育和发展各类非营利老年服务组织，通过向此类机构购买服务的方式，为社区老年居民提供各种各样的帮助与服务。为此，相关部门可以考虑简化注册手续，建立税收优惠政策和融资的激励机制，通过公建民营、资金补助等多种方式，吸引更多的社会机构与个人投身养老服务事业。

模块四　老年房地产业

▶ 相关知识

老龄房地产业是指从事与"老年人"及"全体公民老年期"相关联的房地产开发、经营、管理和服务的产业，是从事上述业务的部门和企业的集合，是老龄社会条件下一种新的业态，是老龄产

业的重要组成部分,也是国民经济中第三产业快速发展的新的增长点,业界也称为养老地产业。

一、老年住宅的设计理念与原则

不管是我国还是国外老年住宅,在设计与配套设施上都强调要按照老年人的特点和各国的老年人建筑设计规范,从住区规划、设计到配套建筑与设施方面都要符合老年人的特点和需求。发达国家在老年住宅的设计和改造方面发展得非常完善,对老年住宅的设计、规划、室内无障碍设施的标准等都有明确的规定,大部分国家都有相应的老年住宅法律或建筑标准,如英国的《老年居住建筑分类标准》,美国的《美国老年法》中的有关老年住宅、福利设施和社区计划的详细条款,以及丹麦的《老年人住宅法》等。这些条款和法律都对老年人的住宅设计、周边环境、配套设施、社区服务进行了比较完善的规定。

各国在对老年住宅设计的具体规定上各有不同,但总体来讲,建造能最大限度地满足老年人各种需求的居住环境,使老年人尽可能长地待在他们熟悉的环境中,是老年社区规划的根本目标。老年住宅的设计原则主要包括以下几个方面:

(一)安全性

老年人的身体、生理情况较为特殊,他们的身体协调能力、记忆能力都较差,因此,住宅的设计和设施的操作必须保障老年人的身体安全。国外的老年住宅大都是低层、小高层建筑(有电梯)或平房有小院;户内都有紧急呼叫与电子安防系统,所有地方包括顶楼、门廊、储藏室内都有消防系统;小区内实现无障碍设计,如无障碍步行道、无障碍防滑坡道,低按键、高插座设置;同时,社区内的空间导向性被强调,要增强环境的识别性及空间的秩序、等级、方向性、标志性等,要对方位感、交通的安全性、道路的可达性做好安排,实施严格的人车分流。例如,日本的老年住宅设计中就明确要求:地面要采用防滑材料;排除高低差;根据需要设置扶手;在色彩、照明上要能够唤起注意力;在使用家具、器具、设备时,即使操作错误也能够保证安全;在地震、火灾等紧急情况时,能够保证安全避难。

(二)适应性

社区内的环境和设施应该是便于老年人适应生活的。社区的总平面应有易辨认的总体形态,使其成为识别区内道路的标志,有利于增强老人的地域感、方向感和尺度感;社区内部空间构成应具有等级感和层次感,有利于区分从公共性到私密性不同活动方式的空间性质,增强空间的归属感和安全感,使老年人能够快速适应社区的地理、地形位置;此外,室内外空间联系应设置一定的过渡空间,用于适应老年人生理和心理的调节能力,提高环境的舒适感。

(三)舒适性

一般来说,老年人在室内停留的时间较长,因此需要特别考虑日照、通风、采光、换气等问题。老年人的居室要阳光充足且通风;对于使用轮椅的老年人,其住宅需要确保轮椅的通行宽度和转向空间;排除地板的高低差;家具、器具、设备需要设置在便于操作的位置;卫生间的洁具色彩以浅色为佳,不仅在视觉上给人以干净的感觉,还有利于及时观察和发现老年人排泄物所反映出的病兆;老年住宅周边的环境最好是清净优美的,社区内的空气质量清新;此外,社区的室内外空间宜有通达的视线联系使其具有可转换性和流通性,以便饱览室外风光,组织各项活动,提高空间环境的舒适性。

（四）多样性

要充分考虑老年人的差异性。住宅空间结构应具有足够的灵活性，以满足不同年龄、不同能力和不同生活方式的老年人多样性的需求。社区内要有适合不同老年人身体状况的住宅类型，如供独立居住单元、集体公寓、护理院等；室外空间环境应具多样性和选择性，以满足不同能力的老年人户外活动独立自主选择的要求。同时，社区空间结构应为不同能力水平的老年人提供相应的居住空间和公用设施。不同能力水平的老年人不宜完全混合使用同一公用设施，以免在心理上产生消极的影响。但公用设施也不宜过分分散，以免影响其利用效率。美国老年社区规划将老年社区的空间结构按照居住空间与公用设施的相对关系，分为集中型、分散型、放射型和混合型四种类型。

（五）可控性

室内外环境应有一定的可控性，便于老年人随时根据自己的需要和喜好重新安排空间使用方式（如可移动的隔断和家具）。此外，适宜的环境及设施用以补偿老年人各种能力的下降，但仍可保留适度的困难激励，以维护和锻炼老年人尚存的独立生活能力，如服务设施设置的方式和道路可具有适度的对老年人行为能力的挑战和激励。

（六）私密性

室内外空间规划设计应维护老年人私密性活动的需求，以增强老年人独立、自主和"有用"的意识，避免产生时时处处受监护的感觉，消除老而"无用"的不健康心理。老年人在确保私密性的同时（与子女共同生活时），不使他们产生孤独感。

此外，国外和我国发达城市的社区一般都配有完备的配套设施和服务，如医院、健身娱乐、文化教育、图书资料、购物中心、银行、邮局、交流活动、家政服务等。特别是老年社区内要配备正规的定点医院，该医院应具备治疗、抢救、咨询的功能。

二、国外老年住宅市场

老年人住宅是一个广义而笼统的概念。它既可以是（老年人的）普通家庭住宅，也可以是各种专门建造的养老机构。换言之，所谓老年住宅，涵盖家庭的概念，也涵盖各类养老机构的概念。不过，对于老年人来说，无论是居家老年人还是机构养老的老年人，住宅不仅仅是简单的居所，它还承载着服务的功能。西方国家大致将老年人住宅划分为三类：供生活完全自理的老年人居住的独立家庭住宅和55岁以上老年人的退休社区；供生活半自理老年人居住的支助型住宅，如老人院、支助型住宅或提供持续照料的退休社区；供生活完全不能自理的老年人居住的护理院。

在西方价值观背景下，青年人结婚后与父母分居，组成各自独立的小家庭。老年人普遍认为父母与子女之间不应互为拖累，有的国家在法律和道义上均承认青年人和老年人两代相互不负供养对方的责任。在这种文化历史背景和家庭观的支配下，老年居住问题的解决主要靠专门的老年公寓、老年私宅，以及社会保障和老年社区服务。因此，西方发达国家在解决老年人居住问题方面所制定的法律与规定都比较完善，对老年住宅的设计和适应性改造的标准与原则都规定得非常详尽。

（一）美国

在美国，老年人的居住安排、住宅类型包括养老机构等伴随着美国工业化和都市化发展的历史进程发生了彻底的改变。在不同的历史阶段发生的变化无不和美国当时所处的时代背景紧密地联系在一起。

美国于20世纪60年代步入老年型社会，1965年制定《美国老年法》。其人口老龄化速度与经济增长同步发展，有较强的经济实力解决老年居住问题。老年住宅、老年养老设施、老年社区蓬勃发展，老年住宅建设在质量和规模上都超过其他国家。《美国老年法》也已修改多次，对有关老年住宅、福利设施和社区计划的条款进行了重大修正。老年住宅建造采用一系列方便老年人使用的专用产品和先进科技，使住宅成为终生生活的场所。美国的老年居住设施主要根据健康状况和意愿来进行分类，分为独居式住宅、老年公寓、养老院、护理院、老年养生社区五类。20世纪80年代开始的老年社区开发还出现了所谓"太阳系"社区空间结构。这种社区空间结构将老年住宅、餐馆、商店、娱乐中心和医疗保健机构连为一体，老年人能够不受外部交通干扰而方便安全地到达各种服务设施。

美国的老年住宅主要分为以下几类：

（1）健康老年人住宅　健康老年人住宅专供身体健康、生活自理的老年人居住，同时提供最简单的家务服务。例如，一天一次饮食服务，一周换一次床单和打扫一次卫生等。

（2）多户老年人住宅　多户老年人住宅是由政府出资建设的住宅，同时为老年人提供必要的家务与护理服务。

（3）无医疗设施的老年人住宅　无医疗设施的老年人住宅是一种专供身体略为衰弱的老年人居住的住宅。除医疗之外，每天都要向老年人提供一日三餐、家务劳动及穿衣、洗澡等24小时护理服务。

（4）老年人住宅小区　老年人住宅小区是一种综合性的小区，是由数千户老年人住宅和大规模体育设施、文化娱乐设施构成的住宅小区（见图2-4-9），可保证入住者终身居住在小区，包括健康老年人住宅、无医疗设施的老年人住宅及特别看护养老院等。

图2-4-9　美国太阳城老年住宅区

（二）英国和法国

英国是西方实行福利政策最早的国家，20世纪20年代末进入老年型社会，1985年，65岁及其以上的老年人占其总人口的比例在15%以上。老年住宅问题是英国社会保障的重要内容之一，早在1969年，英国住房建设部和地方政府就颁布了《老年居住建筑分类标准》。1986年又开始采用国际慈善机构制定的标准，按人口老龄化过程中各阶段需提供的不同服务程度，相应地把老年居住建筑分为七类。英国老人大都独立居住,与子女共同生活和住进社会养老设施的老年人比较少,因此政府的工作重点就是老年社区服务设施与建立老年家庭服务员派遣网、老年俱乐部等。

法国作为典型的福利型国家,住房社会保障制度健全。法国老年住宅的建筑形式是多户住宅,专门供能够独立生活的健康老年人居住,每个住户都是独立的,完全保证每个住户的隐私权,还可增设食堂或娱乐室等公共设施。关于提供生活服务问题,原则上同住宅供应分开,一般采取区域福利服务。法国的老年住宅是多种形式同时并存,有把住宅和服务项目组合在一起的住宅,是一种介于住宅型养老院和一般养老院之间的老年住宅;还有使用权方式的老年住宅和民间企业出售方式的老年住宅。此外,老年住宅福利设施按需要服务的不同程度分为收容所、老年公寓、护理院和中长期老年医院,提供食宿、保健、文化娱乐服务。老年居住福利设施一般建在居民区内,社区服务比较完善,社区实行家庭服务员制度。

(三)德国和瑞典

德国老年人的集中居住设施可分为两种体系:一种是社会住宅体系;另一种是福利政策养老体系。社会住宅体系内部采用一定的无障碍设计,房租采取补贴等措施。但是,其与提供生活援助等服务,原则上是分开处理的。另外,在养老体系当中,有一种叫住宅型养老院,以能够生活自理的老年人为居住对象,居室内设有厨房、浴室、卫生间等,是一种接近社会住宅的养老院。在规划设计上,往往把各种养老院和社会住宅中的老年住宅建设在一起,以便在设置服务网点和急救站时,两者能够相互兼顾(见图2-4-10)。

瑞典是典型的福利型国家,退休保险制度为老年生活提供了足以独立的物质基础,绝大多数老年人既独立于子女,又独立于政府为老年人设置的养老设施而生活在自己的寓所里。瑞典老年居住政策的重点是为住宅养老的老年人提供健全的社区服务。老年人居住的住宅有普通公寓与专用住宅之分,专用住宅又有集中与分散管理之别,以满足老年人不同的住宅需求。瑞典具有代表性的老年住宅叫服务住宅,目的是为老年人统一提供住宅和服务。这种住宅多位于比较方便的地方,同时又有一般市民常用的公共设施,如食堂、咖啡馆、图书馆、幼儿园、学校等。服务住宅的每个住户都是独立的,必要时可以任意选择提供生活服务的项目。这样的生活服务点就设在服务住宅里,不仅使住在服务住宅里的老年人生活方便,同时食堂等附属设施的工作人员也可以随时聘用。

图2-4-10 德国老年人居住的退休社区

(四)澳大利亚和日本

澳大利亚解决老年人居住问题有三个途径:

一是鼓励有条件的老年人尽可能独立生活;二是建造老年集体公寓,既可单身居住,也可老两口合住,有完善的公共福利设施和24小时服务;三是为体弱多病、难以自理的老年人建造"护理之家",提供医疗、保健、护理服务。后两种由国家投资建设,政府给予经常性的补贴,社会团体赞助数额也很可观,老年人将养老金的85%左右支付给有关机构,实行大包干,无须支付额外的费用。老年公寓多数是平房或低层楼房,各种配套设施完善,以保证老年人室外、室内活动的方便、安全。"护理之家"的设计既有康复的功能,又有家庭的气氛,规模不大,一般可住30~50人,以便于管理。澳大利亚老年居住的一个重要特点是环境优雅,绿化好,益于老年人身心健康。

以日本为代表的亚洲老年住宅,重视传统的家庭养老功能,既保留东方家庭模式,又适应现代人的需求,建立老少同住、有分有合的新型住宅体系。日本的《老人福利法》非常重视"在宅养老",鼓励开发供几代人同居的住房,两代人(或多代人)同住一栋住宅,但各有自己独立的、完整的生活器具空间与设施,有分有合。考虑到老年人体弱、平衡能力差的生理特点,老年人一般住底层,设有扶手、防滑地面,二层或三层一般供年轻夫妇和小孩一起居住,条件好的还建屋顶花园,为儿童提供活动场地。"老少居"门厅共用,分区使用,既保留了传统的东方家庭模式,又适应现代人的需要。除了大力开发"老少居"住宅外,日本也十分重视社会养老设施的建设,建造了"老人福利中心""养护老人之家"等供与子女分居的老年人居住,并通过派遣老年人家庭服务员、发放老年人日常生活用品、开发老年人能力等活动,加强对老年人的社会服务(见图2-4-11)。

图2-4-11 日本老年住宅区

三、我国老年住宅

(一)我国老年住宅的主要特点

1. 老年人住房自有化率较高,城镇老年家庭户住房自有化率超过90%

根据《中国城乡老年人口状况追踪调查》研究报告的结果,2006年,老年人现居住的房屋

产权属于老年人自己或配偶的比例在城市和农村分别为 75.4% 和 56%，分别比 2000 年提高 7.8 个百分点和 17.2 个百分点。2010 年，户主年龄在 60 岁以上的老年家庭户的住房自有化率为 90.9%，高于其他年龄组家庭的住房自有化水平。其中，房改房是老年家庭户自有住房的主要组成部分。

2. 老年家庭住房质量明显改善

改革开放以来，国家经济实力和居民收入水平及环境、设施有了较大幅度的提高，城市基础设施现代化较为迅速，具有现代化设备的单元成套楼房比例进一步增大，住宅内外的设施有了明显的变化。住宅结构是反映住宅质量的一项重要指标，也是综合反映老年人生活质量的一项重要指标。我国老年人居住的建筑中，以钢混结构为墙体材料的住宅建筑占 11.9%，砖石结构的住宅建筑占 66.4%，其他结构的住宅建筑占 21.7%。分城乡来看，城镇住宅中钢混结构的住宅建筑占 31%，砖石结构的住宅建筑占 64.7%，其他类型结构的住宅建筑占 4.3%；农村住宅中钢混结构的住宅建筑占 4.4%，砖石结构的住宅建筑占 66.3%，其他类型结构的住宅建筑占 29.3%。可见，以钢混结构为墙体材料的住宅建筑比重在加大，砖石结构的住宅建筑成为我国住宅建筑的主体。老年家庭户除木、竹、草结构及其他结构住房高于全国平均水平外，钢筋混凝土、砖石结构老年家庭户均低于全国平均水平。

3. 老年家庭住房内设施有了很大改善

随着人民生活水平的提高，居住条件和质量在不断改善，老年人对住宅室内设备及功能的要求也越来越高。

我国家庭户住宅中，有洗浴设施的老年家庭户占 23.9%，其中市、镇家庭洗浴设施的拥有率为 49.1% 和 31.8%，农村地区家庭洗浴设施的拥有率仅为 13.7%，比市家庭洗浴设施的拥有率低 35.4%。没有洗浴设施的老年家庭户在县一级高达 86.3%，分别高于市、镇 35.3% 和 20%。

厨房是住宅的重要组成部分，它对满足居住功能和保障生活质量的提高都具有重要的意义。我国老年家庭户厨房拥有率为 85.4%，其中独立使用厨房的占 83.5%，合用厨房的占 1.9%，没有厨房的占 14.6%。如果分城乡看，市、镇和县老年家庭户厨房独立拥有率分别为 91.5%、87.8% 和 82.8%，没有厨房户的比重分别为 8.5%、12.2% 和 17.2%。

厕所和厨房一样都是住宅的重要组成部分，它对住宅的功能完善起着重要作用。我国老年家庭户中，独立使用厕所的户占 68.1%，与其他邻居合用的只占 3.8%，老年家庭户中没有厕所的户占 28.1%。分城乡看，市、镇老年家庭户中厕所的独自使用率为 73.7% 和 63.7%，县老年家庭户中厕所的独自使用率为 66.8%，这些地区使用的厕所大多数属于旱厕和深坑式简易厕所，而独立使用抽水式的仅为 3.0%，市、镇和县老年家庭户中没有厕所的户分别为 21.3%、30.4% 和 30.1%。

虽然我国的家庭户人口居住条件有了很大改善，人均建筑面积有了很大提高，但一些配套设施还没有跟上，这些给人们的生活起居带来很大的不便，更没有达到卫生标准。对于那些身体比较弱、行动不便的高龄老年人来说，室内没有厕所会给生活带来诸多不便。

（二）我国老年住宅存在的问题

1. 现有老年住房条件不适合居家养老需要

绝大多数老年人居住在普通住房里，老年家庭居住条件差，老年人现有住房状况及室内设施情况表明居家养老的基础硬件条件与适合老年人居住的住宅条件有很大的距离。目前已经竣工的住宅与正在设计建筑的住宅，很少考虑人口老龄化及老年人的某些特殊需要。

2. 社区助老服务设施不足

随着老年人口的大幅度增加，以及家庭结构的小型化发展趋势，大批的老年夫妇或独居的老年人在增加。这些家庭的老年人居住在高层住宅中，而大批新落成的住宅在设计上又没有考虑他们的特殊需要，也没有考虑这些老年家庭经常与他们亲友联系的需要，以及为老年人服务的各种保健、医疗、食品、社会福利、文化娱乐、教育设施等有机地与老年住宅结合起来。老年家庭住宅要与家族亲属近些，并便于接触邻近的公共设施，而这些设施又能与老年人住宅形成网络。可见老年人单有住房是不够的，必须同时具备老年人住宅与附近的各种基本服务设施配套。而现有的城市建筑建设标准没有突出老年居住需求，缺乏相应的助老配套设施比例要求。

四、我国老年房地产市场

（一）养老地产市场出现的问题

目前，在我国宣布进军养老的投资机构已达到 80 家，政府服务机构、金融保险机构、房地产商和外资机构纷纷投资养老房产项目。虽然各路资本纷纷介入养老地产，但相较于传统的普通住宅房产，养老地产具有前期投入大、回报周期长的特点，投资商对养老地产商业模式的尝试并未得到市场的检验，各种赢利模式还有待观察。

1. 无法照搬国外模式

国外常见的养老地产商业模式有很多，但其模式难以实现在中国的本土化。其原因在于发达国家是在基本实现现代化的条件下进入老龄化社会，而我国的老龄化速度快于经济发展速度，呈现了"未富先老"的特征。这种现象使得对养老地产的刚性需求难以转化为有效需求。另外，对于养老地产项目，我国的补贴力度还远落后于市场成熟的国家。最后，相较于西方的文化观念，我国养老家庭更奉行大家庭文化，不利于养老地产的推广。

2. 养老地产市场存在较大泡沫

我国现阶段的养老地产市场存在较大泡沫，由于普通住宅地产的利润下降，许多房产企业借用老龄化社会的噱头炒作养老地产的概念，使养老地产空洞化，养老地产成为企业圈地的工具，企业借养老地产名义获取的土地，往往只有少部分建设为养老地产，其余部分作为配套和住宅开发，以达到项目整体赢利的模式。

3. 商业模式仍处于探索期

单纯的养老地产是兼具商业性和公益性的产品，即使在养老经济市场成熟的国家，运营商也往往需要依靠政府补贴实现盈亏平衡。我国针对养老产业已经出台了一系列优惠政策，包括土地出让、税收优惠等各个方面。但地方政府在养老地产的土地供应方面却没有统一标准，不同地区的政策落实程度差异很大，一些落后和偏远地区的政策基本得不到落实。

由于养老地产的投入远高于普通住宅且回报周期为普通住宅的几十倍，为了取得短期可用的现金流及保证项目的盈利，养老地产项目纷纷定位高端人群，不符合我国具体国情。总体来看，一些养老房产模式过于简单，无法满足老年人的需求，一些养老模式过于高端，难以使消费者接受，我国的养老地产并未形成体系，没有固定形成标准化模式，大部分模式仍处于探索期。

(二)老龄地产业发展建议

1. 细分市场

我国的养老地产投资商应当结合老年人的收入情况、养老需求细分市场,针对收入、不同需求的老年人量身定制符合其情况的养老产品。在项目赢利方面,开发商可以采取短期内以销售住宅或采取租售的方式获得现金流以支持项目的长期开发;长期赢利的切入点在于为老龄人口提供服务,走产业化道路,形成完整高效的养老产业链。

按照老年人的需求划分可将其划分为康复人群、休闲养老人群和度假养老人群。按收入可将老龄人口市场划分为低端、中端和高端消费市场。按生活方式将市场分为享乐、舒适和实用型市场。针对有很强消费能力的消费者应提供高级的专属化、个性化产品。对于像退休的公务员、医生、教师等拥有中高端消费能力的消费者,养老产品应当满足老年人对生活品质的需求。对于具有终端消费能力的普通退休员工,养老产品应满足解决一些生活难题的需求。有效市场应该是拥有购买力量、具有消费意愿、拥有消费需求的人群形成的。

不管是从国家政策层面还是从市场观点都认为最符合我国国情的养老方式应该是居家养老,这种模式适应人口老龄化和家庭结构变化,是在家庭养老基础上发展起来的善用社会资源的养老模式,它满足了老年人适度社会化的需求,在节省开支的同时有利于保证老年人的生活质量。企业可为居家养老人群提供生活照看、医疗、介护、娱乐和教育等服务。针对中高端有较独立生活意愿的消费者,企业可以建设集中养老社区,使社区养老与居家养老相结合。针对有个性化专属需求的高端消费群体,企业可提供奢侈养老服务项目,提供稀缺型护理、奢侈养生和专属服务。

2. 赢利模式

按照消费者需求与消费能力细分,最富有发展机遇的模式有:可供二代居、三代居的混合式全龄社区,兼顾老年人衣食住行、医疗健康、心理关照的复合型持续照料型退休社区(CCRC),分时度假式的候鸟养老产品和专业护理康复机构。

国内现有养老房产的销售模式主要分为出售、出租和租售结合模式。其中出售房产可在短期内回笼资金。而出租形式需要企业长期布线,主要赢利点在于出售服务,资金回笼周期较长。租售结合的模式既能销售房产以在短期内获得资金回笼,又能在返租过程中支持其养老配套设施的长期持有运营。

为了解决养老地产产品前期投资巨大,短期难有资金回笼的难题,企业应采用积极的金融手段。基金的介入可以很好地帮助企业解决资金问题,通过私募股权基金的方式可以筹集到项目的启动资金,待项目完成并正式运营后,再选择退出机制,获取收益。企业可以联合多家有实力的机构作为发起人,成立投资管理公司,再与银行、保险、政府机构、医疗机构等形成庞大的合作伙伴网络。

另外,企业可采用房地产信托基金,这是一种证券化的产业投资基金,将物业所有权与经营权分离,通过将出租不动产产生的收入以派息的方式分配给股东,使投资企业获得长期稳定的现金流。通过积极的金融手段,企业可有效获取前期资金投入,在短期内获得持续的现金流,帮助项目的滚动发展。将房产的持有、出租和积极的金融手段结合,企业可以更有效的降低风险,形成资金运营模式(见图2-4-12)。

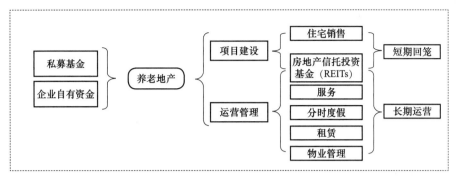

图 2-4-12　资金运营模式

3. 产业链建设

企业被市场炒作误导，单纯地认为养老地产前景很好，以投机心态进入养老地产的投资是非理性的，将养老地产作为企业发展的补缺式战略可以使企业成为战略型的投资者，更具有投资良性。养老项目是商业性和福利性复合的产品，企业应加强产业链的建设，建立一整套养老服务产业体系，从下游的养老服务产品生产商到中游的养老服务平台提供商，形成完整、高效的养老产业链。

4. 土地获取

企业可以通过收购股权的方式获取土地。一些适合发展养老地产的土地具有稀缺性，土地出售方可以就土地的使用权成立一个独立的公司，然后出售该公司的部分股权。以股权转让的方式收购公司可以避免缴纳收购土地时的契税，为企业节约成本。另外，企业可以积极地与开发地的土地储备中心或土地一级开发公司合作，以获取土地。企业可主动投资开发地的基础建设，在赢得了政府信任的同时，增加企业的政治公关筹码。

学习单元三 展望老年服务与管理

项目一 国外老年服务与管理的现状与发展

学习目标

1. 了解国外老年服务与管理的基本情况。
2. 掌握发达国家老年服务与管理对我国的经验与启示。

模块一 联合国老龄行动历程

相关知识

一、全球老年人口概述

从17世纪起,全球人均预期寿命和生育率平稳发展,人口规模逐渐扩大。19世纪后期,欧洲一些发达国家的生育率进入持续下降阶段,部分国家出现老龄化现象。1950年,65岁以上的老龄人口比重超过10%的9个国家均在欧洲,其中法国最高达到11%。20世纪70年代以来,老龄化超越国别和地区成为全球现象,26个65岁以上老龄人口比重超过10%的国家中,瑞典为15%,成为老龄人口比重最高的国家,美国成为全球老龄化程度前20的国家,部分国家进入超老龄化阶段。2000年全球达到老龄化的国家多达41个,意大利的老龄人口比重最高,为18.1%,美国、日本、中国等非欧洲地区国家也出现了老龄化。

老龄化的主要原因是生育率的下降和预期寿命的提高。由于女性预期寿命高于男性,老龄女性的数量和比重将高于男性,造成老龄化程度越高则人口性别不平衡现象越显著的结果(见表3-1-1)。

表3-1-1 全球人口发展趋势的估计和预测(1700—2100年)

年份	预期寿命/岁			总生育率(生育数/妇女)	总人口/10亿人	人口年增长率(%)	15岁以下人口比(%)	65岁以上人口比(%)
	男性	女性	总体					
1700	—	—	27	6	0.68	0.5	36	4
1800	—	—	27	6	0.98	0.51	36	4
1900	—	—	30	5.2	1.65	0.56	35	4
1950	45.9	47.9	46.9	5	2.52	1.8	34	5
2000	64.9	69.3	67.1	2.7	6.13	1.22	30	7
2010	67.8	72.3	70	2.5	6.92	1.2	27	8
2020	68.8	73.3	71	2.4	7.72	1.04	25	9
2030	70.6	75.1	72.8	2.3	8.42	0.83	23	12
2040	72.2	76.7	74.4	2.2	9.04	0.66	22	14
2050	73.7	78.2	75.9	2.2	9.55	0.51	22	16
2100	79.9	83.7	81.8	1.99	10.85	0.11	18	22

(数据来源:World Population Prospects: The 2012 Revision)

总体来看，全球老龄化进程从欧洲开始向亚洲及拉美地区扩散。预计2025年东南亚将会像欧洲一样成为老龄化严重的地区，全球将有1/4的国家处于老龄化阶段，其中欧洲和东南亚的十几个国家将遭遇"超老龄化"。

老年人口本身也在老龄化，世界上增长最快的年龄组是80岁以上（包括80岁）的高龄老人。他们以每年3.8%的速率增长，占老年人口总数的1/10以上，到2050年预计20%的老年人为80岁以上的高龄老人。

在老龄人口比例没有显著差异的情况下，人口大国即为老龄人口大国。1975年中国有4100万老龄人口，印度、美国有2300万老龄人口。预计2050年，中国和印度的老龄人口将占全球老龄人口的39%，是欧洲老龄人口的3倍。

老龄化加速、发展中国家加速速度更快是全球老龄化的另一个特点。老龄化加速的指标是65以上人口的比例从7%上升到14%的时间间隔。法国这一时间间隔为115年（1865—1980年），瑞典为85年（1890—1975年），美国为69年（1944—2013年），英国为45年（1930—1975年）。相比之下，日本（1970—1996年）和中国（2000—2026年）为26年，泰国和巴西等国家则更短。不论是发达国家的"先富后老"，还是发展中国家的"未富先老"，都面临老龄化带来的诸多问题。

二、1982年第一次老龄问题世界大会及后续行动

20世纪50年代，人口问题开始受到联合国和许多发达国家研究机构及学者的重视。随着发达国家人口转变研究的深入和欧洲生育率调查研究的开展，学者们意识到生育率是人口老龄化的决定性因素。发达国家生育率的加速下降使得老龄化成为必然。对于发展中国家来说，第二次世界大战后高出生率会导致人口年龄结构年轻化，但为了保障现有人口的生活质量、控制人口迅速增长，发展中国家势必要控制生育率，最终也会加速人口老龄化。因此，学者陷入控制人口增长加快人口年龄结构老龄化和放任人口增长推迟人口老龄化的两难境地。

针对老龄化的不可避免性，联合国委托法国著名人口学家让·皮撒（Jean Bourgeois-Pichat）组织研究人口老龄化问题。1956年，皮撒完成并发表《人口老龄化及社会经济后果》，其中提出将65岁以上人口超过总人口7%定义为老年型人口，并且阐述了人口老龄化对经济社会的影响。这是人类历史上第一部研究人口老龄化的著作，本书详细解释了老龄化的成因和后果，收集了大量人口转变的历史数据。与以往从个体衰老考虑老龄问题不同，皮撒针对宏观和老年群体的影响后果进行了详细的阐述，并使联合国认识到人口老龄化不单纯是发达国家会面临的问题，而是全球化问题，从而为联合国召开老龄问题世界大会奠定了理论基础。

1978年，联合国在33/52号决议中决定举行一次"老龄问题世界大会"，由各国政府派代表团参加。1980年联合国理事会要求秘书长从联合国外为"老龄问题世界大会"任命一名专任秘书，他应当是公认的老年人问题专家并具有联合国系统方面的经验。此外，理事会建议联合国大会谋求各国政府、有关的专门机构、区域委员会和非政府组织在"老龄问题世界大会"的筹备工作方面及大会本身的工作方面给予合作。

1982年7月第一次老龄问题世界大会在维也纳举行，124个国家的代表团和162个联合国专门机构、非政府组织等共1000多人参加。大会的主要目的是敦促各国政府和国际社会高度重视老龄问题，采取积极行动"确保老年人得到经济和社会保障，并有机会对本国的发展做出贡献"。大会的中心议题是：在全人类充分参与发展过程和公平分配所得利益的基础上，不断改善老年人的福

利。此次会议通过联合国系统老龄工作的第一个指导性文件《1982年维也纳老龄问题国际行动计划》（以下简称《行动计划》）。《行动计划》分为唤起全球对人口老龄化的觉醒和关注、发展老龄事业的基础设施和老年人参与发展三个阶段。

该会议第一次明确地把人口老龄化看成世界性的问题，并且明确老龄问题包括人道主义和发展两个问题。人道主义是指老年人除一般需求外还有保健与营养、住房与环境、家庭、社会福利、收入保障、就业与教育等特殊需求。发展方面提出由于老年抚养比的提高，要考虑人口老龄化对生产、消费、储蓄、投资的影响等。同时，会议也提出生活质量的重要性并不亚于长寿的概念，为积极老龄化理论的建立提供舆论支持。

根据《行动计划》，各个国家认真贯彻国家层面建设，并就国际和区域间的贯彻《行动计划》活动进行合作，充实老年人个体层面的生活内容，使老年人在和平、健康、有保障的前提下，身心都充分、自由地享受晚年；同时充分分析老龄化对社会发展的影响，以及社会发展对老龄化的反作用，从而让老年人的潜力得以充分施展，同时采取适当的措施减轻因此带来的各种负面影响。

从第一次老龄问题世界大会制订《行动计划》以来，各国取得的进展既不均衡，也不相同，这反映了可用资源、优先事项及其他因素的不同。取得进展的数个领域有：建立关于老龄问题的国家基础设施、改善老年人的保健服务和住房供应及收入保障、老年人对社会生活的参与。

联合国就发达国家和发展中国家应对老龄化问题做出了相关评估：

1）大多数发达国家都有处理老龄问题相当成熟的国家协调机制。而在发达国家作为基础设施的协调机制在发展中国家和转型期经济体中仍处于不同的发展水平。通过这些协调机制，关于老年人境况的法律、政策、方案和项目得以制订。绝大多数做出答复的国家认为，1991年联合国大会通过的《联合国老年人原则》是制订其本国计划的重要指导方针。

2）发展中国家和经济转型国家报告说，它们改善了保健服务，并推行非正规护理和家庭护理方案。若干发达国家已建立普遍保健制度，提供更加完善的非正规护理和家庭护理，并对保健专业人员进行相关培训。

评估结果所显示的困难可以总结为以下两点：

1）《行动计划》建议的主要执行障碍是缺少经费。其原因在于经济困难、武装冲突和自然灾害等方面的限制。

2）政府工作人员短缺则是大多数发展中国家面临的另一个普遍问题。各机构间缺少协调、职责重叠和缺少决策专家也妨碍了该计划的执行。

第一次老龄问题世界大会之后联合国于1990年将此后每年的10月1日定为"国际老年人日"，已广泛提高世界各国对老龄问题的重视。同时在马耳他建立国际老龄问题研究所，推动国际社会老龄问题的科学研究。1991年通过的《联合国老年人原则》，确立了关于老年人地位5个方面的普遍性标准：自立、参与、照料、自我实现、尊严。

三、2002年第二次老龄问题世界大会及后续行动

《2002年马德里老龄问题国际行动计划》是在联合国进行的第二次关注老龄化问题的会议上达成的行动计划。联合国对其后续实施情况进行了持续的监督和评估。

2000年5月25日，大会第54/262号决议决定于2002年召开第二次老龄问题世界大会，配合第一次老龄问题世界大会二十周年纪念。这个定于2002年4月8日至12日在马德里举行的第

二次老龄问题世界大会致力于通盘审查第一次老龄问题世界大会的结果，以及通过《政治宣言》和新的《老龄问题国际行动战略》。《政治宣言》重申这次会议是为了应对21世纪人口老龄化所带来的机遇和挑战，促进发展一个不分年龄、人人共享的社会。新的行动计划力求正视21世纪的社会文化、经济及人口现实，特别是注意发展中国家的需要和观点。

在审核和评估维也纳《行动计划》的基础上，马德里国际行动计划提出了三个优先方向。

优先方向一：老年人和发展。其中包括8个具体问题：积极参与社会和发展；工作与劳动队伍的老龄化问题；农村发展、移徙和都市化；获取知识、教育和培训的机会；世代之间的团结；消除贫穷；收入保障、社会保护/社会保障和预防贫穷；紧急情况。

优先方向二：促进老年人的健康和福祉。其中包括6个具体问题：毕生促进健康和福祉；人人平等享有保健服务；老年人和艾滋病毒/艾滋病；培训护理人员和保健专业人员；老年人的心理健康需求；老年人与残疾。

优先行动三：确保建立有利的支助性环境。其中包括4个具体问题：住房和生活环境；照顾和对照顾者的支助；忽略、虐待和暴力；老年人形象。

可以看出，这三项优先方向具有很强的人文关怀色彩，更加重视老年人的"独立、参与、照顾、自我实现、尊严"原则，同时呼吁改变观念，认识到老年人为社会做贡献的能力及代际依存和互助互惠对社会发展的极其重要的意义，并给予方向性的建议，从国家行动、国际行动两个层面进行指导。

1. 国家行动

1）各国政府对计划执行负有首要责任。第一步必须将老龄问题和对老年人的关切纳入国家发展框架和消除贫困战略的主流。创新方案、募集资金和发展必要的人力资源需同时进行。政府、民间社会各方和私营部门之间的有效合作，以及在国家和国际两个层次上以民主、法治、尊重人权、基本自由和良好施政为基础的有利环境，将有利于计划实施。

2）非政府组织在支持各国政府实施、评价和后续落实计划中的作用很重要。

3）应做出努力，促进有关机构就2002年马德里老龄问题《国际行动计划》采取后续行动，包括酌情建立老龄问题机构和国家委员会。民间社会各相关部门，特别是老年人组织的代表参加的老龄问题国家委员会，具有老龄问题国家咨询和协调功能。

4）实施战略的其他重要因素包括：有效组织老年人；针对老龄问题的教育、培训和研究活动；全国数据收集和分析，如为政策规划、监督和评估编纂按性别和年龄划分的资料。独立、公正的监督可由独立机构执行。

2. 国际行动

全球化带来机会和挑战。发展中国家和转型期经济国家在应对这些挑战和机会时面临特殊困难。全球化应具有充分的包容性，应当公平。为补充国内发展工作的不足，加强国际合作对发展中国家、最不发达国家和经济转型国家实施《2002年马德里老龄问题国际行动计划》至关重要，同时应认识到援助和资金供应等的重要性。

不难看出，《2002年马德里老龄问题国际行动计划》与20年前的《1982年维也纳老龄问题国际行动计划》相比，不仅增加了三个优先方向，其在国家、国际两个层面的具体建议也要详细得多。但同样存在的问题是其反复出现的"呼吁""提倡"等字眼。这让计划本身对各个层级行为体的约束力大打折扣。

随后的 2003—2011 年，联合国连续做了 9 次有关"第二次老龄问题世界大会的后续行动"的报告，作为对《2002 年马德里老龄问题国际行动计划》后续行动的跟踪评估报告。但评估报告大都集中于具有约束力的国际人权文书等现有国际框架，未对各国相关法律、政策和执行部门设置的具体数据和要求进行统计及讲解，因此这几年的评估报告虽有较好的连续性，但参考价值较小。

四、国际老龄行动的主要经验

在联合国的大力推动下，国际老龄事业得到了巨大的发展，经过长期实践可以将经验总结为以下几点：

1. 发展老龄事业必须发挥政府的主导作用

发达国家把老龄工作纳入国家发展计划，不断强化政府在发展老龄事业中的职能，从宏观指导老龄行动，同时制定相关法律、政策、方案和项目。近年来，一些发展中国家也逐步加强了政府在发展老龄事业中的主导作用。

2. 老龄事业必须坚持法制化道路

国家和政府发展老龄事业的责任或职能必须通过立法才能确立。各项对策通过立法做出明确规定并责成具体部门贯彻执行。目前，世界上有 140 多个国家的法律中有涉及老年人合法权益的条款。

3. 社会养老保障必须与经济发展相适应

社会养老保障制度是经济发展的产物，许多发达国家的社会养老保险制度都是在本国经济繁荣的时期建立和发展的。发展中国家在建立社会养老保障制度时，必须考虑其经济条件，否则，社会养老保障制度将无法持续。

4. 发展社区服务是老年福利服务的基本方向

提供社区服务，向家庭提供帮助，使老年人能独立、尽可能长久地居住在社区。

5. 发展社会养老的同时继续巩固家庭养老

对于发展中国家，居家养老将是养老的主要方式并将长期居于主要地位。国际社会正在寻求合适的方法，加强家庭协助机构和中间支持，在家庭和血缘网络继续尽他们的照顾义务的同时，使家庭与正式服务机构在照顾老年人方面互相补充。

模块二 美国老年服务与管理现状

▶ 相关知识

一、美国老龄化现状

随着第二次世界大战后"婴儿潮"时代出生的人步入老年，美国老龄化问题日益突出。同时，美国人的平均寿命也提高至 79.12 岁，其中女性略高，为 82.19 岁，男性为 76.2 岁。从美国 2012 年、2030 年和 2050 年人口年龄结构图（见图 3-1-1）可以看出，这些平均寿命不断增长的婴儿潮人群推动了美国人口结构的改变，老年人口成为增长率最高的人群。预计到 2050 年，美国 65 岁以上人口将达到 8370 万人，约为 2012 年老年人口（4310 万人）的 2 倍。

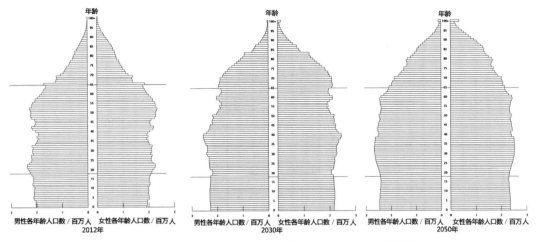

图 3-1-1　美国 2012 年、2030 年和 2050 年人口年龄结构

在所有 65 岁以上的老年人中，80 岁以上的高龄老人组是增长速度最快的，2012 年 80 岁以上的人口达到 1167 万人，占总人口的 3.7%，到 2050 年该年龄段的人口将增长约 2 倍，达到 3094.1 万人，占总人口的 7.7%，约占 65 岁以上老年人口的 1/3（见表 3-1-2）。

表 3-1-2　美国人口年龄分布　　　　　　　　　　（单位：万人）

年龄	2012 年	2020 年	2030 年	2040 年	2050 年
18 岁以下	7372.8	7615.9	8034.8	8262.1	8591.8
18～64 岁	19704.1	20176.8	20534.9	21767.5	23014.7
65 岁以上	4314.5	5596.9	7277.4	7972	8373.8
65～69 岁	1397.7	1805.2	2007.7	1809	2014.4
70～74 岁	1000.8	1474.4	1851.6	1737.4	1741
75～79 岁	749	1001	1472.2	1664	1524.3
80～84 岁	578.3	647	1051.3	1350.1	1296.3
85 岁以上	588.7	669.3	894.6	1411.5	1797.8
合计	31391.4	33389.6	35847.1	38001.6	39980.3

（数据来源：U.S. Census Bureau, 2012 Population Estimates and 2012 National Projection）

与世界各国一样，美国老年人口也呈现女性平均预期寿命高于男性，年龄越大女性所占比例越高的状况，但这种性别差距将越来越小。2012 年，美国超过 65 岁的老年人中女性占 56.4%，性别差距只有 10% 左右；然而对于 85～90 岁的老年人，女性占据该年龄段的 64%，其中 90 岁以上的老年人中，女性人数接近总人数的 3/4，达到 71.3%，男女比例达到 1:2.5。随着男性平均预期寿命增长速度的加快，这种性别差距会逐渐减少。预计 2050 年，65 岁以上老年人的男女比例将基本持平，90 岁以上老年人的男女比例也将小于 1:2（见表 3-1-3）。

表 3-1-3 美国人口性别分布

性别	年龄	2012年		2030年		2050年	
		数量/万人	性别百分比	数量/万人	性别百分比	数量/万人	性别百分比
男性	65岁以上	1881.5	43.6	3270.9	44.9	3759.5	44.9
	65~69岁	660.7	47.3	954.9	47.6	976.6	48.5
	70~74岁	459.6	45.9	861.8	46.5	825.3	47.3
	75~79岁	329.1	43.9	663	45.0	699.8	45.9
	80~84岁	235.7	40.8	454.5	43.2	572.3	44.1
	85~90岁	135.1	36.0	225.1	40.1	408.5	41.0
	90岁以上	61.3	28.7	111.6	33.5	277	34.5
女性	65岁以上	2433	56.4	4006.5	55.1	4614.3	55.1
	65~69岁	737	52.7	1052.8	52.4	1037.8	51.5
	70~74岁	541.2	54.1	989.8	53.5	915.7	52.6
	75~79岁	419.8	56.1	809.2	55.0	824.4	54.1
	80~84岁	342.6	59.2	596.8	56.8	724	55.9
	85~90岁	240.4	64.0	336.5	59.9	587.3	59.0
	90岁以上	152	71.3	221.4	66.5	525.1	65.5

（数据来源：U.S. Census Bureau, 2012 Population Estimates and 2012 National Projection）

二、美国养老政策及医疗保险制度

美国在制定养老年政策及建立老年机构方面的历史较早，早在1921年，美国就已建立了全国性的老年组织——退休联邦雇员全国协会（National Association of Retired Federal Employee），协会的建立标志着美国的政府和社会在机构建立上开始关注老年人，同时也为其他老年机构的建立开创先河。在之后的一段时间里，美国社会的老年机构纷纷成立。1945年美国老年学会成立；1958年洛杉矶的教育家埃塞尔·珀西·安德拉斯博士创建了美国退休人员协会（American Association of Retired Persons, AARP）；20世纪60年代初期，美国汽车工人联合会和美国钢铁退休工人工会这两个工会组织成立了老年公民全国理事会（National Council of Senior）；20世纪80年代末期，美国政府成立了美国联邦老人局（USA Administration on Aging, AOA），根据《美国老年法》，该局是美国在老龄问题方面的最高决策机构。2001年5月，时任美国总统的布什宣布成立一个由两党16人组成的委员会，研究和汇报美国年轻一代创建财富时对保护老年人社会保障的详细建议。至此，美国老龄机构的建立实现了"关注→重视→建设→完善"整个纵向过程，意味着美国涉老机构、相关法规的建设也基本完成。

1935年8月14日美国出台了《社会保障法》，旨在为工作人员及其家属提供老年人、残疾人、生存者保险受益，历经80多年的实践和1950年、1983年、1994年、2000年的4次修正与改进，美国社会已形成了较完善的社会保障法律体系。这为美国人口老龄化的到来奠定了坚实的社会保障基础，表明了美国在社会保障方面对人口老龄化的到来做到了"未雨绸缪"。1965年，美国针对老年问题出台了第一部专门性法律《美国老年法》，该法的出台为美国社会成立全国性老龄行政机构提供了法律依据，同时也标志着美国已将老年工作纳入了国家的法制建设当中。为完善老年政策法规体系，美国政府又相继出台了《医疗保障法》《健康照顾计划》两部法律。至此，美国社会在政策法规、医疗保健、社会福利等方面已建立了较健全的法规体系,为美国人口老龄化社会的到来,做好了政策、机构、教育、医疗、福利等方面的准备工作。

在养老保险制度方面,美国有国家基本养老保险制度和企业补充养老保险制度两个支柱。国家级的基本养老保险制度为国家建立的强制性老年、遗嘱和残疾保险制度(OASDI),是美国退休老年人收入的基本保障,覆盖95%以上的退休人员,并且对全部国民实行统一化管理,不存在特权。企业补充养老保险是企业举办的补充养老保险,通常有收益确定型、缴费确定型两种,由企业根据雇员在规定期限内的收益和贡献综合考虑工作年限、退休年龄及平均工资等进行计算。

目前,美国主要的医疗保险为医疗照护(Medicare)和医疗支助(Medicaid)。医疗照护是一项老年医疗保障计划,其保险范围包括几乎所有年过65岁的美国老年人、残疾人和患有永久性肾衰竭的人,实施该项制度所需的经费全部来源于联邦政府财政收入。但该计划只包含有限的短期康复护理费用补偿,并不能真正满足老年人的长期护理需求。医疗支助虽提供范围较广的长期护理服务费用补偿,但受益人仅限于贫困人群。

三、美国特色养老产业

(一)长期护理

93%的美国老年人倾向于居住在普通的住宅和社区中,这也推动了美国长期护理的发展。长期护理产业在美国发展较好,已形成较为系统的护理体系,老年人可以根据自身的身体状况和需求选择不同等级的服务及居住环境。

美国的长期护理主要通过护理员保健、家庭卫生保健和临终关怀三种途径实现。

1)护理员保健主要针对患有慢性病而生活不能自理,不能够在家得到长期照顾的老年人。护理员保健分为专业性护理保健和托管,联邦医疗照顾计划对专业性护理保健付费,托管的资金来源主要包括患者自付、医疗救助付费和私人长期照顾健康保险。

2)家庭卫生保健针对生活上需要一定帮助,但不需要进入护理院中,只需护士对其进行定期访问的老年人。护士所提供的服务包括:监测患者使用药品,评估患者食物的营养,评估继续在家是否安全。此外,部分老人还可以配备家庭助手,对患者的日常生活提供帮助。家庭助手主要是帮助患者洗浴、提供三餐。联邦医疗照顾计划是家庭卫生保健的主要付费来源。

3)临终关怀主要针对身患绝症的患者。临终关怀主要是通过对被照顾者和患者提供情感支持来减轻痛苦,而并非延长寿命。通常情况下,临终关怀是一个由医生、护士、社会工作者、牧师、经过训练的家庭保健助理和社区志愿者构成的卫生保健团队。

(二)持续照料退休社区

100多年前美国教会创办了持续照料退休社区(Continuing Care Retirement Community,CCRC)。这是一种根据老年人的身体和心理状况变化,为老年人提供自理、介助和介护一体化居住和护理服务的复合式老年社区。持续照料退休社区主要采取居家式的自助养老服务并提供独立生活服务、辅助生活服务和护理生活服务三种服务形式。

持续照料退休社区为老年人建立健康档案,派出医护人员定期入户巡诊,根据身体状况为每位老年人做出健康评估,并且针对老年人的需求提供医学治疗、康复辅助、交通、居家护理、住房改善、长期或短期照护等服务。由于持续照料退休社区为居家式,老年人仍可以参与各种社交活动以达到自我实现目的,减少被孤立感和沮丧感。

有调查指出，由于持续照料退休社区具备专业化的老年医疗保障服务，社区中的居民寿命比其他社区中的老年人平均高出 8～10 年，同时医疗保健支出减少 30%。

模块三　日本老年服务与管理现状

➡ 相关知识

一、日本老龄化现状

日本是世界上老龄化最严重的国家之一。1970 年，日本 65 岁以上人口达到总人口的 7.07%，进入老龄化社会；1994 年，日本老年人口超过 14%，进入老龄社会；2007 年，日本进入超老龄社会。根据 2015 年出版的《日本高龄社会白皮书》，日本 65 岁以上的老年人已达 3300 万人，占总人口的 26.0%，创历史最高纪录。15～64 岁劳动年龄人口为 7785 万人，占总人口的 61.3%。低生育率所带来的年轻人口的减少和平均年龄的增长使日本每 2.5 人中就有 1 人为 65 岁以上老人，每 4 人中就有 1 人为 75 岁以上老人。

预计到 2060 年，日本人口老龄化率将达到 39.9%，儿童人口占总人口的比率降到 9.1%，劳动人口比率降到 50.9%，老年人口比率将直线上升，提高到 39.9%。届时，日本每 2.5 人中就有 1 人为 65 岁及以上老人，75 岁及以上人口将占总人口的 26.9%，每 4 人中有 1 人为 75 岁及以上老人，每 1.3 名劳动人口（15～64 岁）将抚养 1 名老龄人口，日本社会将成为以 65 岁及以上老年人口为主的高龄者社会（见表 3-1-4）。

表 3-1-4　日本人口老龄化现状　　　　　（单位：万人）

		2014 年 10 月			2013 年 10 月			2012 年 10 月		
		男	女	总数	男	女	总数	男	女	总数
0～14 岁儿童人口		832	792	1624（12.8%）	840	800	1640（12.9%）	847	807	1654（13.0%）
15～64 岁劳动人口		3926	3859	7785（61.3%）	3981	3920	7901（62.1%）	4038	3980	8018（62.9%）
老年人口	65～74 岁	810	898	1708（13.4%）	772	858	1630（12.8%）	738	822	1560（12.2%）
	75 岁以上	612	979	1591（12.5%）	598	962	1560（12.3%）	580	939	1519（11.9%）
合计		6180	6528	12708	6191	6540	12731	6203	6548	12751

（数据来源：2015 年出版的《日本高龄社会白皮书》）

日本的老龄化特征是老龄化速度快、平均预期寿命长。

（1）老龄化速度快　法国作为第一个进入老龄化社会的国家，老年人口所占比例从 7% 增长为 14% 用了 126 年的时间，而日本只用了 24 年就从老龄化社会进入老龄社会。

（2）老龄人口的自身老化　2012 年，日本有 65 岁及以上老年人口 3079 万人，其中 75 岁及以上人口达 1519 万人，占总人口的 11.9%。2014 年，75 岁及以上的高龄老年人达到 1592 万人，占总人口的 12.5%。

（3）女性老年人口多且长寿　日本老年人口中女性老年人口多于男性老年人口，因为女性（86.61 岁）的人均寿命延长速度要比男性（80.21 岁）快。同时，独身老人中，女性（20%）的比例也高于男性（11%）。

（4）独居老年比例高　1980 年，日本只有 4.3% 的男性老年人，11.2% 的女性老年人独居，合计 88 万人；2010 年独居老年人的数量增长近 10 倍，达到 762 万人，11.1% 的男性独居，女性达到 20.3%。

二、日本养老政策及医疗保险制度

随着人口老龄化进程的加快，日本政府制定了一些相关法律和制度，并不断进行修改和补充，逐步完善社会保障体系。日本政府从 20 世纪 50 年代末便开始通过立法来解决养老问题，目前有《国民年金法》《老年人福利法》《老年人保健法》三部法律作为支撑。1959 年，日本颁布《国民年金法》，采取国家、行业、个人共同分担的办法，强制 20～60 岁的日本人都参加国民年金体系；1963 年，日本政府推出了倡导保障老年人整体生活利益的《老年人福利法》，推行社会化养老；1982 年又出台了全面推广老年人保健设施的《老年人保健法》，使日本老年人福利政策的重心开始转移到居家养老看护上来。其中《老年人保健法》规定：

1）向老年人提供从疾病预防到完全康复的全部医疗服务。

2）老年人的医疗服务将由国家、地方公共团体和医疗保险制度的保险人共同支付。

3）老年人需要承担一部分医疗费用以实现费用负担的公平化及合理就诊。

1995 年，由于老年人保健费用不断上涨，日本政府相关部门开始讨论有关"介护"的问题，并于 2000 年开始实行介护保险制度。该制度规定 40 岁以上的人必须全部加入，随同国民健康保险费一起缴纳，给付对象为 65 岁以上需要护理的老年人，65 岁以下被保险者只在因老化引起的疾病导致需要护理时才能得到给付。目前，日本介护给付者的 97% 为 65 岁以上老人，占老年人口的 16.4%，其中 78% 接受居家服务，22% 接受设施服务。

"介护"保险制度的个人缴纳保费占保险资金的一半，按个人收入或全国医疗保费的一个固定百分比来支付；另一半由政府补贴，国家占 25%，都道府县和市町村各负担 12.5%。护理服务费用包括居家护理服务费及居家护理服务计划和设施护理服务费。介护制度实施后护理的供给主体由过去的行政和社会福利法人扩大到营利法人、医疗法人、非营利法人等事业主体，从而促进了护理服务数量的大幅度增长。例如，上门护理服务供应单位增长了 2.2 倍、日托护理增长了 2.8 倍、阿尔茨海默病应对型共同生活护理增长了 17 倍。因此，介护保险保障了老年人能够享受更多的福利设施、福利用品、家庭护理等服务，提高日益严重的老龄化社会中老年人的生活质量。

2006 年，日本又创建了护理预防体系，新增预防给付，为轻度需要护理者和虚弱的老年人提供提高运动功能、营养改善、提高口腔功能等护理预防服务，同时新设了夜间应对型上门护理、阿尔茨海默病应对型日托护理、小规模多功能型居家护理等六种社区服务。

同时，政府又采取了一系列使之有效的措施，如出资培训了数万名家庭护理员，专门从事老年人看护与家务处理；普及托老所，提供短期入住、看护、治疗；开发了一批低价位的"三代同堂"式住宅；倡导全民保健等。这些措施有力地支撑起了日本的老年人服务与福利保障体系。

多样化的保险制度和法律为老年人提供了较为完善的社会福利，20 世纪 70 年代用于老年人群的社会福利只占6%，这一数据在过去的几十年不断增长，2011年67.2%的社会福利用于老年人群。这使得绝大多数（70%）的老年人表示并不为生计发愁，研究结果也表明日本年龄越大的老年人对生计的担忧越小（见表3-1-5）。

表3-1-5　日本老年人生计担忧调查

年龄	完全不担心（%）	几乎不担心（%）	有些担心（%）	担心（%）	其他（%）	不知道（%）
60～64岁	17.5	54.8	21.2	6.2	0.2	0.1
65～69岁	14.9	55.7	22.6	6.6	0	0.2
70～74岁	14.7	50.3	25.3	9	0.2	0.5
75～79岁	20.1	50.4	21.6	6.4	0.6	0.9
80岁及以上	28.4	51.6	14.8	4.0	0.8	0.4
合计	18	53	21.7	6.6	0.3	0.4

（数据来源：2014年出版的《日本高龄社会白皮书》）

三、日本特色养老产业

（一）多层次、多样化社会组织的社区服务

从20世纪60年代起，日本出台了一系列有关社区养老及社会组织发展的法律、政策和福利制度，从而建立和完善促进日本社会组织参与社区养老服务体系。形式多样的社会组织已经成为日本养老服务的重要力量，占据日本社区养老服务提供者的33.8%。

目前，日本提供社区养老服务的社会组织主要有三种形式：

1）政府资助的社会组织，如社会福利协会，其资金收入来源大多数依靠政府资助。

2）志愿者及其组织，主要有家庭妇女、大学生及身体健康的低龄老人，资金来源主要为社会捐助。

3）企业式养老服务，资金来源主要由企业会员缴纳会费，服务对象为组织内部成员。

这些形式多样的社区养老模式以老年人的实际需求为主，老年人申请服务后，将由医生和社会专家组成的专家小组评估其基本状况，包括身体和心理健康，评估项目包括85个条目，分为3～4个级别。服务需求评估报告每6个月更新一次，老年人对评估结果存在异议的话，可以向地方部门申诉。最终，根据老年人的评估报告，划分为6个服务等级。不同的服务等级对应着不同的服务内容和补贴金额（见图3-1-2）。

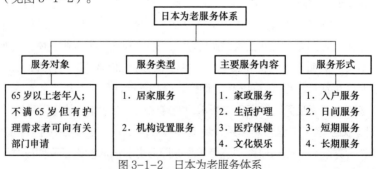

图3-1-2　日本为老服务体系

（二）日间照料中心

日本40%的老年人希望能够接受居家养老服务，超过半数的老年人希望最后的日子是在家中度过的。然而，随着年龄化程度的加深，依靠家庭成员已变得十分困难，同时高收费、床位少的养老机构并不能满足老年人的需求，因此近年来，日本出现一种贴近社区的小规模多功能养老

护理机构，包括日间照护中心、认知症老人集体公寓、短期入住机构等。这些大多建立在老年人日常的生活圈内，由普通民宅改建而成，老年人可以在自己熟悉的社区环境中接受照料和护理，也方便家人看望。

照料中心采取预约制，派车接送，也提供膳食服务。白天老年人在中心接受日常生活服务和护理服务，在专业人员的帮助下进行康复训练和认知训练。依靠《护理保险法》的保障，老年人只需要承担护理费用的10%。部分照料中心也同时接受智障儿童、残疾人和放学后等待家长的学生，使得老年人感受不到一般养老护理机构的沉闷气氛，取而代之的是代际共处的欢乐。

模块四 澳大利亚老年服务与管理现状

相关知识

一、澳大利亚老龄化现状

澳大利亚自1950进入老龄社会，受低生产率、高平均预期寿命和国际人口迁入的影响，老龄化发展缓慢。截至2014年6月，澳大利亚的出生率降为1.9%，导致0～14岁少年儿童群体比例（18.9%）不断缩小，同时平均预期寿命延长至82.1岁（男性78.5岁，女性83.3岁），导致老年人口比例不断上升。澳大利亚人口总数为2349万人，其中65岁以上老年人口总数达到345.3万人，占总人口数的14.7%。年龄中位数（将全体人口按年龄大小排列，位于中点的那个人的年龄）为37.3岁。

在过去的20年间，澳大利亚各个年龄段的人口数量都有不同程度的增加，其中65岁及以上老年人口的增长率超过80%，由1994年总人口数的11.8%增长为14.75%。85岁以上高龄老人的人数达到45.65万人，占总人口数的1.9%，占老年人口数的13.22%。澳大利亚有近4000位百岁及以上老人，在过去的20年中，这个年龄段的增长速度超过260%，成为增长速度最快的一批人。2016年，澳大利亚老年人中女性比例高于男性，并且性别差随着年龄的增大而加剧，百岁老人中女性（3200人）的数量是男性（800人）的4倍（见图3-1-3）。

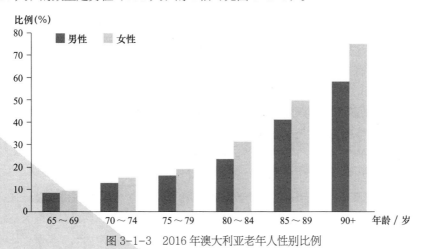

图3-1-3 2016年澳大利亚老年人性别比例

受澳大利亚文化及医疗政策等因素的影响，家庭护理的功能较弱。超过 1/4 的老年人在私人住房里独居，2/3 的老年人和其家庭成员生活在一起。随着年龄的增长，独自生活的可能性增大，将近一半的 85 岁及以上的老年人独自生活。近 4% 的老年人与多户家庭和团体生活在一起，其中许多老年人和非正式的护理者生活在一起。

超过 3/4（76%）的 65～74 岁的澳大利亚老年人和超过 2/3（67%）的 75 岁以上老年人认为自己的身体状况为良好、好或很好。2009 年有调查指出，54% 的澳大利亚老年人的身体出现某种程度的障碍，20% 的老年人在日常生活中需要他人的帮助。

二、澳大利亚养老政策及医疗保险制度

在法律法规方面，澳大利亚政府颁布了《老年人保健法》和《家庭和社区保健法》，从法律层面保障老年人的健康权益。《老年人保健法》主要对养老院保健、灵活护理（Flexible Care）和社区老年人保健做出规范，规定了服务提供者和被保险人范围、费用的支付方式及服务提供者的责任。《家庭和社区保健法》对家庭和社区保健项目提供了行动框架，规定了家庭和社区保健计划进入联邦政府、州政府和地区时的原始协议，其协议内容包括计划的目标、筹资类型等内容。

澳大利亚是社区卫生服务发展比较完善的国家，约有 45% 的医疗开支用于老年人。其宗旨是鼓励老年人留在家中，由社区提供服务。

1901 年，澳大利亚联邦政府在新南威尔士州和维多利亚州率先实行养老金福利制度，这是澳大利亚福利制度的开端。澳大利亚老年公民的多层次养老福利制度经历了一个由单一福利到多层次福利，覆盖面由窄到宽的过程。现已形成涵盖养老金福利制度、养老医疗保健服务的多层次养老保障体系。

第一个层次是指由政府提供的社会保障养老金，也可以称作"有限福利制度"或"最低生活保障制度"，旨在维持老年公民的正常生活，保障老年人的生存权利。社会保障养老金覆盖澳大利亚全体公民及在澳大利亚居住 10 年以上的外籍人口，其资金来源于政府财政预算，个人无须为此缴纳保费，由联邦政府统一运作。居民在 65 岁以后可以领取养老金，养老金数目的多少取决于居民的收入状况、资产状况和其他因素。

第二个层次是指雇主提供的职业养老金（Superannuation Guarantee，SG），是澳大利亚养老金福利体系中最重要的支柱，其覆盖年龄在 18 岁以上且收入高于特定数额的所有雇员，缴费金额不得低于雇员工资的 9%。缴费全部计入个人账户，雇员可以选择基金用来投资，投资的风险由雇员个人承担，雇员在退休时领取的养老金水平根据投资情况确定。雇员也可以选择领取固定的收益，其收益根据雇员的工作年限、工资水平等指标综合计算，此时养老金的投资风险由雇主承担。

第三个层次是指个人自愿的养老金储蓄，鼓励雇员为提高退休后或年老时的待遇而进行自愿储蓄，个人把自己所缴税额的 3% 作为自愿养老金进行储蓄。

澳大利亚全体公民实行公费医疗制度，公民享有健康保障（Medicare），有完善的医疗保险和补助制度，居民看病可享受包括吃饭在内的免费住院医疗服务，门诊进行的各项检查均免费，但药费需根据个人收入水平由病人支付一部分或全部费用。医疗费用由政府提供 85%，病人自付 15%，但由于一般医生只收取 85% 的费用，因此病人无须再付费用。

2001 年，澳大利亚联邦政府确定了老年长期家庭护理计划，长期护理由各级政府筹措经费，政府、志愿团体和商业性机构共同提供服务。澳大利亚老年医疗服务体系是以区域为基础、以社区为依托的多层次紧密结合的医疗服务体系。医院与社区紧密结合，医院内老年科医生与社区医生、

护士之间保持着密切联系,共同为老年人提供医疗护理服务,较好地满足了老年人的医疗服务需求。澳大利亚还建立了"老年护理评估制度",通过评估老年人的护理需求,来确定该老年人是否需要进入护理院及其所需要的护理等级。其目的在于鼓励老年人留在社区和家庭中接受护理保健,从而有效防止老年护理院的过度利用,保障资源的合理配置,节约卫生资源。

这些多层次的养老福利服务的资源和主体都是社会化的,但所服务的老年人依据其需求呈现出个体化的服务和方式,所以每一个老年公民所接受的养老福利都不尽相同。政府因人而异施加的福利既不会造成社会资源的浪费,也不会造成不公平,遵循了社会福利的特性。

三、澳大利亚特色养老产业

澳大利亚老年人主要的护理体系分为院所式养老和社区护理。

(一)院所式养老

院所式养老服务是指传统意义上的养老院护理服务,由全职保健人员对体弱的老年人提供服务。通常,澳大利亚将该类服务分为三类:

(1)低级护理 鼓励老年人享受独立自主生活的同时给予餐饮、洗衣、购物等方面的辅助服务的老年公寓。

(2)高级护理 对老年人进行24小时的全天看护,提供餐饮、保洁、护理等专项服务的养老院。

(3)临终护理 针对病患末期的老年人进行舒缓治疗,尽可能地提供平和、安宁护理的养老院。

大多数提供低水平保健的养老院配有护士,方便老年人接受护理服务。高水平的保健服务是由注册护士或在注册护士的监督下为不能独立生活的老年人提供的24小时保健服务。保健护理内容除低水平保健服务内容外,还包括更加专业的卫生服务(理疗、职业治疗、娱乐疗法和足疗等)。

(二)社区护理

为确保在社区居住的老年人能够享受到便捷有效的医护服务,澳大利亚政府加大了对社区护理的投入力度,并可以根据老年人的个人需求提供量身定制的服务。根据老年人自身身体状况的不同可以选择以下几种护理计划和模式:

(1)家庭和社区照料(HACC) 家庭和社区照料包括老年人日常护理和联合保健服务、家务协助、膳食服务、交通、住房改造和维修等。澳大利亚联邦政府筹资约占60%,州政府和地区政府主要负责该计划日常运行的管理费用。家庭和社区照料的目标有两个:一是为体弱老年人或残疾人提供综合、协调的基本支持服务,以确保其能够独立生活;二是支持老年人尽量在家中和社区独立生活,以提高其生活质量,进而避免其过早进入养老机构接受长期护理。针对老年人的不同需求,服务内容也有所不同,其服务范围主要包括协助处理家务、房屋维护和修缮、护理保健、咨询及基于社区的暂托服务等。

(2)社区养老照料计划(CACP) 社区养老照料计划主要为年长或身体虚弱,并有较复杂需求的老年人提供各类护理服务。老年人护理评估小组会对老年人接受社区保健服务的合格性进行评估,以使体弱的老年人可以在家获得个性化的、量身定制的保健服务包。服务提供者使用病案管理的方法来提供老年人所需的服务。保健服务包可以长期提供,也可以短期提供。社区老年人保健服务包起到了替代老年人在养老院接受低水平保健服务的作用。

（3）长期居家养老计划　长期居家养老计划主要为需要高度关注和照顾的老年人提供比社区养老照料计划（CACP）更为灵活和个性化的服务。

（4）阿尔茨海默病患者长期居家养老服务计划　阿尔茨海默病患者长期居家养老服务计划主要为患阿尔茨海默病的老年人提供服务，包括护理和联合保健服务、生活照料（协助洗澡、穿衣和餐饮等）、家政服务（协助家务、洗衣和购物等）及交通和社交支持。2006年，澳大利亚健康部通过了《2006—2010年针对阿尔茨海默病行动框架》，提供了国家政策的设想和用于提高阿尔茨海默病患者及其照看者生活质量的行动计划。

（5）暂息照料　暂息照料是指在家中、社区日间照料中心或养老院为老年人提供短中期照料服务，从而让老年人及其主要照顾者获得阶段性休息的服务。

（6）日间照料中心　日间照料中心是指社区内提供全日或非全日照料服务的机构。

模块五　国外老龄服务与管理的发展趋势

➡ 相关知识

国外许多发达国家由于进入老龄化社会的时间较长，医疗服务保障体系较为完善，因此在老龄服务与管理方面的发展也比较先进。同时随着老年医学和老年学研究的不断深入，如何延长老年人的健康状态、如何协助老年人恢复机体功能、如何让老年人更好地参与社会活动成为研究的重点，因此催生了长期照顾服务和年龄友好型初级卫生保健等服务。

1. 提倡长期照顾服务

长期照顾作为老年护理制度的一部分是指由非正式的照顾提供者（家庭、朋友或邻居）和/或专业人员（医护人员、社会工作者和其他人员）开展的活动系统，以确保缺乏完全自理能力的人能根据个人的优先选择保持最高可能的生活质量，并享有最大可能的独立、自主、参与、个人充实和人类尊严。专家提出了一系列长期照顾的基础工作方法，包括在合适的环境下养老、协助老年人在家生活、在护理院中的"文化改变"、提高服务质量、加强人力资源建设等。根据当前国外长期护理产业的发展时间，老年人长期护理"去机构化"趋向明显，以社区为基础的老年人长期护理机构和方式，正逐步取代长期护理机构，成为老年人长期照护的主体。

2. 基于年龄友好的初级卫生保健

2008年，WHO提出改善城市和社区中老年人的生活环境可以协助老年人更好地参与社会，从而改善社区中所有居民的生活，并提出建立年龄友好型城市和社区网络。城市关爱老人的许多措施也有益于其他人群，如户外座椅、无障碍公厕，以及在设置过街人行道穿行时间时考虑到行走缓慢者等，这些措施也有利于孕妇、看护幼童者及残疾人。WHO出版年龄友好型初级卫生保健指南[Age-friendly Primary Health Care（PHC）Centres Toolkit]，其中就衰老、如何与老年人进行沟通、老年人预防性服务建议、老年医学临床检查和临床管理等方面进行了详细的描述。这些举措不再是仅限于以治疗为主的养老机构和以老年人为中心的涉老机构，而是更关注如何让老年人居住在家中维持身体的健康和参与社会活动。

项目二　国内老年服务与管理的现状与发展

➡ 学习目标

1. 了解我国老年服务与管理的现状。
2. 了解我国老年服务与管理的发展思路。

模块一　我国老年服务与管理的现状

➡ 相关知识

"老有所养、老有所医、老有所教、老有所学、老有所为、老有所乐"是我国老龄事业的发展目标。我国围绕这一目标从法律法规、老龄事业发展规划和老龄工作体制建设等方面进行努力。

一、我国老年人现状

我国自1999年进入老龄化社会以来，老龄化进程不断加速，给社会带来了巨大的挑战。关于目前我国老年人口的数据已在学习单元一中详述，这里就不再赘述。下面将从老年人的居住方式、生活自理能力、患病情况等方面呈现我国老年人的现状。

1. 我国老年人居住方式以代际间的家庭居住为主

全国老龄办组织的"中国城乡老年人生活状况抽样调查"将我国居家老年人的居住安排情况分为独居老人、仅夫妻居住和与其他家庭成员一起居住三种，并在2000年、2006年和2010年分别展开调查。调查结果显示，我国居家老年人的主要居住方式是与其他家庭成员一起居住，也就是代际间共住，其次为仅夫妻居住（见图3-2-1）。

从地域上看，在同一时间段农村中的老年人比城镇中的老年人更倾向于选择代际间居住。由于医疗水平和社会经济因素的影响，农村中独居老人的比例比城镇高。然而，随着时间的推移和社会老龄化程度的加深，代际间共住的老年人比例在不断减少，独居和夫妻居住的情况越来越多。特别是对于城镇中的老年人，2006年后代际间共住的比例逐渐少于一半。

"中国老年健康影响因素跟踪调查"指出，2011年我国高龄老人在这一时期的居住方式主要为老人独居（含与配偶）、与他人一起居住及养老机构。对于我国85岁以上高龄老人来说，与他人同住（77.7%）是主要的居住模式，其次为老人独居（17.51%），只有4.78%的高龄老人选择在养老机构居住。

在独居的老年人中，独居的男性高龄老人低于女性，与配偶同住的男性比例为15.26%，而女性的比例仅为2.24%，这与女性平均寿命比男性更长有密切的关系。在代际共住的高龄老人中，二代或三代合住是主要模式，分别占据高龄老人的24.31%和33.37%。

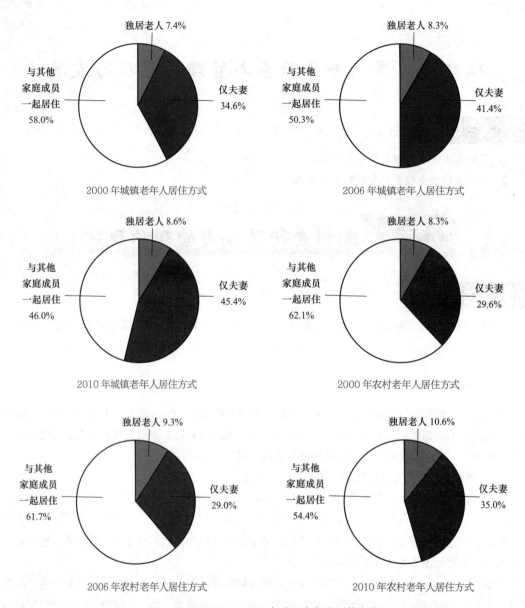

图 3-2-1 2000—2010 年我国老年人居住方式

我国高龄老人中有 2/3 居住在农村，居住模式的城乡差异不大，与他人同住仍占据主导地位，但农村老人独居的数量和比例都更高于城市（见表 3-2-1）。

然而，老年人的居住安排与健康状况和生活质量之间的关系研究指出代际间合住的老年人在认知功能、自评健康及自评生活满意度方面表现出更强的优势。同时，老年父母共同居住的成年女性劳动参与率增加了 23%，男女工作时间也提高了 19.9%。这是因为在两代人共同居住的家庭中，老年父母帮助其子女分担家务，特别是女儿的家务负担，所以子女们有更多的时间投入劳动和工作。另外，研究发现与年老的父母共同居住对于子女的自评健康有正向影响。因此，对于老年人和其家人来说，代际间合住对双方都是有益的。

表 3-2-1　2011 年我国 85 岁以上高龄老人的居住情况

居住方式	性别				居住地				合计	
	男性		女性		城市		农村			
	数量/人	比例（%）	数量/人	比例（%）	数量/人	比例（%）	数量/人	比例（%）	数量/人	比例（%）
独居	331	9.30	569	10.60	285	8.46	615	11.07	900	10.08
只与配偶	543	15.26	120	2.24	338	10.04	325	5.85	663	7.43
二代合住	666	18.71	1504	28.02	811	24.08	1359	24.45	2170	24.31
三代合住	1303	36.61	1676	31.23	1057	31.38	1922	34.58	2979	33.37
四代及以上代合住	477	13.40	1135	21.15	461	13.69	1151	20.71	1612	18.06
与其他人合住	60	1.69	115	2.14	76	2.26	99	1.78	175	1.96
养老机构	179	5.03	248	4.62	340	10.10	87	1.57	427	4.78
合计	3559	100	5367	100	3368	100	5558	100	8926	100

（数据来源：2011 年全国老年人口健康状况调查项目）

2. 我国老年人的日常生活自理能力障碍率女高于男、城镇高于乡村、高龄高于低龄

2008 年北京大学针对我国老年人日常生活自理能力（ADL）的研究指出我国老年人自理率呈现出女高于男、城镇高于乡村、高龄高于低龄的特点。从各项 ADL 来看，洗澡不能自理的老年人比例最大，特别是百岁城镇女性（60.8%）；吃饭不能自理的老年人比例较低。另一项值得注意的是，虽然出现大小便失禁现象的老年人数最少，但这些老人中有 62.7% 吃饭不能自理，90.8% 洗澡不能自理，71.3% 不能穿衣，81.7% 不能上厕所，74.9% 不能室内走动。因此，大小便失禁的老年人通常具有其他功能的障碍，属于比较严重的功能障碍（见表 3-2-2）。

表 3-2-2　2008 年份性别、年龄、居住地老年人各项 ADL 障碍率

项目		吃饭（%）	穿衣（%）	上厕所（%）	控制大小便（%）	洗澡（%）	室内走动（%）
性别	男	5.0	7.6	7.3	3.8	14.1	6.3
	女	9.1	13.8	14.7	6.6	25.4	12.9
年龄	65～69 岁	0.5	1.0	0.6	0.2	1.4	0.6
	70～74 岁	1.6	2.0	2.3	1.2	3.0	1.9
	75～79 岁	1.7	2.6	2.6	0.9	5.2	2.3
	80～84 岁	2.7	3.8	3.9	2.0	7.7	3.3
	85～89 岁	4.3	6.4	6.5	2.5	12.8	5.3
	90～94 岁	7.1	10.8	11.4	5.1	21.8	9.6
	95～99 岁	12.3	19.4	19.4	9.8	31.5	17.9
	100+ 岁	17.9	27.2	28.4	13.4	49.3	24.8
居住地	城镇	8.2	12.5	13.0	6.4	24.4	11.3
	农村	6.8	10.4	10.7	4.7	18.2	9.3

（数据来源：2008 年老年人健康长寿调查）

该研究也针对工具性日常生活（IADL）能力进行了评级，并指出我国老年人IADL障碍率明显高于ADL。至少一项IADL有困难或不能做的占69.8%，也就是，绝大多数的调查对象存在或多或少的不能独立完成外出或家务活动的现象。女性的障碍率高于男性，高龄老人高于低龄老人，农村高于城镇。98.1%的农村女性百岁老人存在IADL功能障碍。空巢老人的比例随年龄增长不断上升，而独居老人的比例则是先上升，到了高龄阶段开始下降。这就说明高龄老人独自生活的比例较低，通常与健在配偶或子女一起生活（见表3-2-3）。

表3-2-3　2008年老年人各项IADL障碍率

项目		串门%	购物%	做饭%	洗衣%	远行%	提重%	蹲立%	公车%	ADL障碍%	独居%	空巢%
性别	男	17.7	28.4	34.7	35.4	38.2	35.1	44.4	45.0	57.6	14.7	1.5
	女	37.7	51.7	47.0	44.9	61.4	61.6	65.6	70.4	78.6	15.9	5.3
年龄	65～69岁	1.6	2.5	3.0	3.3	7.0	6.3	8.9	6.3	13.9	10.3	0.4
	70～74岁	4.3	7.1	7.2	7.6	12.7	12.0	17.5	14.7	26.2	13.9	0.5
	75～79岁	6.0	11.8	13	13.4	24.0	21.7	27.2	27.2	42.2	17.6	0.6
	80～84岁	10.2	19.3	19.2	19.7	35.2	35.6	42.4	43.3	60.0	20.7	1.0
	85～89岁	17.7	33.9	34.4	35.9	49.7	49.0	59.4	62.6	76.8	18.9	2.4
	90～94岁	29.9	51.7	53.4	51.0	63.9	63.7	70.9	76.8	87.2	19.5	4.1
	95～99岁	44.3	66.9	66.5	63.9	77.5	75.0	81.5	86.3	94.0	15.9	6.6
	100+岁	61.3	83.9	81.2	78.1	86.3	83.7	88.0	94.6	97.4	7.9	8.2
居住地	城镇	29.3	41.9	43.5	42.6	51.7	51.0	56.0	57.5	68.4	13.8	3.6
	农村	25.4	41.9	40.7	39.7	51.5	50.1	57.1	61.1	70.6	16.4	3.7

（数据来源：2008年老年人健康长寿调查）

3. 我国老年人健康影响因素中性别差异较大

2011年，第六次中国老年健康影响因素跟踪调查（CLHLS）结果指出，我国老年女性的文盲率远远高于男性，女性获得养老金的可能性更低，经济独立的可能性较低。同时，女性的配偶先死亡的可能性要高得多，因此女性老年人与子女居住的可能性较高。相较于男性而言，我国的女性老年人在日常生活自理能力、工具性日常生活自理能力、认知功能和自评健康等方面也表现出了明显的劣势。另外，这些明显的性别差异随着年龄的增大越发显著。因此，我国年长居民的巨大性别差异急需得到社会和政府的关注，任何将被实行或改革的老年保障和服务项目和政策必须保证老年男性与女性获得平等的利益。

4. 我国老年人慢性病患病率高且随年龄的增大而增高

老年人由于身体机能的衰弱导致其功能和修复能力减弱，流行病学调查显示，我国老年人群中慢性病的患病率为76%～89%，并且发病率随年龄的增大而增高，同时存在农村高于城市的现象。心脑血管疾病、恶性肿瘤、糖尿病是导致我国老年人死亡的主要原因。

二、我国老年服务现状

（一）我国养老模式分类情况

1. 家庭养老

家庭养老是我国沿袭几千年的传统养老模式。在我国传统家庭伦理及社会道德文化的支撑下，家庭养老模式具有很强的生命力。这种模式具有独特的伦理价值和社会功能。从社会的角度看，家庭养老的社会成本最低，基本不需要社会投入，养老成本主要由家庭成员承担。而且其独特的伦理功能可以使养老对象与家人尽享孝道和天伦之乐。但是家庭养老模式也存在不足之处。一般情况下，在整个养老过程中，老年人难以得到专业细致的护理，医疗保健无法及时满足。另外，尤其是在城市，家庭养老模式在养老过程中更显得力不从心，越来越难以保持与发挥其社会功能与作用，传统家庭养老模式在城市出现逐渐削弱和社会化变化的趋势，面临严重的挑战。

2. 社区居家养老

社区居家养老模式是近几年来兴起的一种新的养老模式。社会居家养老能有效地节约社会资源，减轻机构养老服务的压力，而且投资少、本钱低、收费少、服务广、效益佳、形式多样，很受老年人欢迎，很有发展前途。其基本做法是：在城市各社区建立养老护理服务中心，由社区养老服务中心的专业养老护理员为社区居家养老的老年人提供服务，包括上门做饭、照料及护理等养老家政、医疗护理及心理咨询服务，以及社区日托、晚托、短期照料护理等服务。社区居家养老是家庭养老与社会机构养老的有机结合，兼有两者的优点又避免了两者的短处，是一种扬长避短的理想养老模式。

3. 机构养老

基于我国养老机构服务对象的类别，养老机构可以划分为自理型养老机构、助养型养老机构和养护型养老机构。

（1）自理型养老机构　自理型养老机构以健康状况较好、能够自理的老年人为服务对象，主要提供辅助性生活照料、精神慰藉和文化娱乐等服务。

（2）助养型养老机构　助养型养老机构以健康状况较差的半失能老年人为服务对象，主要提供生活照料、康复护理、精神慰藉和文化娱乐等服务。同自理型养老机构相比，助养型养老机构中生活照料服务的比重更高，并且增加了康复护理服务。

（3）养护型养老机构　养护型养老机构以健康状况差的失能老年人为服务对象，主要提供生活照料、康复护理、精神慰藉、文化娱乐和临终关怀等服务。同助养型养老机构相比，二者均提供较为全面的生活照料服务，但养护型养老机构中康复护理服务的级别和比重更高，并且增加了临终关怀服务。

（二）我国养老机构的发展现状

1. 政策制定进一步完善

"十二五"的召开标志着我国养老机构进入快速发展阶段，中央各部委出台多份政策文件，其内容包括养老机构的设立许可办法、管理办法，机构发展的土地、资金、人才、设施、标准、改革等战略规划和具体政策措施，并出台高龄服务补贴，探索长期护理保险制度，不断丰富和完善养老服务补贴，保障养老机构的发展。

2. 投资主体日益多元

政府、企业、个人及社会组织等多元主体纷纷投入到养老机构发展中来，国外许多养老服务机构和培训机构也都纷纷进入我国市场，金融机构支持养老服务市场发展的趋势越加明显。

3. 数量和规模发展迅速

截至2014年年底，全国共有各类养老服务床位551.4万张，每千名老年人拥有养老床位26张，相比2013年增加57.7万张（见图3-2-2）。但是地域分布不均，中东部地区养老服务机构的数量较多，虽然养老机构总体呈现城市少、农村多的状态，但民办养老机构呈现城市多、农村少的状况。

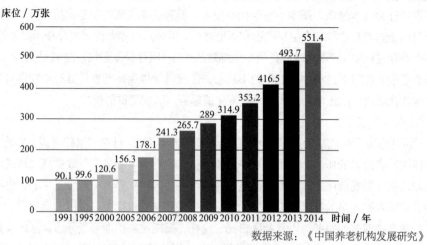

图 3-2-2　1991—2014 年我国养老服务床位情况

4. 服务类型不断增加

从服务类型来看，目前我国养老机构主要有以日常生活照料服务为主、以护理康复服务为主、以临终照护为主及综合性的服务兼有四种类型，但个人发展层次的服务提供较少。

5. 服务设施不断完善

我国养老机构除老年人的起居室外，大多设有医疗设施、文化娱乐设施和室外活动设施。但医疗与康复设施配置比例还较低，仅有 54.7% 的养老机构和 46.6% 的养老机构有医疗和康复设施，将近一半的养老机构没有医疗和康复设施。

6. 人员队伍不断发展

养老机构的人员一般由管理人员、医护人员、护理人员和后勤人员等组成，目前配置比例大致为管理人员∶医护人员∶护理人员∶后勤人员 =3∶2∶9∶3，其中护理人员占 53%。

7. 运营状况尚不乐观

养老机构整体投资收益期较长、利润相对较低的特点也比较明显。48.1% 的养老机构的运营状况为基本持平，32.5% 的养老机构亏损，有盈余的养老机构所占比例仅为 19.4%。

（三）养老服务行业从业人员现状

养老护理员的素质直接影响到入住老年人的健康品质和生活质量。2002 年，我国劳动和社会保障部（现为人力资源和社会保障部）出台了《养老护理员国家职业标准》，作为养老护理行业规范。

但是，目前我国从事养老护理的一线服务人员存在文化程度较低、专业技术水平较低，并且工作时间长、强度大、心理压力大的特点。

1. 文化程度较低

2011 年辽宁省的调查结果显示，2004 名养老护理员中文盲人数为 483 名（24.10%），小学人数为 640 名（31.94%），初中人数为 722 名（36.03%），中专或高中人数为 125 名（6.24%），大专或本科人数为 34 名（1.70%）。

2. 专业技术水平较低

我国现有养老机构中绝大部分的工作人员为护工，没有资格证也未接受过专业化培训，有些甚至缺乏基本的卫生常识和基本技能，只能提供简单的生活照顾。虽然《国家职业技能标准：养老护理员》对养老护理工作的内容、知识水平、活动范围及相关技能要求进行了说明，但该标准的实施效果却并不理想。据调查，在上海、北京两大城市具有养老护理资格的人员为57.4%，在广州具有养老护理资格的比率仅为12%。

3. 工作时间长、强度大

养老护理员的服务对象大多是行动不便或生活不能自理而需要帮助的老年人，养老护理员基本上没有节假日和8小时内外之分，而且对于卧床的老年人，不仅要进行生活护理，还需要定时翻身，工作负担重、劳动强度大，超时工作现象十分普遍。

4. 心理压力大

老年人由于机体的衰老，容易在日常活动中发生意外，同时容易由于其身体原因产生易怒、寂寞等负面情绪。由于养老护理员对于专业护理知识的缺乏，因此在工作中心理压力较大。有研究指出，55%的养老护理员心理方面存在比较严重的隐患，30%的人存在焦虑、急躁、抑郁等心理问题。

三、我国老年服务与管理存在的问题

（一）人均经济发展水平低

我国人口众多，人均经济水平低，因此对以经济发展和人均经济水平为关键依托的社会保障的发展造成影响。加之我国社会保障制度建立较晚，立法尚不完善，给我国的养老保障制度带来诸多困难。

（二）传统养老方式面临挑战

1. 家庭养老面临危机

家庭小型化、女性劳动参与率提高、传统养老观念的减弱都削弱了家庭养老的功能。

2. 社会养老面临困难

我国经济水平较低，对养老基金的发放造成困难。我国人力资源和社会保障部于2016年度人力资源和社会保障事业发展统计公报中指出，至2016年年末我国残疾基本养老保险人数为88777万人，全年征缴收入27500亿元，支出34004亿元，缺口大。随着老龄化程度的加深，将会对养老金造成更大的冲击。

3. 机构养老面临困难

许多现有养老机构在设计时过于注重外在形象，忽略了老年人的实际需求；服务理念滞后，缺乏需方思维；对市场把握不准，缺乏市场调研和细分意识；重管理轻服务，养老机构宾馆化、医院化现象突出。

（三）养老模式间的衔接存在空缺

我国养老主要以家庭养老、机构养老和社区养老为主，尚无系统的社会化护理服务体系，以满足多元化的老年人需求。中国老龄科学研究中心的抽样调查数据表明，我国有约7%的老年人和20%以上的高龄老人日常生活需要有人照料和看护，因此大量的老年人需要长期护理服务，但填补各种养老模式之间空缺的长期护理并未发展。

（四）养老服务与管理保障体系缺失

部分公办养老机构定位不准确，其应服务对象为政府保障人群和失能、半失能老人，但目前有部分低龄、经济和健康状况较好的老年人占据了这部分养老资源。

对于不同养老模式下老年护理人力资源的配置还未出台符合我国国情的相关标准。目前，国外社区中的护理人力资源配置方法有专业判断法、健康需求法、工作测量法等。部分发达国家按照3名入住养老机构的老年人配备1名专业护士，其养老机构的护理员的数量占老年人口比重不少于1%，而中国目前只有0.28%。

（五）养老保障体系法律法规不完善

鼓励养老机构发展的政策落实不到位，存在部门分割导致政策协调性差和政策操作性差的问题。土地、融资、连锁经营、风险分担等相关政策不清晰，阻碍养老机构的发展。大部分民办养老机构属于民办非营利性质，国家规定民办非营利组织不得盈利、不得分红，限制了其贷款资格。民办非养老机构"不得设立分支"的规定使得养老机构难以实现连锁化，在数量和规模上限制其发展。另外，养老机构服务纠纷和责任及责任认定后的有效赔付都缺乏相应政策规定。

模块二　我国老年服务与管理的发展

相关知识

一、我国养老服务机构的发展趋势与对策

（一）我国养老服务机构的发展趋势

1. 民办民营养老机构将成为发展主体

只有市场才能敏锐地捕捉到老年人的各种养老服务需求，并通过公平的市场竞争来为老年人提供适合的养老服务。目前，养老机构的双轨制发展环境明显不利于其健康发展，要大力发展民办民营养老机构，同时改革目前的公办养老机构。未来，民办民营养老机构将逐渐成为养老机构的主体，养老机构的市场化趋势将会更加明显。

2. 机构养老服务将与居家、社区养老服务融合发展

老年人随着年龄的不断增长，身体健康状况不断下降。这导致了老年人的服务需求呈现以下特点：一是服务需求内容丰富；二是服务需求在专业化方面不断递进；三是服务需求更加注重就近、便捷，更加注重服务的可获性和可及性。相较于集中居住的养老机构服务，更符合老年人心理和服务需求特点的是在熟悉的社区获得连续性、综合性的服务。未来，随着我国养老服务的快速发展和养老服务网络的不断建立和完善，机构、社区和居家养老服务一体化发展将是必然趋势。

3. 小型化、专业化、社区化、连锁化将成为养老机构发展的主要态势

从我国老年人养老服务需求和国际养老机构发展趋势看，"就地养老"是大势所趋。近年来不

断加剧的养老机构郊区化态势，使得老年人脱离原有的生活圈，甚至割裂了他们与其他年龄层人群的交往，致使养老机构原本的隔离化特征更加突出。国际上许多国家的经验表明，无论是从经营管理和专业化角度，还是从老年人宜居舒适度角度而言，养老机构规模都不是越大越好，床位也不是越多越好，较理想的养老机构规模应在300张床位左右。

随着经济社会的发展和老年人对养老服务专业化需求的提高，未来养老机构的小型化、专业化、社区化、连锁化趋势将更加明显。一是未来的养老机构将尽可能社区化，即依托社区发展养老机构；二是养老服务行业是微利行业，只有通过规模经济才能实现盈利，小型化、连锁化经营是机构获取市场份额、提高市场竞争力的必然选择；三是针对老年人不同的自理能力和生理、心理状况，专业化的服务内容和服务人员培训能维护养老服务业稳固发展。因此，未来养老机构小型化、专业化、社区化、连锁化的趋势将会更加明显。

4. 养老机构"养医结合"发展趋势将更加紧密

未来，"养医结合"服务将成为养老机构发展的主要方向。所谓"养医结合"，就是将"预防、治疗、康复、护理"服务融为一体，"养"和"医"相辅相成，相互补充。"养医结合"服务既能满足入住老年人的养老需求，又能满足老年人长期的慢性病管理、康复、服药等基本医疗需求。"养医结合"的模式可多种多样，既可以在养老机构中设置医务室、卫生所（室），也可以独立设置康复医院、护理院，此外还可以和周边医疗机构签订合作协议，为老年人提供医疗服务。

5. 养老机构服务将更趋亲情化、人性化发展

随着我国政府对养老服务业的不断重视、民间力量对养老服务业的不断介入，以及养老服务市场竞争的不断加剧，养老机构的发展模式将逐步走向"集约型"，未来养老机构将会更加注重服务的质量，更加注重服务的人性化和亲情化发展，通过服务质量占领市场，通过亲情化、人性化的服务树立品牌。

（二）我国养老服务机构的发展对策

1. 建立健全养老机构分类标准和评估机制

建立健全养老机构分类管理制度可以明确公办养老机构的定位与服务对象标准，并根据养老机构的服务范围确定不同的监管标准，规范养老机构的服务质量。

2. 加大养老机构的调整力度

养老机构发展的根本目的是满足机构养老服务的需求，特别是对失能、半失能老年人这些刚需人群。养老机构应该依据服务对象的需求制定发展规划、政策措施，优化机构结构，同时大力发展城区中小型和小微型养老机构。政府投资建设养护型养老机构，同时加大政策扶持和引导力度，推动农村敬老院的转型发展。

3. 加大对养老机构的支持力度

加大土地、金融、人才等重点扶持政策的创制和落实力度，确保养老机构的发展和运营。

4. 积极整合社会资源共建养老机构

充分发挥市场在养老机构发展中的决定性作用，支持和引导国内外资金投入到养老机构建设及养老服务业发展中来。加快养老、医疗、教育、残疾人等公共服务资源的整合，将已有的公共服务资源整合到养老机构的发展中。

二、"养医结合"服务模式的推进

首先,要明确是"养医结合",而不是"医养结合",养老机构第一位的功能是"养",而不是"医","医"只是其中的一项重要配套服务。

其次,必须明确养老机构"养医结合"的特殊性。养老机构的"医"与医院的"医"有较大区别,医院的"医"的主要目标是为了治愈,养老机构的"医"的主要目标是为了健康管理和长期护理,为了保持失能、半失能老年人身体功能的稳定,其长期护理具有"非医性"特征。因此,不能简单地把"养医结合"理解为"养老院 + 医院"。

医院的"医"是全过程的"医",而养老机构的"医"更多需要的是阶段性的"医",其"医"主要体现在前后两个环节——第一个环节是健康管理环节,特别是疾病管理(主要是慢性病管理、饮食、生活方式管理,以及用药指导等);第二个环节是长期护理和康复,这是养老院"医"的重点环节。

养老机构的疾病治疗更多的是需要依靠社会医疗机构,而不是养老机构配建综合性、全科型医疗机构,因此要避免由于认识不清形成新的资源浪费。再次,注重实效,突出重点。

从目前现状看,"养医结合"是一项新生事物,仍然处于起步和探索阶段,有许多问题需要实践创新。根据养老机构和老年人健康的特殊性,养老机构的"养医结合"要把重点放在健康管理、长期护理和失能康复上。这三个方面既是养老机构"医"的缺陷,也是养老机构"医"的重点,更是养老机构赢利的新增长点,其前景广阔,大有可为。根据养老机构对"医"的特殊需求,对养老机构建立卫生室、医疗点等举措,卫生行政部门应当出台专门的政策,降低准入门槛,简化手续,鼓励和支持普及型的"养医结合"。

三、智能养老产业的发展

智能养老是指运用智能控制技术提供养老服务的过程,或者说以互联网、物联网为依托,集合运用现代通信与信息技术、计算机网络技术、养老服务行业技术和智能控制技术,为老年人提供安全便捷、健康舒适服务的现代养老模式。

智能养老的概念是在"适宜环境下养老"的理念上衍生的,发展智能养老产业可以实现现代科技与养老产品、服务的融合,不仅会引导人们改变对"老年期"生活方式的认识,而且会引发积极应对人口老龄化、老龄社会治理与发展的思想变革,有利于降低企业成本、提升运营效能、创新管理模式、提升企业竞争优势。

2011年,国家颁布了《养老住区智能化系统建设要点与技术指导》,全国老龄工作委员会批准成立全国智能化养老实验基地,项目大体分为"智能化养生养老园区""智能化老年宜居社区""智能化老龄服务机构"三大类型,根据智能化程度不同分为初级、中级和高级三个等级,通过建筑设施智能化系统、社区管理智能化系统、健康管理智能化系统、生活服务智能化系统、康复照护智能化系统和精神文化智能化系统构建"养老基地智能化六大系统"。

智能养老产业的发展可以推动以下几个新业态的发展:

(1)智能老年社区 充分发挥建筑设施智能化系统的优势,建设"老年友好"型居住环境,满足老年人的日常生活需求。

(2)智能养老服务 智能养老服务的目的在于弥补养老服务的人力不足,提供人力"做不到、做不好、不愿做"的服务。我国多地正积极开展智能养老服务试点，利用物联网技术提供紧急呼叫、社区家政、安防定位等可扩展服务，对老年人特别是空巢老人的安全养老发挥了重要的作用。

（3）智能健康服务　采用现代通信、电子技术和多媒体计算机技术，实现医学信息的远程采集、传输、处理、存储和查询，从而为老年人提供健康管理、康复护理、临终关怀等服务，并对异地照护服务人员提供教育、咨询等专业服务。

（4）智能家居服务　在老年人住所范围内通过物联网、移动终端和智能控制技术为老年人构建智能高效的家居生活环境和提供安全便利的服务，降低老年人对人的依赖程度，增强老年人的安全感，但目前的技术不足以向身体功能受损、行动受限和失能人群提供必需的支持。

（5）老年智能用品　老年智能用品主要是指满足老年人身体、心灵需求而产生、研发的智能化器具、用品和物品。目前，我国老年智能用品开发还处于初级阶段，对"自动"和"智能"的界定比较模糊。

（6）智能文化服务　智能文化服务是指适应老年人生理和心理需求，具有信息化、智能化特点的文化服务内容和方式。

2015年颁布的《国务院关于积极推进"互联网+"行动的指导意见》（国发〔2015〕40号）也提出"鼓励健康服务机构利用云计算、大数据等技术搭建公共信息平台，提供长期跟踪、预测预警的个性化健康管理服务"，从国家政策层面推进智慧养老的发展。

参 考 文 献

[1] 卢霞,周良才. 老年服务与管理概论 [M]. 北京:北京大学出版社,2014.
[2] 李欣. 老年心理维护与服务 [M]. 北京:北京大学出版社,2013.
[3] 许虹,李冬梅. 养老机构管理 [M]. 杭州:浙江大学出版社,2015.
[4] 陈雪萍,缪利英. 养老护理基础 [M]. 杭州:浙江大学出版社,2015.
[5] 杨燕绥. 中国老龄社会与养老保障发展报告(2013)[M]. 北京:清华大学出版社,2014.
[6] 赵学慧. 老年社会工作理论与实务 [M]. 北京:北京大学出版社,2013.
[7] 吴玉韶,党俊武. 老龄蓝皮书:中国老龄产业发展报告(2014)[M]. 北京:社会科学文献出版社,2014.